中国科技期刊产业发展报告（2022）

数字经济视域下出版深度融合发展专题

中国科学技术协会　主编

科学出版社

北京

内 容 简 介

《中国科技期刊产业发展报告（2022）》在数字经济视域下，立足科技期刊全球发展和产业链现状，通过翔实数据和典型案例经验挖掘，全面展示和分析我国科技期刊产业的数字资源基础和数字出版实情；优化科技期刊产业发展指数，并首次研制"科技期刊产业景气指数"，来反映我国科技期刊整体和不同属性科技期刊产业发展的景气程度；围绕数字经济对传统出版业在内容生产、出版传播和商业运营三个环节的影响，总结了科技期刊出版融合发展的理论基础、规律模式和成功经验，并结合数字经济新形势剖析了中国科技期刊产业发展中存在的问题，提出应对策略和发展建议，为科技期刊产业在新时代背景下实现行业转型升级、产业做大做强提供参考。

图书在版编目（CIP）数据

中国科技期刊产业发展报告. 2022/中国科学技术协会主编. —北京: 科学出版社, 2023. 9
　　ISBN 978-7-03-075756-2

　　Ⅰ. ①中… Ⅱ. ①中… Ⅲ. ①科技期刊–产业发展–研究报告–中国
–2022　Ⅳ. ①G237.5

　　中国国家版本馆 CIP 数据核字(2023)第 105391 号

责任编辑：王　治　祁　媛 / 责任校对：孙　青
责任印制：关山飞 / 封面设计：同方知网（北京）技术有限公司

科 学 出 版 社 出版
北京东黄城根北街 16 号
邮政编码：100717
http://www.sciencep.com

北京科信印刷有限公司 印刷
科学出版社发行　　各地新华书店经销
*

2023 年 7 月第 一 版　开本：720×1000 1/16
2023 年 7 月第一次印刷　印张：17 1/4
字数：280 000
定价：198.00 元
(如有印装质量问题, 我社负责调换)

《中国科技期刊产业发展报告》专家委员会

《中国科技期刊产业发展报告》编写委员会

前　言

　　《中国科技期刊产业发展报告》（以下简称《报告》）2021 版，首次对科技期刊产业赋予了经济学定义，并立足全球视野和产业视角，透过产业基础数据和发展结构解析，客观呈现了我国科技期刊产业现状，总体上回答了中国有没有科技期刊产业，产业化基础条件如何的问题。该报告发布后，受到了学术界、期刊界、出版界等各界人士的高度关注，基本形成了符合我国国情和现实需要的发展共识，激发了广大科技工作者和科技期刊产业管理者思考中国科技期刊产业的发展之路，引导中国科技期刊产业健康、可持续、高质量的发展。在此基础上，编制 2022 版《报告》，核心目标则是解决科技期刊产业在新时代背景下应该怎样谋发展、壮发展的问题。

　　当今世界，百年未有之大变局正在加速演进。在世界经济增长乏力的背景下，数字经济伴随着信息革命浪潮逆势而上，迸发出强大的生机活力，引领着世界经济的发展方向。

　　根据世界经济合作与发展组织（OECD）发布的《2020 年数字经济展望》统计，截至 2020 年 12 月，37 个经合组织国家中有 34 个制定了国家数字战略，加强政府最高层的政策协调。根据中国信息通信研究院于 2022 年发布的《全球数字经济白皮书（2022 年）》统计，全球 47 个国家数字经济增加值规模为 38.1 万亿美元，同比名义增长 15.6%，占 GDP 比重为 45.0%。

　　面对新的机遇和挑战，党中央统筹全局，准确把握中国经济发展的阶段性特征，高度重视发展数字经济，将其上升为国家战略，从国家层面部署推动数字经济的发展。自 2017 年开始至 2022 年，"数字经济"已连续六年被写入政府工作报告。2022 年政府工作报告首次以单独成段方式提出"促进数字经济发展。加强数字中国建设整体布局。"此外，国家层面相关政策的出台频率和力度也在不断加强。从 2015 年《中华人民共和国国民经济和社会发展第十三个五年规划纲要》首次从顶层设计布局数字经济，到 2022 年党的二十大报告指出"建设现代化产业体系。坚持把发展经济的着力点放在实体经济上，推进新型工业化，加快建设制造强国、质量强国、航天强国、交通强国、网络强国、数字中国。"可见，国家对数字经济发展的顶层设计已逐步由方向性深入到重点领域，发展愿景在不断细化和明晰。

对数字产业的各项政策扶持，也促进了我国数字出版产业的繁荣发展。数字出版意识形态主阵地地位日益凸显。2021年12月，国家新闻出版署印发《出版业"十四五"时期发展规划》，明确了十四五末"产业数字化水平迈上新台阶"的新目标，并提出推动数字技术赋能出版全产业链条，补足补强出版业数字化薄弱环节，进一步催生传统出版与数字业务相融合的新型出版业态。2022年4月，中共中央宣传部印发《关于推动出版深度融合发展的实施意见》，围绕加快推动出版深度融合发展，构建数字时代新型出版传播体系，坚持系统推进与示范引领相结合的总体思路，从6个方面提出20项主要措施，对未来一个时期出版融合发展的目标、方向、路径、措施等作出了全面部署，提出了明确要求。

据《2020—2021中国数字出版产业年度报告》显示，2020年我国数字出版产业年收入达到11 781.67亿元，互联网期刊、电子图书、数字报纸的总收入为94.03亿元，同比增长 5.56%。据国际科学、技术与医学出版商协会（International Association of Scientific, Technical and Medical Publishers）2021报告显示：2020年，全球学术出版市场的产值为 265 亿美元。数字化产业收入在科学和技术细分市场占比高达89%，同比增长10%。

纵观国内外形势，科技期刊数字化出版市场比重正在逐步加大。虽然，我国一些代表性出版企业发展较快，但总体与国际出版市场相比，规模和增速均有较大差距。

由于我国科技期刊产业普遍存在资源分散、资源体量小等问题，在一定程度上阻碍了数字化出版与传播的快速发展，导致目前我国科技期刊在数字出版方面仍然局限于"编校—复制—发行"为一体的内容生产流程数字化，而在融入与支撑科研全流程的数字化服务方面还存在很大不足，在数字化支撑各行各业创新成果应用方面也显著不足。因此，在数字经济背景下，如何将数字技术应用到科技期刊产业链的上游、中游、下游，如何针对科研全流程中用户的个性化需求，提供丰富、专业、精准的数字化服务，让科技期刊的变化跟上科学技术的发展，提高服务意识，并建立良好的产业生态和市场机制，从而反哺于社会、反哺于数字经济的发展，是值得我们深入思考的重大课题。

从宏观层面来看，科技期刊产业链是指围绕科技期刊所报道的知识创新内容的创作、编辑生产与发布、传播与增值服务、运营模式与管理机制等各个产业活动环节之间价值传递、供需对接、工作协同的链条式关联关系的组合。而在数字经济视域下，科技期刊产业上游、中游、下游涉及的各个环节与要素，早已不同于传统的产业链链条，因此，本书围绕科技期刊产业链各个环节上呈现怎样的数字化产业新业态来设置内容结构。

瞄准科技期刊产业链上游，从科研投入角度论述科技期刊产业资源和基础概况，包括支持产业发展的政策法规、科技论文产出、基金投入、科研机构、科技人才与办刊人才情况等五个方面。瞄准科技期刊产业链中游，期刊的内容发现、选题策划、内容创作、组稿审稿、学术推广与营销模式以及读者的消费方式等都发生了颠覆性的变革。近几年，更是涌现出了视频、音频及成果数据库等新形态数字产品与服务。可见，科技出版业在数字经济的驱动下，正由传统的内容生产向高水平数字化知识服务快速演进，逐渐形成内容与技术相结合、产品与渠道相结合、资源开放共享与知识付费获取相结合的产业链。围绕科技期刊对创新内容的组织成效，提炼创新内容发现、组织与评审模式，内容采编发的技术服务创新，新兴技术对期刊内容生产产业形态的影响，以及数字内容产品的创新呈现方式等方面展开探讨。瞄准科技期刊产业链下游，围绕强化科技期刊的数字传播平台和文献数据库平台建设，推动科技期刊出版传播全链条数字化转型升级，加速全行业版权保护意识建设和运营、资本合作机制建设等方向展开，对国内外科技期刊领域的先进和典型案例加以总结分析，全面揭示科技期刊运营传播的内在逻辑，提出我国科技期刊产业未来发展面临的主要问题、工作建议和可行性路径。

在媒体融合的大背景下，科技期刊的数字化转型发展已是不可逆转的必然趋势。技术在期刊转型中的应用日趋深入，大数据、云计算、物联网、人工智能、区块链等新一代信息技术与出版业融合，带来了传统出版体系与传播体系的重构，形成了以数据驱动、平台支撑、服务增值、智能主导为特征的出版新业态，推动了出版生产力的不断提升。因此，科技期刊应抓住数字化发展契机，面对新的变化做好前瞻性思考，顺应媒体格局变化、满足消费者的多样化需求。

为全面贯彻习近平总书记关于推动媒体融合发展的重要论述，按照《中华人民共和国国民经济和社会发展第十四个五年规划和 2035 年远景目标纲要》《出版业"十四五"时期发展规划》有关部署，深入落实《关于深化改革 培育世界一流科技期刊的意见》《关于推动学术期刊繁荣发展的意见》《关于推动出版深度融合发展的实施意见》等文件要求，遵循党的二十大精神，2022 版《报告》在数字经济视域下，立足科技期刊全球发展和产业链现状，通过调查研究、专家研讨和典型案例经验挖掘，总结科技期刊出版融合发展的理论基础和规律模式；优化科技期刊产业发展指数，并首次研制"科技期刊产业景气指数"，反映全国科技期刊整体和不同属性科技期刊产业的景气程度；分析科技期刊融入科技创新、产业创新、技术创新的机遇与挑战，深挖数字化转型道路上的问题及屏障，探索产业数字化发展可借鉴的有效运营模式，提出科技期刊出版深度融合发展的对策与建议。《报告》旨在为管理者全面了解科技期刊产业现状，并进行科学管理；为出版业、办刊人借鉴学习新环境下的产业发展路径，实现转型升级；为企业、集群等出版产业界更好地做好刊物集约化、集团化、产业化发展，提供数据参考和实践经验支持。同时，《报告》是我国科技期刊产业实现数字化转型与产业升级的重要决策参考工具，有利于调动出版产业界的各方力量，推动科技期刊区域平衡，更好地开展国际合作，鼓励社会力量与资本力量参与，助力行业转型升级、产业做大做强，实现我国科技期刊强国目标。

《报告》依托国内外知名数据库和直接采集的案例资料开展研究，数据来源为国家新闻出版署 2022 年全国期刊核验数据，国家统计局《中国统计年鉴》《中国科技统计年鉴》，中国知网和万方数据等。

本书专家委员会对《报告》整体方向进行把关，确定内容框架，审定出版内容，参加相关工作决策会议；编写委员会组建编写组，指导《报告》相关数据、案例的调查研究与统计分析，牵头《报告》内容撰写和修改完善，参加相关工作会议；编写组秉承公正客观的原则，实事求是地收集数据、查找文献、筛选案例、剖析问题、总结规律，对庞大数据和参考文献抽丝剥茧，力求数据准确、重点突出、论据可靠、表达规范，尝试全方位呈现中国科技期刊产业发展现状。

《报告》编制过程中，由于涉及的数据量庞大，且统计来源、数据选取、统计时段各有不同，部分期刊的指标数据存在一定缺失，使得统计结果存在一定误差。编写组在数据检索、统计分析、编辑统稿过程中难免存在疏漏之处，期待广大读者不吝赐教、批评指正。在此，谨向所有为本书的编制和出版付出辛勤劳动的专家、学者和业界同仁致以诚挚的感谢！

中国科学技术协会

2023 年 4 月

目　　录

第一章　中国科技期刊产业发展指数研究①

本章基于2022年全国期刊核验数据（以下简称"2022年检数据"）、国家统计局《中国统计年鉴》《中国科技统计年鉴》、中国知网资源总库等相关数据，统计分析中国科技期刊产业的资源基础，并与过去一年进行对比分析，反映2021年中国科技期刊产业投入、经济效益及社会效益的客观现状及变化趋势；优化科技期刊产业发展指数，揭示不同区域和不同行业的期刊产业发展现状，为中国科技期刊管理部门和研究部门提供决策参考数据；创新提出"科技期刊产业景气指数"，构建了包括生产能力、投入水平、盈利能力、人才水平、影响力水平5个维度的计量评价体系，用以反映科技期刊产业整体所处的扩张或衰退状态。

第一节　科技期刊产业基础数据分析

基于国家新闻出版署2022年检数据统计，截至2021年底中国科技期刊总量为5125种。参与2022年全国核验的期刊均为中国公开发行的具有CN刊号的期刊（本报告不含港澳台出版的期刊），总体特征为：①根据中国科普研究所科普类期刊名单，对2022年检数据进行分类统计：科普类期刊253种，占4.94%；学术类期刊4872种，占95.06%。②各地区出版科技期刊数量呈不均衡分布状态。居前五位的省（区、市）出版科技期刊占总量的一半以上（53.14%），依次为北京（1664种，32.47%）、上海（358种，6.99%）、江苏（265种，5.17%）、湖北（222种，4.33%）和四川（214种，4.18%）。③出版周期以双月刊和月刊为主，期刊数量位

① 第一章执笔：伍军红、赵军娜、时洪会、孙璐、李威。

列前三的依次为双月刊（2007 种，39.16%）、月刊（1810 种，35.32%）和季刊（737 种，14.38%）。④文种分布以中文科技期刊占绝大多数（4551 种，88.80%），英文科技期刊 402 种（7.84%），中英文科技期刊 172 种（3.36%）。⑤经营总收入包括发行收入、广告收入、新媒体收入、版权收入、项目活动收入、其他收入。中国科技期刊 2021 年经营总收入 73.69 亿元，利润总额 5.97 亿元。⑥总支出包括纸张印刷费用、人员工资、稿酬、员工培训经费、新媒体投入、社会公益捐赠、其他支出。中国科技期刊 2021 年总支出 70.23 亿元。⑦办刊经费方面，48.18%的科技期刊获得主管主办单位的经费支持，资助金额共计 10.58 亿元；4.92%的科技期刊获得国家级专项经费支持，资助金额共计 2.28 亿元；3.04%的科技期刊获得地方专项经费支持，资助金额共计 5929.56 万元；不足 1.50%的科技期刊获得行业专业级专项经费支持，资助金额共计 1978.53 万元。⑧中国科技期刊整体定价相对较低，单期定价在 10～20 元的科技期刊有 2615 种，占 51.02%。

一、科技期刊产业发展指数指标体系设计

《中国科技期刊产业发展报告（2021）》首次从经济学角度提出了科技期刊产业的概念，即：科技期刊产业，是指围绕科技期刊的所有经济活动的总和，包含科技期刊从内容组织、编辑加工、出版发行、市场营销到综合管理与服务各个分工不同但又利益相互关联的行业所组成的业态总集合。科技期刊产业发展的必要性，来自需求和供给两个方面的市场组合，即以支撑国家科技创新需求为根本，以满足作者和读者两个市场都发展的需求为目的，可持续地发展优质内容供给能力、实现社会效益和经济效益的双丰收[1]。

考虑到科技期刊产业的双效益特性，《中国科技期刊产业发展报告（2021）》设计了产业发展指数，从产业投入和产业产出两个角度考虑指标体系，产业产出又分成经济效益、社会效益两部分。以下介绍科技期刊产业发展指数的指标体系。

（一）产业投入类指标（A 类指标）

产业投入是产业形成和发展的基本支撑。本项目考量科技期刊产业投入，从其

涉及的产业环境、产业基础和人财物等维度的可计量要素入手，以期客观、有效地反映科技期刊产业投入强度，共设计指标 11 项。在计算区域指数时使用了 A1～A8、A10 共 9 个指标；在计算行业指数时使用了 A1～A7、A9、A11 共 9 个指标。

A1. 主管主办单位办刊经费支持

主管主办单位办刊经费支持是指科技期刊出版单位在办刊过程中获得的来自其上级主办或主管单位提供的办刊经费支持总额，反映主办或主管单位的资金投入力度。

A2. 国家、地方等专项基金项目经费支持

国家、地方等专项基金项目经费支持是指科技期刊出版单位在办刊过程中获得的来自国家或所在出版地管理部门等设立的针对科技期刊发展的专项基金项目的支持总额，反映国家或地方政府对刊物发展的资金投入强度。

A3. 期刊业务总支出

期刊业务总支出是指科技期刊在所有办刊业务活动方面的经费支出总量，反映期刊出版单位在办刊方面资金投入的强度。

A4. 期刊从业人员总数

期刊从业人员总数是指从事科技期刊业务活动所有相关岗位的总人数，包括期刊在编人数和聘用人数。岗位包括管理人员、采编人员、新媒体人员、编辑人员、编务人员、广告工作人员、发行工作人员以及相关其他辅助人员，反映期刊出版单位在保障办刊人力资源方面的总体投入强度。

A5. 期刊从业人员高层次人才占比

期刊从业人员高层次人才占比是指科技期刊编辑部门中具有副高级职称及以上的人数占期刊从业人员总数的比例，反映为保障办刊质量水平在高端人力资源方面的投入强度。

A6. 期刊编辑部在职人均办公面积

期刊编辑部在职人均办公面积是指科技期刊编辑部办公面积与编辑部在职从

业人数的比值，反映期刊出版单位对保障办刊基本条件的投入强度。

A7. 区域/行业期刊总数

根据期刊出版地统计某个区域的科技期刊总量，或根据期刊所属学科统计某个行业的科技期刊总量。该项指标直观反映某个区域或行业的整体出版规模，也反映出期刊规模化发展的总体投入强度。

A8. 期刊产业投入占区域 R&D 经费比例

期刊产业投入占区域 R&D 经费比例是指区域对科技期刊产业的投入强度，参照文献[2]，通过该区域内科技期刊业务总支出占该区域研究与试验发展（R&D）经费总额的比例予以表述，以反映一个区域的 R&D 经费投入到科技期刊办刊活动的相对强度。

A9. 期刊产业投入占行业 R&D 经费比例

考察某行业对科技期刊产业的投入强度，通过该行业科技期刊业务总支出占行业所在的研发机构 R&D 经费内部总支出的比例予以表述，以反映一个行业在研发支出的使用及构成中投入到期刊办刊活动的相对强度。

A10. 每百万人拥有科技期刊数

通过计算某区域每百万人拥有的科技期刊种数，以反映科技期刊在面向社会广大读者的需求方面的规模化投入强度，也反映出在该区域范围内科技期刊的相对规模化发展水平。

A11. 每百家科研机构拥有科技期刊数

在统计行业的科技期刊相对规模化发展水平和产业服务能力时，采用某行业每百家科研机构实际拥有的科技期刊数量。

（二）产业经济效益类指标（B 类指标）

产业经济效益和产业涉及的经济活动紧密相关。本书从科技期刊的经营收入

（常见的有发行收入、广告收入、新媒体收入、版权收入、项目活动收入）、其他收入、利润等绝对指标，以及期刊人均产值、期刊人均贡献比等相对指标多方面来反映科技期刊在区域和行业领域的宏观经济效益状况。包括 9 个分指标。

B1. 期刊发行收入

期刊发行收入是期刊通过纸本或电子本发行的收入总额，反映期刊发行销售的效益水平。

B2. 期刊广告收入

期刊广告收入是期刊经营广告的收入总额，反映期刊广告销售的效益水平。

B3. 期刊新媒体收入

期刊新媒体收入是期刊在微信公众号、微博等新媒体上的综合经营收入，反映期刊在多媒体、融媒体发展方面的综合销售效益水平。

B4. 期刊版权收入

期刊版权收入主要是期刊在数据库合作、国际版权合作方面的收入，反映期刊开展版权合作的效益水平。

B5. 期刊项目活动收入

期刊项目活动收入主要是指期刊自身开展的各种市场性专题活动项目的综合经营收入，反映期刊在出版之外综合开展经营性活动的效益水平。

B6. 期刊其他收入

期刊其他收入是指一般学术期刊还有很多如发表服务费、审稿费等其他方面的经营性收入，但在统计报表中未专门列项，故本次采用 2022 年检数据表中的"其他收入"项。基本反映期刊发表服务费、审稿费等其他经营性收入的效益水平。

B7. 利润

利润采用 2022 年检数据表中的"利润"项，反映科技期刊经营效益差异度。

B8. 期刊人均产值

期刊人均产值是期刊"总收入"（实际为经营性总收入）与期刊编辑部从业人员总数的比值，反映不同期刊队伍之间经营水平的相对差异度。

B9. 期刊人均贡献比

期刊人均贡献比是期刊人均产值与区域人均生产总值的比值，是期刊产业发展和区域平均水平相比的相对强度，反映不同区域科技期刊队伍经营水平的相对差异度。

（三）产业社会效益类指标（C 类指标）

产业社会效益是指该产业给社会带来的贡献、服务或影响力。中国科技期刊也具有意识形态和文化产业属性，发挥了广泛的社会效益。该类指标从区域/行业的期刊论文水平、发文作者水平、品牌建设情况、国内外影响力、发展空间和出版规模等来反映科技期刊区域和行业的综合社会效益差异，共设计指标 9 项。在计算区域指数时使用了 C1～C6、C8、C9 共 8 个指标；在计算行业指数时使用了 C1～C5、C7～C9 共 8 个指标。

C1. 论文水平

从区域/行业期刊发表的高被引论文总量、国家基金资助论文比、"中国科协优秀科技论文遴选计划"入选论文数 3 个维度来反映区域/行业期刊总体质量水平。

1）高被引论文总量，是指近 5 年某区域/行业期刊发表的高被引论文总量，反映区域/行业科技期刊刊载高影响力论文的能力差异，也是衡量期刊总体质量水平的一个重要维度。

高被引论文是指将所有期刊论文分年份分学科按照被引频次降序排列遴选出的排名前 1%的论文。

2）国家基金资助论文比，是指期刊 2021 年发表受国家级基金资助的论文数量占总论文数量的比值，体现科技期刊报道高质量研究论文的能力，也是反映区域/行业期刊总体质量水平的一个重要维度。

3）"中国科协优秀科技论文遴选计划"入选论文，是指入选第一届至第七届中国科学技术协会组织开展的"中国科协优秀科技论文遴选计划"项目获得表彰的优秀论文。虽然数量少，也是办刊质量水平的一项重要参考指标。

C2. 高端作者数

从期刊发表论文中拥有国内高端作者的数量来揭示各区域/行业期刊作者的总体质量水平，体现期刊产业在吸引高端学者方面的相对差异度，是反映期刊服务质量的重要参考指标。

区域/行业国内的高端作者数，是指某区域/行业科技期刊发文作者中的国内高端作者总数。此处，国内高端作者定义为 H 指数大于等于 10 的作者。

作者的 H 指数是指近 10 年某作者发表的论文中至少有 h 篇论文的被引频次不低于 h 次，作者 H 指数越高，表明其产出高质量、高影响力论文的能力越强，作者 H 指数是目前国际文献计量学领域较为通用的反映作者学术质量和影响力水平的指标。

C3. 品牌建设

考察的是在区域/行业科技期刊中：①获得"中国出版政府奖"（含提名奖）期刊数；②入选中国科技期刊卓越行动计划期刊（以下简称"卓越期刊"）数；③入选分领域高质量科技期刊分级目录 T1 等级的期刊数；④在北大《中文核心期刊要目总览》、中国科学引文数据库来源期刊、中国科学技术信息研究所（以下简称"中信所"）《中国科技论文统计源期刊》、《中国学术期刊国际引证年报》TOP 榜单、《中国学术期刊影响因子年报》Q1 区、科技期刊世界影响力指数（WJCI）来源期刊以及国际上科学引文索引（SCI）、工程索引（EI）、Scopus、医学索引（Medline）等评价数据库中，入选上述两个及以上评价系统或数据库的期刊数。以上述四项期刊数的总数来反映某区域/行业科技期刊品牌建设的总体强弱程度。

C4. 影响力

从区域/行业科技期刊的国内总被引频次、海外总被引频次、平均期发行量、网络传播量、微信公众号总订户数等 5 组数据来反映期刊的学术影响力和社会影响力。

1）国内总被引频次，是指某期刊自创刊以来发表的全部可被引文献在统计年（2021 年）被《中国学术期刊影响因子年报》复合统计源（国内期刊论文、会议论文及博硕士学位论文）引用的总次数。

2）海外总被引频次，是指某期刊自创刊以来发表的全部可被引文献在统计年（2021 年）被《中国学术期刊国际引证年报》海外来源期刊引用的总次数。

3）平均期发行量，是指某期刊的年度总发行量与总期数的比值，反映区域/行业科技期刊作为传统媒介的传播能力。

4）网络传播量，反映期刊在互联网上的传播情况。该指标是指某期刊出版的所有文献在统计年（2021 年）在第三方网络平台上下载的总篇次。

5）微信公众号总订户数，是指关注期刊微信公众号的用户量。

C5. 国际地区分布

国际地区分布是某区域/行业期刊发文作者所属国家（区域）的总数，反映区域/行业期刊参与国际学术交流、服务世界范围内作者的能力差异。

C6. 区域学科覆盖度

区域学科覆盖度是某区域期刊发文分布的学科种类数量（同一个学科只统计一次）与学科种类总量的比值，反映期刊在本区域所服务的学科范围的相对差异度。学科采用《中国图书馆分类法（第五版）》的 4 级分类号。

C7. 行业学科覆盖度

行业学科覆盖度是某行业期刊发文分布的本行业学科种类数量（同一个学科只统计一次）与本行业学科种类总量的比值，反映期刊在本行业所服务的学科范围的相对差异度。学科采用《中国图书馆分类法（第五版）》的 4 级分类号。

C8. 作者机构数

从区域/行业在统计年科技期刊发文作者所属的国内一级机构的种类数量和国际一级机构的种类数量（同一个机构只统计一次）两个维度来揭示区域/行业期刊吸引科研机构关注度，也是服务能力的相对差异表现。

其中，区域/行业国内一级机构的种类数量是指某区域/行业在统计年科技期刊发文作者机构中的国内作者（含合著）所在机构的总数，反映期刊对国内作者的影响力水平。

区域/行业国际一级机构的种类数量是指某区域/行业在统计年科技期刊发文作者机构中的国际作者（含合著）所在机构的总数，也能反映期刊对国际化作者的影响力水平。一般认为，期刊国际化程度越高，质量水平相对较高。

C9. 出版总期数

出版总期数是某区域/行业期刊在一年内刊载的期刊总期数。期刊出版周期一般分为半月刊、月刊、双月刊、季刊等，周期越短出版期数越多。统计某区域/行业期刊每年出版的总期数可反映区域/行业期刊的总体出版服务能力。

以上数据来源，A1～A7、A11、B1～B8、C4（平均期发行量、微信公众号总订户数）、C9 等来自 2022 年检数据，由中宣部出版局提供；A8～A10、B9 数据来自国家统计局《中国统计年鉴》《中国科技统计年鉴》；C1（区域入选第一届至第七届"中国科协优秀论文遴选计划"论文数量）、C2、C3 数据分别来自课题组采集的中国科学技术协会、中信所《中国科技论文统计源期刊》、北大《中文核心期刊要目总览》、CSCD 数据库等中外数据库公开数据，C1（高被引论文总量、国家基金资助论文比）、C4（国内总被引频次、海外总被引频次、网络传播量）、C5～C8 数据主要来自中国知网。

二、中国科技期刊产业总体数据情况

（一）中国科技期刊产业投入情况

产业投入是产业形成和发展的基本支撑，本研究从中国期刊发展密切相关的产业环境、产业基础和人财物等维度选择可计量的定量数据指标，以期客观、有效地反映科技期刊产业投入强度。中国科技期刊产业投入涵盖主管主办单位办刊经费，国家级、行业专业级、省（区、市）级专项经费及其他专项经费，期刊业务总支出，期刊从业人员总数，期刊从业人员高层次人才数及在职人均办公面积等。各项统计数据见表 1-1。

表 1-1   2021 年中国科技期刊产业投入情况及与 2020 年情况对比

类目	2021 年			2020 年			增长率/%	
	总数	刊数	刊均	总数	刊数	刊均	总体	刊均
主管主办单位办刊经费支持/万元	105 817.29	2 469	42.86	105 626.47	2 596	40.69	0.18	5.33
国家、地方等专项基金项目经费支持/万元	35 175.69	593	59.32	25 987.01	500	51.97	35.36	14.13
期刊业务总支出/万元	702 341.87	4 861	144.49	674 175.32	4 687	143.84	4.18	0.45
期刊从业人员总数/位	37 698	5 074	7.43	36 793	4 974	7.40	2.46	0.44
期刊从业人员高层次人才数/位	16 040	4 821	3.33	15 373	4 719	3.26	4.34	2.13
在职人均办公面积/m²	—	5 076	12.12	—	4 995	12.19	—	-0.57

注：数据来源于 2022 年及 2021 年检数据。
本表数据因四舍五入，存在 2021 年总数与表 1-10 不一致的情况。

2021 年中国科技期刊获得各类经费支持达到 14.10 亿元，同比增长 0.94 亿元。40.90% 的科技期刊获得主办单位经费支持，9.07% 的科技期刊获得主管单位的经费支持，主管主办单位经费同比增长 190.82 万元。获得国家级专项经费支持的科技期刊数量占 4.92%，刊均支持力度 90.61 万元。获得行业专业级专项经费的科技期刊数量占比不足 1.50%，刊均支持力度 27.10 万元。获得地方专项经费支持的科技期刊数量占比为 3.04%，刊均支持力度 38.01 万元。

中国科技期刊 2021 年总支出 70.23 亿元，刊均 144.49 万元；其中，支付人员工资占 45.38%，总计 31.87 亿元，刊均 65.57 万元；纸张印刷费用占 16.03%，总计 11.26 亿元，刊均 23.16 万元；稿酬占 5.51%，总计 3.87 亿元，刊均 7.95 万元；员工培训经费总计 0.68 亿元，刊均 1.40 万元；新媒体投入总计 1.00 亿元，刊均 2.05 万元；社会公益捐赠总计 0.11 亿元，刊均 0.22 万元；其他支出总计 21.44 亿元，刊均 44.11 万元。

中国科技期刊从业人员数量呈小幅稳定上涨态势，从业人员水平整体较高，期刊具有稳定的办刊场所保障。中国科技期刊 2021 年从业人数 37 698 人，与 2020 年相比，增长 2.46%。2022 年检数据中 5074 种期刊填报了期刊从业人数，单刊从业人数主要集中在 4～5 人（1530 种期刊，占 30.15%）和 6～7 人（1297 种期刊，占 25.56%），两者期刊数量之和占 55.71%。从业人员中，正高职称 7522 人、副高职称 8518 人、中级职称 10 578 人。中国科技期刊人均办公面积为 12.12m² 。其中，594 种期刊拥有自有办公场所，3830 种期刊由上级单位提供办公场所，699 种期刊租赁办公场所。

（二）中国科技期刊经济效益情况

中国科技期刊经济效益指标包括收入和利润，各项经营收入包含发行收入、广告收入、新媒体收入、版权收入、项目活动收入、其他收入；填报经济效益相关指标数据的期刊有 4674 种。各项统计数据见表 1-2。

表 1-2　2021 年中国科技期刊经济效益情况及与 2020 年情况对比

收入/万元	2021 年		2020 年		增长率/%	
	总额	刊均	总额	刊均	总额	刊均
总收入	736 895.42	157.66	696 422.29	154.28	5.81	2.19
发行	177 813.69	38.04	173 353.95	38.40	2.57	−0.94
广告	114 208.25	24.43	113 574.21	25.16	0.56	−2.88
新媒体	21 855.14	4.68	19 848.59	4.40	10.11	6.34
版权	4 632.07	0.99	3 682.68	0.82	25.78	21.47
项目活动	82 409.22	17.63	79 468.85	17.60	3.70	0.15
其他	335 977.05	71.88	306 494.02	67.90	9.62	5.87
利润	59 681.08	12.77	53 998.14	11.96	10.52	6.74

注：数据来源于 2022 年及 2021 年检数据。
2021 年检数据 5125 条，有效填报数据 4674 条；2020 年检数据 5041 条，有效填报数据 4514 条。
总收入为发行、广告、新媒体、版权、项目活动、其他之和。

2021 年中国科技期刊经营总收入 73.69 亿元，同比增长 4.05 亿元，刊均总收入 157.66 万元；其中，发行收入占 24.13%，总计 17.78 亿元，刊均 38.04 万元；广告收入占 15.50%，总计 11.42 亿元，刊均 24.43 万元；新媒体收入占 2.97%，总计 2.19 亿元，刊均 4.68 万元；版权收入占 0.63%，总计 0.46 亿元，刊均 0.99 万元；项目活动收入占 11.18%，总计 8.24 亿元，刊均 17.63 万元；其他收入占 45.59%，总计 33.60 亿元，刊均 71.88 万元。中国科技期刊 2021 年利润总额 5.97 亿元，同比增长 10.52%；利润总额为负值的期刊 866 种，占 18.53%。

中国各类型、各学科科技期刊的收入模式各不相同。科普期刊以发行收入为主，且刊均广告收入、刊均新媒体收入均高于其他类型期刊；卓越期刊除了其他收入和发行收入较高外，项目活动收入在各类型期刊中最高。从不同语种期刊来看，中文期刊以其他收入（占总收入的 44.14%）为主，发行收入和广告收入（两者合计占总收入的41.13%）为辅；英文期刊以其他收入为主，其他收入占总收入的63.49%。从不同学科期刊来看，理学期刊的发行收入和其他收入并重；工学期刊以其他收入为主，发行收入和广告收入为辅（表 1-3）。

表 1-3　2021 年各类型、各学科中国科技期刊主要刊均收入情况

期刊类型	期刊数/种	有效填报刊数/种	发行收入/万元	广告收入/万元	新媒体收入/万元	版权收入/万元	项目活动收入/万元	其他收入/万元	总收入/万元
中文期刊	4551	4187	40.99	25.94	5.18	0.88	17.92	71.82	162.73
英文期刊（含中英文期刊）	574	487	12.72	11.48	0.32	1.99	15.11	72.39	114.01
理学期刊	916	809	63.50	11.06	2.58	1.68	10.35	57.81	146.98
工学期刊	2260	2102	32.91	37.04	6.95	0.86	20.02	74.62	172.40
生命科学期刊	1762	1619	32.98	15.44	3.04	0.88	18.84	77.18	148.36
科普期刊	253	243	226.07	45.45	23.07	1.49	21.90	80.39	398.37
卓越期刊	299	259	68.23	13.65	3.68	3.22	39.61	99.65	228.04

注：数据来源于 2022 年检数据。
表中数据经四舍五入处理，存在修约误差，余同。

（三）中国科技期刊社会效益情况

产业社会效益是指该产业给社会带来的贡献、服务或影响力。中国科技期刊具有意识形态和文化产业属性，取得了显著的社会效益。中国科技期刊社会效益的评价选取了期刊论文水平、发文作者水平、品牌建设情况、国内外影响力、出版规模等数据，分别反映了办刊能力、期刊论文水平、对科学家群体的吸引力、品牌建设、在学术活动中的学术传播力和影响力等。

高被引论文总量、国家基金资助论文比、中国科协优秀论文遴选计划入选论文数一定程度代表了期刊内容质量水平。拥有国内高端作者的数量（国内高端作者定义为 H 指数大于等于 10 的作者）代表了期刊对科学家团体的吸引力。品牌期刊指：①获得"中国出版政府奖"（含提名奖）期刊；②入选卓越计划的期刊；③入选分

领域高质量科技期刊分级目录 T1 等级的期刊；④在北大《中文核心期刊要目总览》、中国科学引文数据库来源期刊、中信所《中国科技论文统计源期刊》、《中国学术期刊国际引证年报》TOP 榜单、《中国学术期刊影响因子年报》Q1 区、科技期刊世界影响力指数（WJCI）来源期刊以及国际上 SCI、EI、Scopus、Medline 等评价数据库中，入选上述两个及以上评价系统或数据库的期刊。国内外影响力包括科技期刊在统计年的国内总被引频次、海外总被引频次、平均期发行量、网络传播量、微信公众号总订户数 5 组数据。期刊发展空间指期刊的作者覆盖国际地区数、论文对学科覆盖度、作者机构数。出版规模指期刊年度出版总期数。

表 1-4　2021 年中国科技期刊社会效益情况及与 2020 年情况对比

指标名称	2021 年	2020 年	增长率/%
论文水平			
近五年高被引论文数总和/篇	111 449	116 166	-4.06
国家级基金资助论文数/篇	183 391	175 373	4.57
总论文数/篇	1 142 381	1 229 514	-7.09
入选第一届至第七届中国科协优秀科技论文遴选计划论文数/篇	635	538	18.03
国内高端作者数/位	76 420	70 698	8.09
"品牌建设"期刊数量/种	1 059	1 047	1.15
影响力			
期刊国内总被引频次之和/次	10 004 779	8 154 687	22.69
期刊海外总被引频次之和/次	1 633 957	1 290 770	26.59
期刊平均期发行量的平均值/万册	0.35	0.37	-5.41
期刊网络传播量（第三方平台下载）/次	587 231 695	488 027 709	20.33
期刊微信公众号总订户数之和/位	48 343 026	42 716 103	13.17
期刊发文作者所属国家（区域）总数/个	132	123	7.32
期刊出版总期数/期	49 711	48 936	1.58

注：数据来源于 2022 年检数据、2021 年检数据、国家统计局《中国科技统计年鉴》《中国统计年鉴》、中国知网资源总库。

2021 年检数据 5125 条，2020 年检数据 5041 条。

"期刊网络传播量（第三方平台下载）/次"类目，2020 年采集中国知网、中华医学期刊全文数据库下载数据，2021 年采集中国知网、中华医学期刊全文数据库、万方下载数据，本统计表选用中国知网、中华医学期刊全文数据库下载数据进行同比（2021 年万方平台传播量 121 701 239 次）。

"品牌建设"期刊数量包括获"中国出版政府奖"（含提名奖）期刊数、入选"中国科技期刊卓越行动计划"期刊数、入选分领域高质量科技期刊分级目录 T1 等级期刊数、入选国内外主要评价系统或数据库的期刊数。

三、中国科技期刊产业区域数据情况

区域科技期刊产业发展指数指标体系见表1-5。

表1-5　区域科技期刊产业发展指数指标体系

一级指标	二级指标			
	代号	指标名称	说明	单位
产业投入A	A1	主管主办单位办刊经费支持	区域各期刊主办、主管单位办刊经费支持总和	万元
	A2	国家、地方等专项基金项目经费支持	区域各期刊国家、地方等专项基金项目经费总和	万元
	A3	期刊业务总支出	区域各期刊业务总支出费用总和	万元
	A4	期刊从业人员总数	区域各期刊从业人员数的总和	位
	A5	期刊从业人员高层次人才占比	区域期刊编辑部中具有副高级职称及以上的人数/A4	%
	A6	期刊编辑部在职人均办公面积	区域各期刊编辑部在职人均办公面积的平均值	m²
	A7	区域期刊总数	区域出版的期刊总数	种
	A8	期刊产业投入占区域R&D比例	A3/区域R&D内部支出	%
	A10	每百万人拥有科技期刊数	A7/（区域总人数/100万）	种/百万人
经济效益B	B1	期刊发行收入	区域各期刊发行收入总和	万元
	B2	期刊广告收入	区域各期刊广告收入总和	万元
	B3	期刊新媒体收入	区域各期刊新媒体收入总和	万元
	B4	期刊版权收入	区域各期刊版权收入总和	万元
	B5	期刊项目活动收入	区域各期刊项目活动收入总和	万元
	B6	期刊其他收入	区域各期刊其他收入总和	万元
	B7	利润	区域各期刊利润总和	万元
	B8	期刊人均产值	区域期刊总收入/A4	万元/人
	B9	期刊人均贡献比	B8/区域人均生产总值（人均GDP）	%
社会效益C	C1	论文水平	区域各期刊近五年高被引论文数总和	篇
			区域各期刊国家级基金资助论文数/区域总论文数	%
			区域入选第一届至第七届中国科协优秀科技论文遴选计划论文数	篇
	C2	高端作者数	区域国内高端作者数	位

一级指标	二级指标			
	代号	指标名称	说明	单位
社会效益 C	C3	品牌建设	①获得"中国出版政府奖"（含提名奖）期刊数；②入选"中国科技期刊卓越行动计划"期刊数；③入选分领域高质量科技期刊分级目录 T1 等级的期刊数；④在北大《中文核心期刊要目总览》、中国科学引文数据库（CSCD）来源期刊、中信所《中国科技论文统计源期刊》、《中国学术期刊国际引证年报》TOP 榜单、《中国学术期刊影响因子年报》Q1 区，科技期刊世界影响力指数（WJCI）来源期刊以及国际上 WoS、EI、Scopus、Medline 等评价数据库中，入选上述两个及以上评价系统或数据库的期刊数。本项为上述四项数量总和	种
	C4	影响力	区域各期刊国内总被引频次之和	次
			区域各期刊海外总被引频次之和	次
			区域各期刊平均期发行量的平均值	万册
			区域各期刊网络传播量（第三方平台总下载量）	次
			区域各期刊微信公众号总订户数之和	位
	C5	国际地区分布	区域期刊发文作者所属国家（区域）的总数	个
	C6	区域学科覆盖度	区域各期刊发文分布的学科种类数量/学科种类总数	
	C8	作者机构数	区域各期刊发文作者所属的国内一级机构数	个
			区域国际作者（含合著）所属的一级机构数	个
	C9	出版总期数	区域各期刊出版总期数之和	期

依据 2022 年检统计范围，西藏和新疆生产建设兵团填报总收入的期刊数量不足 50%，新疆生产建设兵团填报业务总支出的期刊数量不足 50%，数据缺失较多，无法真实反映其产业区域发展状况，故在本次科技期刊产业发展报告中暂不统计这两个区域的相关数据。

（一）中国科技期刊区域产业投入情况

基于 2022 年检数据的 5125 种科技期刊，统计 30 个区域科技期刊产业投入情况。结果显示，科技期刊业务总支出超过 3 亿元的区域有 4 个，其中最多的区域为北京（32.38 亿元），位居第二、第三位的是上海（5.20 亿元）和湖北（3.81 亿元），位居第四的是江苏（3.03 亿元）。科技期刊业务总支出在 1 亿～3 亿元的有 14 个区域，1000 万元至 1 亿元的有 10 个区域，100 万～1000 万元的有 2 个区域，见表 1-6。

表1-6　2021年中国各区域科技期刊产业投入情况

序号	区域	主管主办单位办刊经费支持/万元	国家、地方等专项基金项目经费支持/万元	期刊业务总支出/万元	期刊从业人员总数/位	期刊从业人员高层次人才占比/%	期刊在职人均办公面积/m²	区域期刊总数/种
1	北京	38 272.43	18 713.70	323 784.90	12 628	35.66	10.68	1 664
2	上海	9 167.59	3 299.22	51 998.19	2 667	38.28	12.26	358
3	江苏	5 830.54	1 268.00	30 276.77	1 837	47.52	13.75	265
4	四川	5 563.16	1 278.16	24 544.36	1 441	46.91	13.81	214
5	湖北	4 571.36	863.40	38 094.58	1 497	46.69	12.97	222
6	广东	3 544.81	1 880.30	28 193.78	1 554	35.01	12.94	191
7	辽宁	3 076.87	481.40	15 207.77	1 168	51.54	13.67	180
8	陕西	3 027.53	399.50	17 148.56	1 222	44.76	12.57	161
9	湖南	2 748.19	1 324.00	15 182.84	906	46.47	12.83	135
10	河南	27 16.49	1 273.00	14 515.12	1 107	45.44	12.41	127
11	黑龙江	2 612.35	360.83	10 938.49	1 161	57.36	11.51	163
12	浙江	2 537.45	674.00	10 512.11	775	53.16	12.40	129
13	山东	2 275.98	175.00	12 741.96	899	59.29	10.27	135
14	重庆	1 824.62	419.00	12 758.01	846	31.56	13.74	80
15	安徽	1 809.30	202.60	8 934.41	790	54.18	13.76	105
16	江西	1 753.84	22.00	6 154.10	517	46.23	12.71	73
17	甘肃	1 637.99	278.83	4 883.14	417	53.24	12.16	66
18	河北	1 579.12	84.70	10 864.67	851	46.06	10.10	108
19	福建	1 557.45	13.42	5 064.31	469	54.80	12.53	76
20	天津	1 485.85	386.50	14 676.24	950	47.89	12.59	142
21	广西	1 480.25	26.00	10 793.65	824	35.19	13.31	78
22	吉林	1 378.61	1 033.00	11 542.22	683	52.42	12.84	103
23	云南	1 278.64	51.00	4 361.15	363	49.31	11.74	54
24	山西	1 137.53	36.00	5 951.42	836	34.93	13.05	90
25	贵州	825.96	205.00	2 438.86	249	49.40	14.91	38
26	内蒙古	784.88	46.78	3 597.33	366	56.28	10.68	52
27	新疆	685.35	191.90	3 933.94	299	48.49	10.55	57
28	宁夏	244.53	1.00	527.63	61	52.46	10.50	11
29	青海	146.40	40.05	583.29	100	54.00	13.19	19
30	海南	130.42	0.00	1 744.31	116	31.03	9.35	13
	合计	105 685.49	35 028.29	701 948.11	37 599	—	—	5 109

注：按2021年区域主管主办单位办刊经费支持金额降序排序。

数据来源于2022年检数据。

因西藏和新疆生产建设兵团相关数据缺失率大于50%，不在本次统计范围内。

　　对各区域科技期刊主管主办单位经费支持情况、国家及地方等"专项经费"资助情况进行统计，结果显示：2021 年主管主办单位经费支持排名前三的区域依次是北京（38 272.43 万元）、上海（9167.59 万元）和江苏（5830.54 万元）。以实际获得主管主办单位经费支持的期刊数量来计算，刊均主管主办单位经费支持超过50 万元的区域依次为北京（68.34 万元）、重庆（57.02 万元）、上海（52.69 万元）和四川（50.12 万元）。国家及地方等"专项经费"排在第一的是北京，达 18 713.70万元；排在第二的是上海，为 3299.22 万元；超过 1000 万元的还有广东、湖南、四川、河南、江苏和吉林。以实际获得国家及地方"专项经费"支持的期刊数量来计算，刊均"专项经费"位居前四位的区域依次为河南（115.73 万元）、广东（94.02万元）、北京（86.64 万元）和湖南（77.88 万元）。

　　对科技期刊从业人员总数及高层次人才占比情况统计结果显示：科技期刊从业人员总数最多的是北京，为 12 628 人，排在第二、第三位的是上海（2667 人）和江苏（1837 人）。从业人员总数 1000 人以上的有 10 个区域，500～1000 人的有11 个区域，100～500 人的有 8 个区域，100 人以下的有 1 个区域。期刊从业人员高层次人才占比最高的为山东（占 59.29%），排在第二、第三位的是黑龙江（占57.36%）和内蒙古（占 56.28%）。11 个区域高层次人才占比高于 50%。

　　期刊在职人均办公面积最大的为贵州（14.91m^2），排在第二、第三位的是四川（13.81m^2）和安徽（13.76m^2），海南人均办公面积不足 10m^2。区域期刊总数以北京居于首位，上海和江苏分别排在第二、第三位。

（二）中国科技期刊区域经济效益情况

　　基于 2022 年检数据的 5125 种科技期刊，对 30 个区域科技期刊各项经营收入、总收入及利润情况进行统计，结果显示：经营总收入第一的区域为北京（35.04 亿元），位居第二、第三位的是上海（4.88 亿元）和湖北（4.13 亿元）。经营总收入在 1 亿～3 亿元的有 14 个区域，1000 万元至 1 亿元的有 11 个区域，100 万～1000万元的有 2 个区域。经营利润第一的是北京（3.39 亿元），位居第二、第三位的是吉林（0.33 亿元）和湖北（0.31 亿元），见表 1-7。

　　2021 年发行收入北京最高（8.22 亿元），第二是广东（1.08 亿元），第三是江苏（0.99 亿元）；刊均发行收入方面，位居前五位的区域依次为河南、广东、北京、江西和河北。

表 1-7　2021 年中国各区域科技期刊经济效益情况　　　　（单位：万元）

序号	区域	发行收入	广告收入	新媒体收入	版权收入	项目活动收入	其他收入	总收入	利润
1	北京	82 174.68	61 665.25	17 072.45	2 375.57	52 831.22	134 268.23	350 387.39	33 928.46
2	上海	9 784.13	11 874.76	777.19	365.07	5 619.67	20 338.58	48 759.40	−3 681.43
3	湖北	8 008.06	4 261.33	233.52	320.48	1 672.62	26 776.12	41 272.14	3 125.88
4	江苏	9 887.55	4 508.81	786.92	199.81	1 974.91	12 438.32	29 796.32	1 860.93
5	广东	10 831.54	2 856.62	1 867.74	104.09	1 979.29	11 826.47	29 465.76	1 629.25
6	四川	3 802.81	3 558.08	115.55	102.01	1 145.99	14 890.11	23 614.55	1 642.33
7	陕西	3 196.28	3 138.85	83.80	64.03	1 101.23	11 039.64	18 623.83	1 569.08
8	天津	3 939.30	3 113.63	73.05	68.81	3 369.13	6 259.47	16 823.39	2 340.17
9	河南	8 588.30	858.86	41.00	40.60	830.60	5 619.54	15 978.91	2 997.81
10	辽宁	3 864.86	2 595.81	29.53	108.51	535.86	8 706.47	15 841.04	946.41
11	湖南	4 021.49	1 927.28	88.72	90.55	742.33	8 401.65	15 272.02	64.38
12	吉林	1 602.71	1 261.54	30.20	71.87	5 056.82	6 765.49	14 788.62	3 264.40
13	重庆	2 239.64	1 871.17	295.16	60.11	1 075.93	8 096.53	13 638.53	1 149.30
14	河北	4 800.82	1 542.33	92.50	53.22	901.68	4 764.84	12 155.39	1 484.40
15	黑龙江	3 673.57	778.74	28.81	75.42	166.60	7 362.69	12 085.83	1 636.74
16	广西	2 863.93	1 142.99	35.92	27.43	445.19	6 802.94	11 318.41	1 431.30
17	山东	2 152.97	814.76	38.25	62.98	142.68	7 909.03	11 120.67	496.79
18	安徽	1 995.11	921.35	107.88	70.84	1 086.36	5 785.79	9 967.33	1 511.01
19	浙江	2 067.28	1 476.84	2.50	130.12	193.09	5 291.10	9 160.93	178.00
20	江西	3 437.20	901.21	17.90	12.49	81.02	2 993.93	7 443.76	1 331.11
21	山西	1 462.43	408.10	5.89	63.08	108.01	4 434.56	6 482.08	568.81
22	福建	619.09	609.50	19.51	9.19	55.56	3 091.17	4 404.02	−139.45
23	云南	967.45	331.31	0.00	17.73	66.93	2 814.38	4 197.80	−109.26
24	甘肃	227.84	327.55	7.15	62.05	188.62	3 177.66	3 990.87	−56.92
25	内蒙古	797.41	55.29	0.00	16.83	498.94	1 414.10	2 782.56	−207.21
26	贵州	312.40	845.03	4.00	34.82	116.43	1 213.39	2 526.07	366.48
27	新疆	304.34	78.37	0.00	2.29	376.40	1 446.79	2 208.18	97.17
28	海南	119.75	400.50	0.00	3.06	16.12	1 400.03	1 939.46	489.92
29	宁夏	60.42	69.21	0.00	1.02	0.00	432.86	563.51	35.88
30	青海	4.43	13.18	0.00	17.99	0.00	210.76	246.36	−178.65
	合计	177 807.79	114 208.25	21 855.14	4 632.07	82 379.23	335 972.64	736 855.13	59 773.09

注：按期刊总收入降序排序。
数据来源于 2022 年检数据。
因西藏和新疆生产建设兵团相关数据缺失率大于 50%，不在本次统计范围内。

2021 年广告收入排名第一的是北京，达 6.17 亿元；排名第二的是上海，广告收入 1.19 亿元；排名第三的是江苏，广告收入 0.45 亿元。刊均广告收入方面，位居前五位的区域依次为北京、上海、海南、贵州和重庆。

2021 年新媒体收入在 500 万以上的区域有 4 个，分别是北京、广东、江苏、上海。刊均新媒体收入方面，位居前五位的区域依次为北京、广东、重庆、江苏和上海。

2021 年版权收入在 100 万元以上的区域有 8 个，分别是北京、上海、湖北、江苏、浙江、辽宁、广东和四川。以实际获得版权收入的期刊数量来计算，刊均版权收入位居前五位的区域依次为北京、湖北、青海、贵州和浙江。

2021 年项目活动收入排在第一的是北京，收入达 5.28 亿元；排在第二的是上海，收入为 0.56 亿元；排在第三的是吉林，收入为 0.51 亿元；项目活动收入在 1000 万以上的共有 11 个区域。刊均项目活动收入方面，位居前五位的区域依次为吉林、北京、天津、上海和重庆。

2021 年其他收入排在第一的是北京，收入达 13.43 亿元；排在第二的是湖北，收入为 2.68 亿元；排在第三的是上海，收入为 2.03 亿元；其他收入在 1 亿元以上的共有 7 个区域。刊均其他收入方面，位居前五位的区域依次为湖北、重庆、海南、北京和广西。

（三）中国科技期刊区域社会效益情况

基于 2022 年检数据、中国知网资源总库数据及公开资料，对 30 个区域科技期刊论文、作者、品牌建设、影响力等情况进行量化统计分析，结果显示：论文水平较高的区域有北京、湖北、上海、广东、黑龙江和江苏；高端作者人数较多的区域是北京、湖北、辽宁、江苏和上海；获得各种品牌期刊荣誉较多的区域是北京、上海、江苏、湖北、陕西和四川；期刊影响力水平较高的区域有北京、湖北、上海、江苏和辽宁；影响国际地区数量较多的区域有北京、上海、湖北、江苏和黑龙江；期刊覆盖学科较多的区域有北京、上海、湖北、江苏和四川；作者机构数较多的区域有北京、黑龙江、湖北、上海和江苏；期刊出版总期数较多的区域是北京、上海、江苏、湖北和广东，见表 1-8。

表 1-8　2021 年中国各区域科技期刊社会效益情况

序号	区域	论文水平					品牌建设/种	影响力					国际地区分布/个	区域学科覆盖度/个	作者机构		期刊出版总期数/期
		高被引论文/篇	国家级基金资助论文/篇	论文总量/篇	科协优秀论文/篇	高端作者数/位		国内总被引次	海外总被引次	平均期发行量均值/万册	网络传播量/次	微信公众号总订户数/位			国内一级机构/个	国际一级机构/个	
1	北京	50 592	71 363	380 168	493	73 526	563	4 050 268	868 922	0.40	247 471 105	28 637 738	124	0.60	60 550	2 450	18 078
2	江苏	5 731	8 718	42 945	17	36 869	58	488 148	65 571	0.37	29 376 269	1 732 236	65	0.40	14 963	462	2 167
3	湖北	5 610	9 865	58 742	17	41 841	44	532 875	59 605	0.25	38 971 589	1 488 367	65	0.40	16 886	469	2 115
4	上海	4 825	12 126	53 457	48	35 509	83	512 545	184 880	0.29	34 971 249	2 678 408	75	0.43	15 060	720	2 981
5	辽宁	4 803	8 868	36 451	8	38 482	32	441 017	72 610	0.30	26 104 933	1 258 428	54	0.36	12 095	396	1 631
6	陕西	3 725	8 507	38 862	8	32 479	39	398 878	32 942	0.24	24 953 066	625 215	43	0.37	12 673	268	1 508
7	重庆	3 604	5 099	26 278	2	22 607	17	215 235	22 470	0.65	17 188 793	872 725	45	0.33	10 541	229	1 037
8	四川	3 407	6 732	38 845	3	31 273	39	341 458	55 361	0.19	25 897 160	1 147 880	55	0.39	12 741	379	1 822
9	吉林	3 359	4 064	31 140	9	22 982	22	225 429	39 306	0.10	17 941 277	639 586	26	0.30	11 643	105	1 097
10	广东	3 189	5 269	49 090	3	31 886	18	304 536	24 975	0.72	24 417 837	3 039 097	23	0.39	14 637	137	1 984
11	河北	3 061	2 446	43 270	4	21 743	6	200 390	8 061	0.35	22 310 977	423 038	19	0.36	13 019	61	1 295
12	湖南	2 343	4 352	27 172	1	27 022	16	237 343	36 093	0.42	17 315 869	984 140	53	0.35	10 831	278	1 229
13	黑龙江	2 199	5 061	50 243	7	28 682	16	312 461	21 069	0.89	25 195 365	854 997	61	0.39	17 418	338	1 575
14	天津	2 051	4 244	25 614	9	25 943	23	259 680	22 864	0.26	18 675 372	746 830	43	0.33	10 027	168	1 356
15	山东	1 988	3 543	27 332	0	20 169	12	192 572	16 334	0.25	17 205 508	475 448	33	0.37	11 319	128	1 151
16	河南	1 921	3 881	29 367	0	22 280	5	205 419	11 034	0.24	17 180 052	313 928	23	0.35	11 370	97	1 317

续表

序号	区域	论文水平				品牌建设		影响力					国际地区分布/个	区域学科覆盖度	作者机构		期刊出版总期数/期
		高被引论文/篇	国家级基金资助论文/篇	论文总量/篇	科协优秀论文/篇	高端作者数/位	建设/种	国内总被引/次	海外总被引/次	平均期发行量均值/万册	网络传播量/次	微信公众号总订户数/位			国内一级机构/个	国际一级机构/个	
17	安徽	1 713	3 373	28 224	0	23 161	7	193 656	12 167	0.35	16 910 453	187 791	32	0.34	10 688	118	837
18	山西	1 515	1 652	33 987	0	14 163	4	123 490	7 574	0.16	17 235 620	167 992	29	0.34	11 475	105	963
19	浙江	1 306	2 920	17 315	0	17 153	29	157 003	29 612	0.33	12 169 171	894 450	57	0.31	6 783	300	1 023
20	甘肃	898	2 370	13 285	3	14 355	10	143 717	12 947	0.11	8 079 101	134 947	21	0.26	5 345	54	506
21	广西	745	1 977	16 935	0	9 814	2	83 714	3 308	0.34	8 635 239	330 521	18	0.30	8 060	54	772
22	贵州	554	785	6 265	1	7 798	3	54 371	4 584	0.11	4 414 478	42 300	28	0.19	3 356	58	295
23	福建	507	1 169	13 336	0	6 363	1	61 392	4 213	0.30	6 706 560	179 158	21	0.27	5 245	51	524
24	海南	467	761	3 910	0	5 499	1	32 368	1 672	0.34	2 722 499	70 344	7	0.13	3 034	12	172
25	江西	425	1 414	22 308	0	8 120	0	68 618	3 074	0.16	9 618 091	124 160	17	0.30	8 529	37	674
26	内蒙古	385	801	10 037	0	6 820	2	60 607	2 787	0.19	7 779 065	35 183	8	0.22	5 111	20	518
27	云南	267	1 174	8 848	2	6 693	5	51 892	5 557	0.26	5 143 177	213 859	34	0.23	4 447	88	556
28	新疆	225	609	3 952	0	4 421	2	35 568	3 016	0.15	2 257 539	7 330	18	0.13	1 855	22	266
29	宁夏	22	170	2 389	0	1 085	0	8 893	324	0.22	958 483	23 400	3	0.14	1 273	5	96
30	青海	7	142	1 089	0	508	0	7 795	826	0.11	618 648	6 160	4	0.08	656	4	92
合计		111 444	183 255	1 140 856	635	76 420	1 059	10 001 338	1 633 758	—	708 424 545	48 335 656	—	—	—	—	49 637

注：按高被引论文数降序排序。

数据来源于2022年检数据。

因西藏和新疆生产建设兵团相关数据缺失率大于50%，不在本次统计范围内。

合计栏高端作者数为各地区高端作者去重后计算结果。

四、中国科技期刊产业行业数据情况

期刊所处行业划分标准参照国家统计局针对国民经济的行业分类方式，共计18 个行业，其中科技领域 10 个行业，分别是"科学研究和技术服务业""卫生和社会工作""制造业""信息传输、软件和信息技术服务业""农、林、牧、渔业""电力、热力、燃气及水生产和供应业""采矿业""水利、环境和公共设施管理业""交通运输、仓储和邮政业""建筑业"。依据期刊 CN 号的分类，将 5125 种科技期刊划分到以上 10 个行业。行业科技期刊产业发展指数指标体系见表 1-9。

表 1-9　行业科技期刊产业发展指数指标体系

一级指标	二级指标			
	代号	指标名称	说明	单位
产业投入 A	A1	主管主办单位办刊经费支持	行业各期刊主办、主管单位办刊经费支持总和	万元
	A2	国家、地方等专项基金项目经费支持	行业各期刊国家、地方等专项基金项目经费支持总和	万元
	A3	期刊业务总支出	行业各期刊业务总支出费用总和	万元
	A4	期刊从业人员总数	行业各期刊从业人员数总和	位
	A5	期刊从业人员高层次人才占比	行业期刊编辑部中具有副高级职称及以上的人数/A4	%
	A6	在职人均办公面积	行业各期刊编辑部在职人均办公面积的平均值	m²
	A7	行业期刊总数	行业出版的期刊总数量	种
	A9	期刊产业投入占行业 R&D 比例	A3/行业研发机构 R&D 内部支出	%
	A11	每百家机构拥有科技期刊数	A7/（国内一级机构数/100）	种/百家机构
经济效益 B	B1	期刊发行收入	行业各期刊发行收入总和	万元
	B2	期刊广告收入	行业各期刊广告收入总和	万元
	B3	期刊新媒体收入	行业各期刊新媒体收入总和	万元
	B4	期刊版权收入	行业各期刊版权收入总和	万元
	B5	期刊项目活动收入	行业各期刊项目活动收入总和	万元
	B6	期刊其他收入	行业各期刊其他收入总和	万元
	B7	利润	行业各期刊利润总和	万元
	B8	期刊人均产值	行业期刊总收入/A4	万元/人

一级指标	二级指标			
	代号	指标名称	说明	单位
社会效益 C	C1	论文水平	行业各期刊近五年高被引论文数总和	篇
			行业各期刊国家级基金资助论文/行业总论文数	%
			行业入选第一届至第七届中国科协优秀科技论文遴选计划论文数	篇
	C2	高端作者数	行业国内高端作者数	位
	C3	品牌建设	①获得"中国出版政府奖"（含提名奖）期刊数；②入选"中国科技期刊卓越行动计划"期刊数；③入选分领域高质量科技期刊分级目录 T1 等级的期刊数；④在北大《中文核心期刊要目总览》、中国科学引文数据库（CSCD）来源期刊、中信所《中国科技论文统计源期刊》、《中国学术期刊国际引证年报》TOP 榜单、《中国学术期刊影响因子年报》Q1 区，科技期刊世界影响力指数（WJCI）来源期刊以及国际上 WoS、EI、Scopus、Medline 等评价数据库中，入选上述两个及以上评价系统或数据库的期刊数。本项为上述四项数量总和	种
	C4	影响力	行业各期刊国内总被引频次之和	次
			行业各期刊海外总被引频次之和	次
			行业各期刊平均期发行量的平均值	万册
			行业各期刊网络传播量（第三方平台总下载量）	次
			行业各期刊微信公众号总订户数之和	位
	C5	国际地区分布	行业期刊发文作者所属国家（区域）的总数	个
	C7	行业学科覆盖度	行业期刊发文分布的本行业学科种类数量/本行业学科种类总数	
	C8	作者机构数	行业各期刊发文作者所属的国内一级机构数	个
			行业国际作者（含合著）所属的一级机构数	个
	C9	出版总期数	行业各期刊出版总期数之和	期

（一）中国科技期刊行业产业投入情况

基于 2022 年检数据的 5125 种科技期刊，统计 10 个行业科技期刊产业投入情况，结果显示，科技期刊业务总支出最多的行业为"卫生和社会工作"（17.25 亿元），位居第二、第三位的是"科学研究和技术服务业"（15.03 亿元）和"制造业"（11.30 亿元），见表 1-10。

表 1-10 2021 年中国各行业科技期刊产业投入情况

行业	主管主办单位办刊经费支持/万元	国家、地方等专项基金项目经费支持/万元	期刊业务总支出/万元	期刊从业人员总数/位	期刊从业人员高层次人才占比/%	期刊在职人均办公面积/m²	行业期刊总数/种
科学研究和技术服务业	35 076.12	20 165.83	150 295.27	9 074	45.57	11.82	1 279
制造业	16 490.49	3 067.10	112 966.67	6 109	43.26	13.10	885
卫生和社会工作	14 408.40	5 282.70	172 508.81	9 084	38.96	11.49	1 151
电力、热力、燃气及水生产和供应业	12 500.31	681.00	38 456.14	2 134	50.52	13.09	293
交通运输、仓储和邮政业	6 453.07	389.25	41 886.39	1 716	37.76	12.08	221
农、林、牧、渔业	6 318.55	2 279.77	48 531.10	3 739	45.97	11.19	534
信息传输、软件和信息技术服务业	5 734.72	1 565.30	47 712.34	2 409	35.08	11.75	325
水利、环境和公共设施管理业	4 359.34	1 088.64	37 810.83	1 304	46.70	11.09	176
建筑业	2 875.63	443.10	42 835.31	1 697	35.89	12.39	192
采矿业	1 600.65	213.00	9 339.01	432	49.77	13.76	69

注：按 2021 年行业期刊主管主办单位办刊经费支持金额降序排序。
数据来源于 2022 年检数据。
本表数据因四舍五入，存在与表 1-1 中 2021 年总数不一致的情况。

对各行业科技期刊主管主办单位经费支持情况、国家及地方等"专项经费"资助情况进行统计，结果显示，2021 年主管主办单位经费支持排在第一的是"科学研究和技术服务业"，合计经费达 3.51 亿元；排在第二的是"制造业"，合计经费达 1.65 亿元。2021 年国家及地方等"专项经费"排在第一的是"科学研究和技术服务业"，达 2.02 亿元；排在第二的是"卫生和社会工作"，为 0.53 亿元。

对科技期刊从业人员总数及高层次人才占比情况进行统计，结果显示，"卫生和社会工作"行业和"科学研究和技术服务业"行业在科技期刊从业人员总数上不相上下，分别是 9084 人和 9074 人，位居第三的是"制造业"（6109 人）。从业人员总数在 2000 人以下的有 4 个行业，在 2000～5000 人的有 3 个行业。从业人员高层次人才占比超过 50%的行业是"电力、热力、燃气及水生产和供应业"，其余行业高层次人才占比均超过 35%。

期刊在职人均办公面积"采矿业""制造业""电力、热力、燃气及水生产和供应业"高于 $13m^2$ ，"建筑业"和"交通运输、仓储和邮政业"高于 $12m^2$ ，其余 5 个行业均高于 $11m^2$ 。行业期刊总数以"科学研究和技术服务业"居于首位，"卫生和社会工作"和"制造业"次之。

（二）中国科技期刊行业经济效益情况

基于 2022 年检数据的 5125 种科技期刊，对各行业科技期刊各项经营收入、总收入及利润情况进行统计。结果显示，科技期刊总收入最多的行业为"卫生和社会工作"（18.73 亿元），排在第二、第三位的是"科学研究和技术服务业"（15.80 亿元）和"制造业"（11.66 亿元）。科技期刊利润方面，"卫生和社会工作"和"科学研究和技术服务业"利润相当，分别为 1.79 亿元和 1.77 亿元，第三是"制造业"，利润为 0.64 亿元，见表 1-11。

表 1-11　2021 年各行业科技期刊经济效益情况　　　　（单位：万元）

行业	发行收入	广告收入	新媒体收入	版权收入	项目活动收入	其他收入	总收入	利润
卫生和社会工作	38 514.54	17 701.35	2 392.77	730.75	27 211.48	100 721.65	187 272.54	17 933.53
科学研究和技术服务业	60 680.56	14 236.44	2 677.85	1 768.96	12 408.86	66 208.40	157 981.07	17 678.09
制造业	20 085.87	34 383.92	7 757.92	781.93	11 852.93	41 786.19	116 648.76	6 429.15
信息传输、软件和信息技术服务业	10 374.73	7 269.29	1 213.24	425.72	9787.74	22 286.63	51 357.35	4 966.46
农、林、牧、渔业	13 834.80	6 908.67	2 522.72	378.62	3 415.11	20 549.44	47 609.36	2 481.82
建筑业	7 291.96	10 362.62	1 715.47	123.33	4 454.58	22 363.33	46 311.29	4 346.34
交通运输、仓储和邮政业	6 155.20	11 814.26	2 605.94	87.60	6 197.80	13 847.87	40 708.67	−2 760.89
水利、环境和公共设施管理业	9 450.32	3 542.11	122.59	73.50	2 701.76	24 220.77	40 111.05	3 474.44
电力、热力、燃气及水生产和供应业	10 174.88	6 324.68	61.89	194.24	3 301.79	17 579.67	37 637.15	2 877.32
采矿业	1 250.81	1 664.90	784.77	67.41	1 077.19	6 413.09	11 258.17	2 254.81

注：按总收入降序排序。
数据来源于 2022 年检数据。
本表数据因四舍五入，存在与表 1-2 中 2021 年总额不一致的情况。

2021 年发行收入排在第一的行业是"科学研究和技术服务业"，高达 6.07 亿元；排在第二的是"卫生和社会工作"，发行收入为 3.85 亿元，排在第三的是"制造业"，发行收入为 2.01 亿元。广告收入排在第一的行业是"制造业"（3.44 亿元），排在第二的是"卫生和社会工作"（1.77 亿元），排在第三的是"科学研究和技术服务业"（1.42 亿元）。新媒体收入位居前三的行业依次为"制造业"（0.78亿元）、"科学研究和技术服务业"（0.27 亿元）和"交通运输、仓储和邮政业"（0.26 亿元）。版权收入位居前三的行业依次为"科学研究和技术服务业"（1768.96 万元）、"制造业"（781.93 万元）和"卫生和社会工作"（730.75 万元）。项目活动收入排在第一的行业是"卫生和社会工作"（2.72 亿元），第二是"科学研究和技术服务业"（1.24 亿元），第三是"制造业"（1.19 亿元）。其他收入位居前三的行业是"卫生和社会工作"（10.07 亿元）、"科学研究和技术服务业"（6.62 亿元）和"制造业"（4.18 亿元）。

（三）中国科技期刊行业社会效益情况

基于 2022 年检数据、中国知网资源总库数据及公开资料，对 10 个行业科技期刊论文、作者、品牌建设、影响力等情况进行量化统计分析，结果显示，论文水平较高的行业有"卫生和社会工作""科学研究和技术服务业""制造业"；高端作者人数较多的行业是"科学研究和技术服务业""卫生和社会工作""制造业"；获得各种品牌期刊荣誉较多的行业同样是"科学研究和技术服务业""卫生和社会工作""制造业"；期刊影响力水平较高的行业有"卫生和社会工作""科学研究和技术服务业""制造业"；影响国际地区数量较多的行业有"科学研究和技术服务业""制造业""卫生和社会工作"；期刊覆盖学科较多的行业有"卫生和社会工作""建筑业""采矿业"；作者机构数较多的行业有"科学研究和技术服务业""制造业""农、林、牧、渔业"；期刊出版总期数较多的行业是"卫生和社会工作""科学研究和技术服务业""制造业"，见表 1-12。

表 1-12 2021年中国各行业科技期刊社会效益情况

行业	论文水平						影响力					国际地区分布/个	行业学科覆盖度	作者机构		期刊出版总数/期
	高被引论文/篇	国家级基金资助论文/篇	论文总量/篇	科协优秀论文/篇	高端作者数/位	品牌建设/种	国内总被引/次	海外总被引/次	平均期均发行量均值/万册	网络传播量/次	微信公众号总订户数/位			国内一级机构/个	国际一级机构/个	
卫生和社会工作	32 779	39 877	356 808	129	30 860	226	2 607 128	288 184	0.37	211 610 267	12 487 151	90	0.99	23 349	1 122	13 054
科学研究和技术服务业	24 545	55 612	216 828	210	54 898	365	2 302 322	717 745	0.36	147 308 311	8 723 262	121	0.93	41 214	2 002	11 566
制造业	13 222	27 981	182 643	72	31 414	155	1 405 429	245 654	0.27	113 854 212	9 635 232	91	0.97	32 553	1 144	8 307
信息传输、软件和信息技术服务业	10 562	16 979	86 326	41	15 764	73	687 992	81 373	0.29	53 585 297	2 966 286	64	0.95	16 405	554	3 421
农、林、牧、渔业	9 774	13 931	120 973	66	26 321	78	1 103 792	98 992	0.32	72 904 359	2 443 935	73	0.94	26 670	585	5 106
电力、热力、燃气及水生产和供应业	7 064	8 078	45 620	49	12 674	69	616 318	71 494	0.70	29 656 561	1 947 292	60	0.91	10 534	412	2 420
建筑业	4 708	6 363	52 745	9	10 060	18	404 451	25 866	0.30	32 845 959	4 735 305	36	0.99	13 751	286	2 030
水利、环境和公共设施管理业	3 774	7 016	31 029	22	18 126	35	439 619	61 868	0.40	22 005 240	1 688 020	56	0.91	9 282	273	1 420
交通运输、仓储和邮政业	2 616	4 444	32 666	26	7 139	25	249 598	18 291	0.31	17 311 006	3 569 393	32	0.95	7 730	174	1 863
采矿业	2 405	3 110	16 743	11	6 252	14	188 130	24 490	0.19	7 851 722	147 150	24	0.98	4 614	73	524

注：按高被引论文数降序排序。
数据来源于2022年检索数据。
本表数据因四舍五入，存在与表1-4中2021年总额不一致的情况。

第二节 科技期刊产业发展指数分析

一、科技期刊产业发展指数计算方法

《中国科技期刊产业发展报告（2021）》设计了科技期刊产业发展指数（journal industry index，JII），为了便于读者完整理解该指数的含义，本书将计算方法摘录如下。

科技期刊产业发展指数定义为科技期刊在产业投入、经济效益和社会效益三大维度下各评价指标的综合平均当量准值。其基本设计思想是：①对多个具有不同量纲的变量，根据标准分数计算法并参考其相关应用[3~5]，先对各变量进行标准化处理，去除量纲影响；②应用当量准值法[6]，对于消除量纲后的标准值做进一步的当量准值标准化处理；③将各统计指标转换成当量准值后进行综合汇总，以汇总所得值对研究对象进行排序评价。具体计算方法如下所述。

第一步：求标准化值，消除量纲。

$$x' = \frac{x - \overline{x}}{\sigma_x} \tag{1-1}$$

式中：

x 为产业评价各统计指标观测值；

x' 为指标的标准化数值；

σ_x 为观测值 x 的标准差；

$\overline{x}$ 为观测值 x 的平均值。

第二步：由于当 $x > \overline{x}$ 时，x' 为正值，$x < \overline{x}$ 时，x' 为负值。而产业化发展指标的标准化分值为负，不符合人们的阅读心理习惯，而且它也没有一个确定的取值范围，不便于比较也不易理解，故需要对其进一步改造变换。参照文献[6]的做法，在标准化数值的基础上进一步计算当量准值 x''，以此作为指标系统综合评价数值的计算因子。

计算当量准值 x''（将每一指标的取值通过必要的当量转换后都基本限定在 0～100 的范围内，即当量准值的最小值为 0，最大值为 100）。

$$x'' = 50 + 10x' \tag{1-2}$$

此处采取 50+的当量修正参数，是因为本项目目前所涉及的产业指标都属于正指标。所谓正指标，是指实际值越大，在考核评价中所起的正面效应也越大的正相关指标。由以上公式可知，平均水平为 50 分，1 个标准差为 10 分。也就是上浮一个标准差为 50+10=60 分；下浮一个标准差为 50–10=40 分；以此类推。

第三步：将系统内所有子指标的当量准值（x''）求出后，然后求本维度各子指标的平均值，得出该维度的综合得分值。

$$\overline{x''} = \frac{\sum_{i=1}^{m} x_i''}{m} \tag{1-3}$$

式中：

x_i'' 为二级或三级指标的当量准值；

m 为该维度下二级指标的个数。

第四步：通过综合得分值，可以用来对总体或总体的某一方面进行综合性评价排序，以综合评价其水平高低。其计算公式为

$$JII = (\overline{x_A''} + \overline{x_B''} + \overline{x_C''}) / n \tag{1-4}$$

式中：

A 为科技期刊产业投入类指标；

B 为科技期刊经济效益类指标；

C 为科技期刊社会效益类指标；

$\overline{x_A''}$ 为产业投入类指标各个分指标平均当量准值；

$\overline{x_B''}$ 为经济效益类指标各个分指标平均当量准值；

$\overline{x_C''}$ 为社会效益类指标各个分指标平均当量准值。

由于本次综合项只有 A、B、C 三大类指标，故此处 $n = 3$。

二、科技期刊产业发展指数区域计量分析

（一）各区域科技期刊产业发展指数分析

科技期刊产业发展指数由科技期刊产业投入指标、科技期刊经济效益指标、科技

期刊社会效益指标三个部分组成。根据 2022 年检数据计算各区域科技期刊产业发展指数，统计结果见表 1-13。

表 1-13　2021 年各区域科技期刊产业发展指数指标当量准值

序号	区域	期刊数/种	产业投入当量准值	经济效益当量准值	社会效益当量准值	综合平均当量准值
1	北京	1664	86.29	93.30	91.35	90.31
2	湖北	222	51.35	56.00	55.50	54.28
3	上海	358	53.16	51.03	57.90	54.03
4	江苏	265	51.47	49.85	55.65	52.32
5	四川	214	51.37	50.81	53.20	51.79
6	辽宁	180	51.10	48.94	53.87	51.31
7	吉林	103	51.64	53.74	48.23	51.20
8	黑龙江	163	51.37	48.19	53.02	50.86
9	广东	191	48.14	51.49	51.64	50.42
10	陕西	161	49.13	49.40	52.62	50.38
11	湖南	135	48.97	49.90	51.23	50.03
12	天津	142	49.72	49.45	50.29	49.82
13	河南	127	48.40	49.91	48.77	49.03
14	重庆	80	47.19	48.98	50.80	48.99
15	安徽	105	49.73	47.98	49.02	48.91
16	浙江	129	48.66	46.52	49.79	48.33
17	广西	78	48.58	49.60	46.08	48.09
18	山东	135	47.68	47.27	49.29	48.08
19	河北	108	45.73	49.71	48.07	47.84
20	甘肃	66	49.29	47.37	46.11	47.59
21	江西	73	47.47	48.57	44.98	47.01
22	贵州	38	49.33	46.96	44.24	46.84
23	云南	54	46.95	47.19	45.59	46.57
24	山西	90	46.92	45.59	47.04	46.52
25	福建	76	48.16	44.97	44.85	45.99
26	新疆	57	47.71	45.04	42.82	45.19
27	内蒙古	52	47.21	44.66	43.40	45.09
28	海南	13	42.99	49.12	42.92	45.01
29	青海	19	48.87	42.76	40.70	44.11
30	宁夏	11	45.42	45.71	41.01	44.05

注：按照综合平均当量准值降序排序。

数据来源于 2022 年检数据、国家统计局《中国科技统计年鉴》《中国统计年鉴》、中国知网资源总库。

因西藏和新疆生产建设兵团相关数据缺失率大于 50%，不在本次统计范围内。

根据计算公式，区域平均当量准值为 50 分，每高 10 分即表示高一个标准差，低 10 分即表示低一个标准差。数据显示，各区域 2021 年科技期刊产业发展指数综合平均当量准值在 90 以上的有 1 个区域，为北京，高出了 4 个标准差。综合平均当量准值在 50～60 区间的有 10 个区域，最高值为 54.28，综合平均当量准值在 40～50 区间的有 19 个区域，最低值为 44.05。

11 个区域的综合平均当量准值超过了中国区域平均水平，排序与去年相比，排名前 10 的区域没有发生变化，但湖北上升一个名次，位列第二，主要是由于湖北在 2021 年的社会效益同比有所增加。

北京市科技期刊的综合平均当量准值遥遥领先，为 90.31，这与北京市期刊种类多，经济效益和社会效益均比较高有关。

科技期刊产业投入当量准值位居前五的区域分别是北京（1664 种，86.29）、上海（358 种，53.16）、吉林（103 种，51.64）、江苏（265 种，51.47）和四川（214 种，51.37），科技期刊产业投入当量准值在 50 以上的共 8 个区域。

科技期刊经济效益当量准值位居前五的区域分别是北京（1664 种，93.30）、湖北（222 种，56.00）、吉林（103 种，53.74）、广东（191 种，51.49）和上海（358 种，51.03），科技期刊经济效益当量准值在 50 以上的共 6 个区域。

科技期刊社会效益当量准值位居前五的区域分别是北京（1664 种，91.35）、上海（358 种，57.90）、江苏（265 种，55.65）、湖北（222 种，55.50）和辽宁（180 种，53.87），科技期刊社会效益当量准值在 50 以上的共 12 个区域。

（二）各区域科技期刊产业投入指标分析

科技期刊产业投入指标由 9 个二级指标组成。

由表 1-14 可以看出，科技期刊产业投入当量准值，除北京遥遥领先外，还有 7 个区域产业投入当量准值在 50 以上，22 个区域产业投入当量准值在 40～50。

北京市科技期刊产业投入当量准值为 86.29，这与北京市期刊数量多、国家和地方等专项基金项目经费高、从业人员总数多等因素息息相关，上海市科技期刊产业投入当量准值为 53.16，排在第二位；与去年产业投入当量准值排序相比，北京和上海的产业投入依旧靠前，吉林和黑龙江分别上升 5 个名次和 3 个名次。

表 1-14　2021 年各区域科技期刊产业投入指标当量准值

序号	区域	主管主办单位办刊经费支持	国家、地方等专项基金项目经费支持	期刊业务总支出	期刊从业人员总数	期刊从业人员高层次人才占比	期刊编辑部在职人均办公面积	期刊总数	期刊产业投入占区域R&D比例	每百万人拥有科技期刊数	产业投入当量准值
1	北京	101.70	102.61	102.76	102.07	35.60	37.50	101.92	89.73	102.70	86.29
2	上海	58.40	56.39	55.02	56.47	38.97	49.52	56.52	50.47	56.65	53.16
3	吉林	46.81	49.60	47.92	47.39	57.16	53.91	47.66	65.21	49.14	51.64
4	江苏	53.43	50.30	51.21	52.67	50.86	60.88	53.29	42.35	48.23	51.47
5	四川	53.04	50.33	50.20	50.86	50.08	61.30	51.52	47.19	47.81	51.37
6	黑龙江	48.65	47.58	47.81	49.58	63.52	43.78	49.75	61.84	49.80	51.37
7	湖北	51.56	49.09	52.58	51.12	49.80	54.93	51.80	52.56	48.75	51.35
8	辽宁	49.34	47.94	48.56	49.61	56.03	60.21	50.34	48.82	49.08	51.10
9	安徽	47.45	47.11	47.46	47.88	59.42	60.96	47.73	42.37	47.18	49.73
10	天津	46.97	47.66	48.47	48.61	51.34	52.04	49.02	49.76	53.63	49.72
11	贵州	45.99	47.11	46.32	45.40	53.27	69.68	45.40	44.19	46.64	49.33
12	甘肃	47.20	47.34	46.75	46.17	58.21	48.71	46.37	55.00	47.88	49.29
13	陕西	49.26	47.70	48.90	49.86	47.31	51.90	49.68	48.61	48.94	49.13
14	湖南	48.85	50.47	48.56	48.41	49.51	53.84	48.77	44.86	47.42	48.97
15	青海	44.98	46.62	45.99	44.72	59.20	56.59	44.74	48.70	48.29	48.87
16	浙江	48.53	48.52	47.74	47.81	58.12	50.58	48.56	40.73	47.37	48.66
17	广西	46.96	46.58	47.79	48.03	35.00	57.49	46.79	61.52	47.06	48.58
18	河南	48.80	50.32	48.44	49.33	48.18	50.62	48.50	44.57	46.86	48.40
19	福建	47.08	46.54	46.78	46.41	60.22	51.53	46.72	40.86	47.26	48.16
20	广东	50.03	52.14	50.84	51.38	34.76	54.71	50.72	41.63	47.03	48.14
21	新疆	45.78	47.07	46.58	45.63	52.11	36.49	46.06	62.11	47.55	47.71
22	山东	48.14	47.02	48.13	48.38	66.00	34.30	48.77	41.44	46.89	47.68
23	江西	47.37	46.57	46.97	46.63	49.20	52.89	46.62	43.90	47.11	47.47
24	内蒙古	45.93	46.64	46.52	45.94	62.13	37.47	45.89	46.85	47.52	47.21
25	重庆	47.47	47.76	48.13	48.14	30.33	60.75	46.86	47.55	47.76	47.19
26	云南	46.66	46.65	46.66	45.92	53.16	45.57	45.96	45.16	46.76	46.95
27	山西	46.45	46.61	46.94	48.09	34.66	55.48	47.21	49.01	47.83	46.92
28	河北	47.11	46.75	47.80	48.16	48.98	33.01	47.83	44.94	46.98	45.73
29	宁夏	45.12	46.50	45.98	44.54	57.21	36.05	44.46	41.90	47.03	45.42
30	海南	44.95	46.50	46.20	44.79	29.65	27.30	44.53	56.14	46.85	42.99

注：按照产业投入当量准值降序排序。

数据来源于 2022 年检数据、国家统计局《中国科技统计年鉴》《中国统计年鉴》、中国知网资源总库。

因西藏和新疆生产建设兵团相关数据缺失率大于 50%，不在本次统计范围内。

从主管主办单位经费支持力度来看，除北京的当量准值为 101.70 外，支持力度比较大的区域还有上海（58.40）、江苏（53.43）、四川（53.04）和湖北（51.56），这与长三角区域的经济发展水平有着密不可分的联系；从国家、地方等专项基金项目经费支持力度来看，当量准值最高的区域是北京（102.61），这与北京专项基金项目经费较高，与其拥有知名度大、影响力高的期刊较多有关，其次是上海（56.39）、广东（52.14）、湖南（50.47）和四川（50.33）；从期刊业务总支出指标来看，当量准值较高的区域有北京（102.76）、上海（55.02）、湖北（52.58）、江苏（51.21）和广东（50.84），这与北京、上海等地整体消费水平高有关；期刊从业人员总数项的当量准值较高的区域是北京（102.07）、上海（56.47）、江苏（52.67）、广东（51.38）和湖北（51.12），这些一线城市能吸引更多的人才从事期刊事业；期刊从业人员高层次人才占比项的当量准值较高的区域是山东（66.00）、黑龙江（63.52）、内蒙古（62.13）、福建（60.22）和安徽（59.42）；期刊编辑部在职人均办公面积项的当量准值较高的区域是贵州（69.68）、四川（61.30）、安徽（60.96）、江苏（60.88）和重庆（60.75）；期刊总数项的当量准值由高到低分别为北京（101.92）、上海（56.52）、江苏（53.29）、湖北（51.80）和四川（51.52）；期刊产业投入占区域 R&D 比例项的当量准值由高到低的区域是北京（89.73）、吉林（65.21）、新疆（62.11）、黑龙江（61.84）和广西（61.52）；每百万人拥有科技期刊数项的当量准值由高到低的区域是北京（102.70）、上海（56.65）和天津（53.63）。

（三）各区域科技期刊经济效益指标分析

科技期刊经济效益指标由 9 个二级指标组成。

由表 1-15 可以看出，北京市科技期刊区域经济效益当量准值最高，为 93.30，5 个区域经济效益当量准值为 50～60，24 个区域经济效益当量准值为 40～50。

北京科技期刊的经济效益当量准值高于中国其他区域，这主要是由于北京市期刊数量多、各项经营收入和利润都比较高。湖北的经济效益当量准值位居第二，为56.00，该区域期刊人均产值和期刊人均贡献比较高；吉林的经济效益当量准值位

表 1-15　2021 年各区域科技期刊经济效益指标当量准值

序号	区域	期刊发行收入	期刊广告收入	期刊新媒体收入	期刊版权收入	期刊项目活动收入	期刊其他收入	利润	期刊人均产值	期刊人均贡献比	经济效益当量准值
1	北京	102.62	102.71	103.45	102.80	103.27	102.20	102.60	75.18	44.86	93.30
2	湖北	51.44	50.41	48.38	53.95	48.86	56.61	51.87	74.86	67.62	56.00
3	吉林	47.02	47.68	47.72	48.04	52.46	48.12	52.09	63.96	76.58	53.74
4	广东	53.38	49.13	53.73	48.80	49.18	50.27	49.40	59.00	50.54	51.49
5	上海	52.66	57.35	50.16	55.01	53.06	53.88	40.66	57.75	38.78	51.03
6	四川	48.53	49.77	48.00	48.75	48.30	51.57	49.42	54.26	58.73	50.81
7	河南	51.84	47.31	47.75	47.30	47.96	47.63	51.66	50.66	57.06	49.91
8	湖南	48.69	48.29	47.91	48.48	47.87	48.81	46.82	55.13	57.07	49.90
9	江苏	52.73	50.64	50.19	51.08	49.18	50.53	49.78	53.95	40.55	49.85
10	河北	49.22	47.94	47.92	47.60	48.04	47.27	49.16	50.39	59.88	49.71
11	广西	47.89	47.57	47.73	46.98	47.55	48.14	49.08	49.38	62.05	49.60
12	天津	48.63	49.37	47.86	47.97	50.66	47.90	50.57	56.69	45.40	49.45
13	陕西	48.12	49.39	47.89	47.85	48.25	49.93	49.30	52.15	51.71	49.40
14	海南	45.99	46.90	47.62	46.40	47.10	45.84	47.53	54.87	59.88	49.12
15	重庆	47.46	48.24	48.58	47.76	48.22	48.68	48.61	53.77	49.50	48.98
16	辽宁	48.58	48.90	47.71	48.91	47.65	48.94	48.28	49.06	52.48	48.94
17	江西	48.28	47.35	47.68	46.63	47.17	46.52	48.91	50.60	54.03	48.57
18	黑龙江	48.45	47.24	47.71	48.12	47.26	48.37	49.41	43.25	53.91	48.19
19	安徽	47.29	47.37	47.97	48.01	48.23	47.70	49.21	47.32	48.69	47.98
20	甘肃	46.07	46.83	47.64	47.80	47.28	46.60	46.62	41.71	55.78	47.37
21	山东	47.40	47.27	47.74	47.83	47.23	48.60	47.54	46.86	44.93	47.27
22	云南	46.58	46.83	47.62	46.75	47.15	46.44	46.54	45.38	51.39	47.19
23	贵州	46.13	47.30	47.63	47.16	47.20	45.76	47.32	42.76	51.35	46.96
24	浙江	47.34	47.88	47.63	49.42	47.28	47.49	47.01	45.85	38.76	46.52
25	宁夏	45.95	46.59	47.62	46.35	47.08	45.43	46.78	41.09	44.49	45.71
26	山西	46.92	46.90	47.64	47.83	47.19	47.13	47.66	38.36	40.67	45.59
27	新疆	46.12	46.60	47.62	46.38	47.48	45.86	46.88	37.68	40.69	45.04
28	福建	46.34	47.09	47.68	46.55	47.14	46.56	46.49	41.37	35.48	44.97
29	内蒙古	46.46	46.58	47.62	46.73	47.61	45.85	46.38	38.08	36.60	44.66
30	青海	45.91	46.54	47.62	46.76	47.08	45.34	46.42	28.62	30.56	42.76

注：按照经济效益当量准值降序排序。

数据来源于 2022 年检数据、国家统计局《中国科技统计年鉴》《中国统计年鉴》、中国知网资源总库。

因西藏和新疆生产建设兵团相关数据缺失率大于 50%，不在本次统计范围内。

居第三，经济效益当量准值为 53.74。与去年经济效益当量准值排序相比，北京、湖北和吉林依然排在前三位。

从二级指标来看，期刊发行收入项的当量准值较高的区域是北京（102.62）、广东（53.38）、江苏（52.73）、上海（52.66）和河南（51.84）；期刊广告收入项的当量准值较高的区域是北京（102.71）、上海（57.35）、江苏（50.64）、湖北（50.41）和四川（49.77）；期刊新媒体收入项的当量准值较高的区域是北京（103.45）、广东（53.73）、江苏（50.19）、上海（50.16）和重庆（48.58）；期刊版权收入项的当量准值较高的区域是北京（102.80）、上海（55.01）、湖北（53.95）、江苏（51.08）和浙江（49.42）；期刊项目活动收入项的当量准值较高的区域是北京（103.27）、上海（53.06）、吉林（52.46）、天津（50.66）、江苏（49.18）和广东（49.18）；期刊其他收入项的当量准值较高的区域是北京（102.20）、湖北（56.61）、上海（53.88）、四川（51.57）和江苏（50.53）；利润项的当量准值较高的是北京（102.60）、吉林（52.09）、湖北（51.87）、河南（51.66）和天津（50.57）；期刊人均产值项的当量准值较高的是北京（75.18）、湖北（74.86）、吉林（63.96）、广东（59.00）和上海（57.75）；期刊人均贡献比项的当量准值较高的是吉林（76.58）、湖北（67.62）、广西（62.05）、河北（59.88）和海南（59.88）。

（四）各区域科技期刊社会效益指标分析

科技期刊社会效益指标由 8 个二级指标组成。

由表 1-16 可以看出，北京科技期刊社会效益当量准值以 91.35 位居榜首，上海以 57.90 位列第二，江苏以 55.65 位列第三。11 个区域在 50~60，18 个区域在 40~50 之间。与去年的社会效益当量准值排序相比，北京、上海、江苏、湖北和辽宁依然位于前五。

从二级指标来看，论文水平指标由高被引论文总量、国家级基金资助论文占比、中国科协优秀科技论文遴选计划入选论文数量三组数据构成，论文水平当量准值较高的区域有北京（88.49）、上海（57.00）、辽宁（56.20）、江苏（54.59）和陕西（54.55）；

表 1-16　2021 年各区域科技期刊社会效益指标当量准值

序号	区域	论文水平	高端作者数	品牌期刊	影响力	国际地区分布	学科覆盖度	作者机构数	出版总期数	社会效益当量准值
1	北京	88.49	84.77	102.15	92.09	84.46	77.37	98.91	102.57	91.35
2	上海	57.00	59.57	56.32	52.79	65.09	60.98	57.22	54.25	57.90
3	江苏	54.59	59.74	53.16	52.35	61.14	58.31	54.26	51.64	55.65
4	湖北	52.25	63.09	51.75	50.35	61.14	58.69	55.27	51.47	55.50
5	辽宁	56.20	60.92	50.41	49.94	56.80	54.68	52.11	49.92	53.87
6	四川	51.22	56.64	51.35	48.85	57.19	57.57	52.24	50.54	53.20
7	黑龙江	46.19	54.81	48.25	54.40	59.56	57.16	54.05	49.75	53.02
8	陕西	54.55	57.02	50.94	50.02	52.45	55.48	50.95	49.53	52.62
9	广东	46.80	57.00	49.20	56.88	44.55	57.20	50.42	51.05	51.64
10	湖南	49.89	53.42	48.46	49.75	56.40	53.14	50.17	48.64	51.23
11	重庆	52.64	51.09	48.19	51.80	53.24	51.92	49.47	48.02	50.80
12	天津	50.48	52.79	49.40	48.18	52.45	51.49	48.53	49.04	50.29
13	浙江	50.05	47.03	48.99	47.79	57.98	50.08	48.45	47.98	49.79
14	山东	47.75	49.52	47.72	47.91	48.50	55.83	48.71	48.39	49.29
15	安徽	46.99	51.85	47.45	49.20	48.10	52.93	48.29	47.38	49.02
16	河南	47.85	50.41	47.85	48.36	44.55	53.87	48.38	48.92	48.77
17	吉林	48.67	51.17	48.19	46.78	45.73	48.47	48.60	48.22	48.23
18	河北	43.51	50.34	47.11	48.51	42.97	54.54	48.78	48.85	48.07
19	山西	42.25	45.43	46.51	46.17	46.92	52.76	48.52	47.79	47.04
20	甘肃	50.61	45.01	47.18	45.45	43.76	45.56	44.96	46.32	46.11
21	广西	46.43	42.53	46.31	48.51	42.57	48.84	46.28	47.18	46.08
22	云南	47.37	40.42	46.31	47.80	48.89	42.51	44.91	46.48	45.59
23	江西	42.76	41.56	45.90	45.86	42.18	48.42	46.32	46.86	44.98
24	福建	44.43	40.30	46.31	46.81	43.76	45.95	44.88	46.38	44.85
25	贵州	46.92	41.25	46.04	45.03	46.52	38.44	44.04	45.65	44.24
26	内蒙古	43.86	40.43	45.77	46.74	38.62	40.99	44.47	46.36	43.40
27	海南	51.45	39.80	45.77	47.01	38.22	32.45	43.37	45.25	42.92
28	新疆	48.66	38.83	45.90	45.31	42.57	32.81	42.91	45.56	42.82
29	宁夏	43.13	36.81	45.50	44.94	36.64	33.64	42.43	45.01	41.01
30	青海	47.00	36.45	45.63	44.41	37.04	27.91	42.12	45.00	40.70

注：按照社会效益当量准值降序排序。

数据来源于 2022 年检数据、国家统计局《中国科技统计年鉴》《中国统计年鉴》、中国知网资源总库。

因西藏和新疆生产建设兵团相关数据缺失率大于 50%，不在本次统计范围内。

高端作者数当量准值较高的区域是北京（84.77）、湖北（63.09）、辽宁（60.92）、江苏（59.74）和上海（59.57）；品牌期刊指标当量准值较高的区域是北京（102.15）、上海（56.32）、江苏（53.16）、湖北（51.75）和四川（51.35）；影响力指标由国内总被引频次、海外总被引频次、平均期发行量、网络传播量和微信公众号总订户数五组数据构成，影响力指标当量准值较高的区域有北京（92.09）、广东（56.88）、黑龙江（54.40）、上海（52.79）和江苏（52.35）；国际地区分布指标当量准值较高的区域有北京（84.46）、上海（65.09）、江苏（61.14）、湖北（61.14）和黑龙江（59.56）；学科覆盖度指标当量准值较高的区域有北京（77.37）、上海（60.98）、湖北（58.69）、江苏（58.31）和四川（57.57）；作者机构数指标由期刊发文作者所属的国内一级机构和国际一级机构数两组数据组成，作者机构数当量准值较高的区域有北京（98.91）、上海（57.22）、湖北（55.27）、江苏（54.26）和黑龙江（54.05）；出版总期数指标当量准值较高的区域是北京（102.57）、上海（54.25）、江苏（51.64），湖北（51.47）和广东（51.05）。

三、科技期刊产业发展指数行业计量分析

（一）各行业科技期刊产业发展指数分析

各行业科技期刊产业发展指数由科技期刊产业投入指标、科技期刊经济效益指标、科技期刊社会效益指标三个部分组成。2021年各行业科技期刊产业发展指数见表 1-17。需要说明的是，某行业综合平均当量准值或单个指标当量准值在 50 以上，则表明该行业整体或在该项指标方面的表现优于中国平均水平。各行业产业指数综合平均当量准值在 50 以上的有 3 个行业，当量准值在 40～50 的有 7 个行业。

"科学研究和技术服务业"期刊的产业发展指数最高，综合平均当量准值为 62.72，其次为"卫生和社会工作"，综合平均当量准值为 60.08，两个行业的期刊数量均在 1000 种以上。"制造业"期刊的产业发展指数排在第三，该类期刊的综合平均当量准值为 56.13。"建筑业"期刊种数低于"电力、热力、燃气及水生产

表 1-17   2021 年各行业科技期刊产业发展指数当量准值

序号	行业	期刊数/种	产业投入当量准值	经济效益当量准值	社会效益当量准值	综合平均当量准值
1	科学研究和技术服务业	1473	61.86	60.50	65.80	62.72
2	卫生和社会工作	1151	57.76	61.55	60.93	60.08
3	制造业	885	54.19	57.96	56.26	56.13
4	农、林、牧、渔业	534	46.96	44.78	49.44	47.06
5	信息传输、软件和信息技术服务业	325	44.62	47.67	47.80	46.70
6	建筑业	192	46.83	47.87	45.22	46.64
7	电力、热力、燃气及水生产和供应业	293	50.22	43.63	44.72	46.19
8	交通运输、仓储和邮政业	221	46.89	46.07	42.54	45.16
9	水利、环境和公共设施管理业	176	44.45	46.46	44.15	45.02
10	采矿业	69	46.23	43.51	43.15	44.29

注：按照综合平均当量准值降序排序。

数据来源于 2022 年检数据、国家统计局《中国科技统计年鉴》《中国统计年鉴》、中国知网资源总库。

和供应业"和"交通运输、仓储和邮政业"，但排名高于以上 2 个行业，这与"建筑业"期刊经济效益较好有关。与去年数据相比，排名前三位的行业依然是"科学研究和技术服务业""卫生和社会工作""制造业"。

科技期刊产业投入当量准值位居前三位的行业是"科学研究和技术服务业"（1473 种，61.86）、"卫生和社会工作"（1151 种，57.76）和"制造业"（885 种，54.19）；产业投入在中国行业平均值以上的行业共 4 个（当量准值在 50 以上）。

科技期刊经济效益当量准值位居前三位的行业是"卫生和社会工作"（1151 种，61.55）、"科学研究和技术服务业"（1473 种，60.50）和"制造业"（885 种，57.96）；经济效益当量准值在 50 以上的共 3 个行业。

科技期刊社会效益当量准值位居前三位的行业是"科学研究和技术服务业"（1473 种，65.80）、"卫生和社会工作"（1151 种，60.93）和"制造业"（885 种，56.26）；社会效益当量准值在 50 以上的共 3 个行业。

（二）各行业科技期刊产业投入指标分析

科技期刊产业投入指标，由 9 个二级指标组成，见表 1-18。

表 1-18　2021 年各行业科技期刊产业投入指标当量准值

序号	行业	主管主办单位办刊经费支持	国家、地方等专项基金项目经费支持	期刊业务总支出	期刊从业人员总数	期刊从业人员高层次人才占比	期刊编辑部在职人均办公面积	行业期刊总数	期刊产业投入占行业R&D比例	每百家机构拥有科技期刊数	产业投入当量准值
1	科学研究和技术服务业	75.95	78.98	65.41	67.48	54.88	45.75	68.51	43.80	55.98	61.86
2	卫生和社会工作	54.05	53.07	69.68	67.51	42.57	41.92	65.42	51.03	74.59	57.76
3	制造业	56.26	49.22	58.22	57.71	50.59	60.94	58.99	43.69	52.06	54.19
4	电力、热力、燃气及水生产和供应业	52.03	45.06	43.88	44.61	64.09	60.74	44.70	44.18	52.70	50.22
5	农、林、牧、渔业	45.48	47.85	45.82	49.90	55.63	38.39	50.52	44.25	44.76	46.96
6	交通运输、仓储和邮政业	45.63	44.55	44.54	43.23	40.35	48.83	42.96	58.38	53.49	46.89
7	建筑业	41.83	44.65	44.73	43.17	36.86	52.55	42.26	76.87	38.59	46.83
8	采矿业	40.48	44.25	38.28	39.00	62.70	68.70	39.29	43.77	39.60	46.23
9	信息传输、软件和信息技术服务业	44.86	46.60	45.67	45.52	35.35	45.00	45.47	48.55	44.55	44.62
10	水利、环境和公共设施管理业	43.41	45.77	43.76	41.88	56.99	37.19	41.88	45.47	43.68	44.45

注：按照产业投入当量准值降序排列。
数据来源于 2022 年检数据、国家统计局《中国科技统计年鉴》《中国统计年鉴》、中国知网资源总库。

各行业科技期刊产业投入当量准值在 60 分以上的有 1 个行业，产业投入当量准值在 50~60 分的有 3 个行业，产业投入当量准值在 50 以下的有 6 个行业。科技期刊产业投入当量准值最高的是"科学研究和技术服务业"，这是由于该行业期刊的国家、地方等专项基金项目经费和主管主办单位办刊经费较高，行业期刊总数和期刊从业人员总数较多。"卫生和社会工作"紧随其后，排在第二位，这与该行业期刊业务总支出高、期刊从业人员总数高、每百家机构拥有科技期刊数多等密不可分。与去年相比，"建筑业"期刊今年排名第 7 位，与去年相比上升了 3 个名次。

从二级指标来看，主管主办单位经费项的当量准值较高的行业是"科学研究和技术服务业"（75.95）、"制造业"（56.26）和"卫生和社会工作"（54.05）；获得国家、地方等专项基金项目项的当量准值较高的行业是"科学研究和技术服务业"（78.98），其次是"卫生和社会工作"（53.07）和"制造业"（49.22）；期刊业务总支出项的当量准值较高的行业是"卫生和社会工作"（69.68）、"科学研究和技术服务业"（65.41）和"制造业"（58.22）；期刊从业人员总数项的当量准值较高的行业是"卫生和社会工作"（67.51）、"科学研究和技术服务业"（67.48）和"制造业"（57.71）；期刊高层次人才占比项的当量准值较高的行业是"电力、热力、燃气及水生产和供应业"（64.09）、"采矿业"（62.70）和"水利、环境和公共设施管理业"（56.99）；期刊编辑部在职人均办公面积项的当量准值较高的行业是"采矿业"（68.70）、"制造业"（60.94）和"电力、热力、燃气及水生产和供应业"（60.74）；行业期刊总数项的当量准值较高的行业是"科学研究和技术服务业"（68.51）、"卫生和社会工作"（65.42）和"制造业"（58.99）；期刊产业投入占行业 R&D 比例项的当量准值较高的行业是"建筑业"（76.87）、"交通运输、仓储和邮政业"（58.38）和"卫生和社会工作"（51.03）；每百家机构拥有科技期刊数项的当量准值较高的行业是"卫生和社会工作"（74.59）、"科学研究和技术服务业"（55.98）和"交通运输、仓储和邮政业"（53.49）。

（三）各行业科技期刊经济效益指标分析

科技期刊经济效益指标由 8 个二级指标组成。由表 1-19 可以看出，经济效益当

表 1-19　2021 年各行业科技期刊经济效益指标当量准值

序号	行业	期刊发行收入	期刊广告收入	期刊新媒体收入	期刊版权收入	期刊项目活动收入	期刊其他收入	利润	期刊人均产值	经济效益当量准值
1	卫生和社会工作	61.99	57.04	50.99	55.33	75.79	74.45	68.87	47.94	61.55
2	科学研究和技术服务业	74.80	53.15	52.36	75.99	55.67	61.88	68.47	41.65	60.50
3	制造业	51.33	75.73	76.71	56.34	54.91	52.98	50.73	44.96	57.96
4	建筑业	43.94	48.81	47.75	43.24	44.85	45.91	47.44	61.04	47.87
5	信息传输、软件和信息技术服务业	45.72	45.35	45.34	49.25	52.10	45.88	48.42	49.32	47.67
6	水利、环境和公共设施管理业	45.18	41.17	40.11	42.24	42.47	46.58	46.07	67.84	46.46
7	交通运输、仓储和邮政业	43.28	50.44	52.02	42.52	47.22	42.80	36.23	54.04	46.07
8	农、林、牧、渔业	47.72	44.95	51.62	48.32	43.44	45.25	44.50	32.48	44.78
9	电力、热力、燃气及水生产和供应业	45.60	44.29	39.82	44.65	43.28	44.16	45.13	42.10	43.63
10	采矿业	40.44	39.07	43.29	42.12	40.26	40.10	44.14	58.62	43.51

注：按照经济效益当量准值降序排序。
数据来源于 2022 年检数据、国家统计局《中国科技统计年鉴》《中国统计年鉴》、中国知网资源总库。

量准值在 60 以上的有 2 个行业，在 50~60 的有 1 个行业，50 以下的有 7 个行业。

"卫生和社会工作"期刊的经济效益当量准值位居第一位，为 61.55，该行业期刊的利润、期刊其他收入和期刊项目活动收入等相对较高。"科学研究和技术服务业"和"制造业"两个行业的期刊经济效益当量准值位列第二位和第三位，分别为 60.50 和 57.96。与去年相比，排名前三的行业没有变化，依然是"卫生和社会工作""科学研究和技术服务业""制造业"，"建筑业"期刊因期刊人均产值较高，位居第四，比 2020 年上升了 3 个名次。

从二级指标来看，科技期刊发行收入项的当量准值较高的行业是"科学研究和技术服务业"（74.80）、"卫生和社会工作"（61.99）和"制造业"（51.33）；科技期刊广告收入项的当量准值较高的行业是"制造业"（75.73）、"卫生和社会工作"（57.04）和"科学研究和技术服务业"（53.15）；科技期刊新媒体收入项的当量准值较高的行业是"制造业"（76.71）、"科学研究和技术服务业"（52.36）和"交通运输、仓储和邮政业"（52.02）；科技期刊版权收入项的当量准值较高的行业是"科学研究和技术服务业"（75.99）、"制造业"（56.34）和"卫生和社会工作"（55.33）；科技期刊项目活动收入项的当量准值较高的行业是"卫生和社会工作"（75.79）、"科学研究和技术服务业"（55.67）和"制造业"（54.91）；科技期刊其他收入项的当量准值较高的行业是"卫生和社会工作"（74.45）、"科学研究和技术服务业"（61.88）和"制造业"（52.98）；科技期刊利润项的当量准值最高的行业是"卫生和社会工作"（68.87）、"科学研究和技术服务业"（68.47）和"制造业"（50.73）；科技期刊人均产值项的当量准值较高的行业是"水利、环境和公共设施管理业"（67.84）、"建筑业"（61.04）和"采矿业"（58.62）。

（四）各行业科技期刊社会效益指标分析

科技期刊社会效益指标由 8 个二级指标组成。由表 1-20 可以看出，科技期刊社会效益当量准值在 60 以上的有 2 个行业，在 50~60 的有 1 个行业，50 以下的有 7 个行业。

表 1-20　2021 年各行业科技期刊社会效益指标当量准值

序号	行业	论文水平	高端作者数	品牌期刊	影响力	国际地区分布	行业学科覆盖度	作者机构数	出版总期数	社会效益当量准值
1	科学研究和技术服务业	69.19	73.30	72.19	61.09	69.64	43.62	71.80	65.56	65.80
2	卫生和社会工作	57.20	57.74	63.39	61.53	58.83	63.50	56.15	69.07	60.93
3	制造业	50.15	57.19	56.07	53.39	59.17	55.78	60.40	57.87	56.26
4	农、林、牧、渔业	45.90	53.28	48.20	47.03	52.90	45.01	52.87	50.32	49.44
5	信息传输、软件和信息技术服务业	50.59	45.97	46.29	45.88	49.76	49.52	48.07	46.34	47.80
6	建筑业	41.34	41.93	41.81	46.12	39.99	63.01	44.53	43.06	45.22
7	电力、热力、燃气及水生产和供应业	48.42	43.86	45.83	48.31	48.36	34.77	44.23	43.98	44.72
8	水利、环境和公共设施管理业	49.26	47.08	42.79	47.27	46.97	35.75	42.45	41.62	44.15
9	采矿业	45.29	39.53	41.04	44.83	35.80	60.57	38.62	39.51	43.15
10	交通运输、仓储和邮政业	42.66	40.13	42.38	44.54	38.59	48.46	40.89	42.67	42.54

注：按照社会效益当量准值降序排序。

数据来源于 2022 年检数据、国家统计局《中国科技统计年鉴》《中国统计年鉴》、中国知网资源总库。

从各行业科技期刊的社会效益当量准值来看，"科学研究和技术服务业"居于首位，这与该行业品牌期刊数量、高端作者数、作者机构数和国际地区分布都比较高相关。"卫生和社会工作"位于第二位，该行业期刊影响力相对较大，学科覆盖度广泛、出版规模大。"制造业"排在第三位，该行业期刊作者机构数较多、出版规模较大。与去年相比，排名前五的行业没有发生变化，"建筑业"社会效益当量准值上升 2 个名次。

从二级指标来看，论文水平指标由高被引论文总量、国家级基金资助论文占比和中国科协优秀科技论文遴选计划入选论文数量三组数据构成，论文水平项的当量准值较高的行业是"科学研究和技术服务业"（69.19）、"卫生和社会工作"（57.20）和"信息传输、软件和信息技术服务业"（50.59）；高端作者数项的当量准值较高的行业是"科学研究和技术服务业"（73.30）、"卫生和社会工作"（57.74）和"制造业"（57.19）；品牌期刊指标项的当量准值较高的行业是"科学研究和技术服务业"（72.19）、"卫生和社会工作"（63.39）和"制造业"（56.07）；影响力指标由国内总被引频次、海外总被引频次、平均期发行量、网络传播量和微信公众号总订户数五组数据组成，影响力项的当量准值较高的行业是"卫生和社会工作"（61.53）、"科学研究和技术服务业"（61.09）和"制造业"（53.39）；国际地区分布项的当量准值较高的行业是"科学研究和技术服务业"（69.64）、"制造业"（59.17）和"卫生和社会工作"（58.83）；行业学科覆盖度项的当量准值较高的是"卫生和社会工作"（63.50）、"建筑业"（63.01）和"采矿业"（60.57）；作者机构数指标由期刊发文作者所属的国内一级机构数和国际一级机构数两个指标组成，当量准值较高的行业是"科学研究和技术服务业"（71.80）、"制造业"（60.40）和"卫生和社会工作"（56.15）；出版总期数项的当量准值较高的行业是"卫生和社会工作"（69.07）、"科学研究和技术服务业"（65.56）和"制造业"（57.87）。

第三节　科技期刊产业景气指数研制

"十四五"时期是中国科技期刊实现产业融合，打造数字化新业态的关键时期。为了宏观反映中国科技期刊整体发展趋势向上还是向下，本书借鉴了经济景气分析测量的方法，设计了"科技期刊产业景气指数"（以下简称"景气指数"）。通过认真分析科技期刊产业链上中下游关键影响因素，从生产、投入、盈利、人才、影响力 5 个维度精选 18 个指标构建"科技期刊产业景气指数模型"。各指标的动态变化一定程度上可以反映科技期刊产业较上一周期的整体增长或衰退程度，衡量不同属性、不同类别期刊的发展状态，综合指数及各个分项指数对监测产业运行状态，科学制定产业发展战略，助力科技期刊产业做大做强，实现中国科技期刊强国目标都具有重要参考意义。

一、科技期刊产业景气指数指标体系构建理论

景气指数被誉为经济的"晴雨表"，可以对经济的周期波动进行监测。根据监测方法的不同，景气指数可分为基于宏观层面的景气分析指数和基于微观层面的景气调查指数[7]。

景气分析指数，是基于数理模型和统计数据，从大量经济指标中选取对景气敏感的代表性指标建立而成的经济监测指标体系。并根据这些指标与经济周期波动间的时滞关系，将指标划分为先行、一致、滞后指标，通常采用合成指数法计算而成[8]。目前，中国宏观经济景气指数就是采用的此方法。

景气调查指数，是以企业或者消费者为调查对象，通过调查问卷收集调查对象对景气变动的定性化判断，并将这些判断定量化，从而计算出指数。景气调查指数一般采用扩散指数法进行计算。扩散指数法，是指在经济分析的基础上，通过计算上升的经济指标个数占全部选用的经济指标个数的百分比，来判断预测未来经济增长趋势的方法[2]。因此景气调查指数反映的是在统计年业绩上升的企业占全部调查企业的比例，从而反映出整个产业的生产经济状况。目前，国家统计局发布的采购经理人指数、企业景气指数、消费者信心指数都属于景气调查指数。

早在20世纪80年代，中国便开始利用景气指数对宏观经济周期进行监测研究，之后被广泛应用于钢铁、石油、电力、农业、金融证券等诸多领域[9, 10]。但整体而言，针对科技期刊产业景气指数的系统研究相对较少。可查文献仅有田瑞强等[11]于2018年采用景气分析指数的编制方法研制了科技期刊景气指数，这对科技期刊产业是一次有益的探索。

为构建更加合理的指标体系，选择合适的计算方法，本书在前期认真调研了采购经理指数（PMI）、股票指数、出版社竞争力评价指标、经济发展新动能指数等6种指数，并对这些指数的目的意义、指标选取、体系构建、计算方法进行了全面分析。综合比较以上指数，我们认为PMI指数的目的意义与本书研究的景气指数大体一致，其计算方法具有较强的适用性。且考虑到以往已有采用合成指数法计算科技期刊景气指数的研究，本书选择采用扩散系数的方法进行计算。而出版社竞争力评价指标所研究的出版社行业与科技期刊产业具有较高的相关性，因此部分指标的选取参考了出版社竞争力评价指标。

二、科技期刊产业景气指数设计

由于景气指数具备系统性和动态性等特征，选择合理的指标显得尤为重要。基于以往的研究观点，景气指标的选取应遵循经济重要性、统计可行性、指标协调性等原则[12]。

　　科技期刊产业景气指数的指标选取应充分考虑科技期刊的发展规律、充分反映各期刊社和编辑部的发展状态和特征，并符合社会各界对科技期刊的期望和责任使命。因此，科技期刊产业景气指数除了考虑常用的经济指标外，还必须考虑科技期刊作为文化产品的社会效益指标，这样才能全面反映当前科技期刊产业整体的景气状况。

　　基于以上原则，本书选取了以下 5 个维度的 18 个指标，见表 1-21。

表 1-21　科技期刊产业景气指数指标体系

一级指标	二级指标		
	代号	指标名称	说明
生产能力 A	A_1	投稿量/篇	期刊在指定时间范围内收到各类文献的总量
	A_2	载文量/篇	期刊在指定时间范围内刊载各类文献的总数
	A_3	出版时效/天	期刊论文从投稿到网络首发或见刊出版的平均时间
	A_4	出版总期数/期	期刊在一年内刊载的期刊总期数
投入水平 B	B_1	主管主办单位办刊经费支持/万元	期刊主办主管单位办刊经费总和
	B_2	国家、地方等专项基金项目经费支持/万元	期刊国家、地方等专项基金项目经费总和
	B_3	期刊经营总支出/万元	纸张印刷费用、人员工资、稿酬、员工培训经费、新媒体投入、社会公益捐赠及其他支出
盈利能力 C	C_1	平均期发行量/册	期刊平均每期的发行份数
	C_2	期刊经营总收入/万元	发行、广告、新媒体、版权、项目活动收入及其他收入
	C_3	利润总额/万元	$C_2 - B_3$
	C_4	经营利润率/%	$C_3/B_3 \times 100\%$
人才水平 D	D_1	专业编辑队伍规模/位	期刊从业人员数量
	D_2	高学历人员占比/%	期刊从业人员中具有硕士及以上学历的人数/$D_1 \times 100\%$
影响力水平 E	E_1	即年指标	某刊在统计年发表的论文在统计年当年的被引总次数与该刊在统计年发表的可被引文献总数之比
	E_2	国内即年被引量/次	期刊在统计年发表的论文在统计年被国内期刊引用的总频次
	E_3	国际即年被引量/次	期刊在统计年发表的论文在统计年被国际期刊引用的总频次
	E_4	即年下载量/次	期刊在统计年发表的全部文献在统计年在第三方网络平台上的总下载量
	E_5	新媒体传播量/位	期刊微信公众号总订户数

（一）生产能力指标（A类指标）

生产能力指标反映科技期刊对科研论文的内容进行生产加工的能力。科技期刊作为学术交流的媒介，同时发挥了学术把关人的作用，科技期刊对创新知识的传播、保存、交流，主要以论文为载体。科技期刊的主要生产活动就是处理稿件，其处理稿件的数量、效率、能力代表了科技期刊的生产能力。本书在生产维度选取了4个指标。在计算中国科技期刊、卓越期刊、中文科技期刊、英文科技期刊、各学科科技期刊、各区域科技期刊的景气指数时，使用了A1～A4共4个指标；在计算科普类科技期刊的指数时，使用了A1、A2、A4共3个指标。

A1. 投稿量

投稿量是指科技期刊出版单位在指定时间范围内收到各类文献的总量。投稿量是期刊出版的"原料"，一定程度上反映了存量；期刊的来稿量越丰富，可选择余地越大，同时要求生产能力越强。

A2. 载文量

载文量是指科技期刊出版单位在指定时间范围内刊载的各类文献的总数，反映期刊的生产结果。期刊是一种信息产品，载文量衡量了期刊的信息含量，载文量越多，表示该刊信息越丰富。

A3. 出版时效

出版时效是指科技期刊论文从投稿到网络首发或见刊出版的平均时间。出版时效，体现期刊的生产效率，作者和读者都期望期刊在确保出版质量的前提下，不断缩短审稿和加工时间，以达到快速传播创新成果的目标。

网络首发即网络版见刊，在《中国学术期刊（网络版）》出版传播平台上创办与纸质期刊内容一致的网络版，以单篇或整期出版形式，在印刷出版之前刊发论文的录用定稿、排版定稿、整期汇编定稿。实行网络首发可以极大地缩短论文的见刊时间。

A4. 出版总期数

出版总期数是指科技期刊在一年内刊载的期刊总期数。出版总期数，反映期刊的总体生产能力，科技期刊作为定期出版物，遵循按一定周期出版的规范，出版周期越短，代表了生产能力越强，反映在指标上就是一年出版总期数越多。

（二）投入水平指标（B类指标）

投入水平指标反映科技期刊的资金投入力度。产业投入是产业形成和发展的主要支撑。当一个产业投入增多时，说明该产业对资金具有吸引力，或需求大于现有产业规模，处于发展的上升阶段；反之说明资金抽离，处于发展的下降阶段或已处于不景气状态。

一般来说，期刊的经费主要来自三个方面，一是期刊自己的营收，第二是主办单位的投入，第三是各类基金资助。据统计，中国超过半数（52.27%）科技期刊获得过专项基金资助，主要来自上级主管单位或国家、所在出版地管理部门设立的专项基金项目；另外，期刊各项经营活动的收入，只有变成支出，也就是投入到期刊日常运营，才是对办刊真正的投入，本书选取期刊经营总支出的经费来源包含了上述三项收入。指标包含以下 3 个。

B1. 主管主办单位办刊经费支持

主管主办单位办刊经费支持是指科技期刊出版单位在办刊过程中获得的来自其上级主办或主管单位提供的办刊经费支持总额，反映主办或主管单位对期刊的扶持力度。

B2. 国家、地方等专项基金项目经费支持

国家、地方等专项基金项目经费支持是指科技期刊出版单位在办刊过程中获得的来自国家或所在出版地管理部门等设立的针对科技期刊发展的专项基金项目的资助总额，反映国家或地方政府对刊物发展的资金投入力度。

B3. 期刊经营总支出

期刊经营总支出是指科技期刊出版单位在全部的经营过程中所发生的一切支

出，包括纸张印刷费用、人员工资、稿酬、员工培训经费、新媒体投入、社会公益捐赠及其他支出。反映科技期刊出版单位在经营活动中的资金投入情况。

（三）盈利能力指标（C类指标）

盈利能力指标反映科技期刊出版单位在经营活动中获取利润的能力。科技期刊是具有文化属性的特殊商品，其价值体现在创造社会效益和经济效益两部分。经济效益的重要性：一方面体现在该科技期刊是否具备可持续发展能力；另一方面反映了科技期刊是否赢得其读者的认可，并取得市场相应回报。本书选取了4个指标。

C1. 平均期发行量

平均期发行量主要是印刷期刊发行数量，虽然当前期刊传播方式已逐渐转向网络以电子版形式传播，但仍有科研机构图书馆、个人收藏、偏远网络不发达地区存在对印刷版期刊的需求，因此期刊发行量仍然是一项重要的反映期刊市场规模的指标。平均期发行量是某期刊的年度总发行量与总期数的比值，用来考量科技期刊的市场需求，正是期刊社会效益的体现。

C2. 期刊经营总收入

期刊经营总收入是指科技期刊出版单位在日常经营业务过程中所形成的经济利益的总流入，包括发行、广告、新媒体、版权、项目活动收入及其他收入。反映科技期刊出版单位的经营能力。其中发行收入是由发行量乘以单价得来的，是最常用于衡量科技期刊经营情况的指标。

C3. 利润总额

利润总额是期刊年度总收入减去年度总支出的盈余部分，反映科技期刊出版单位的年度经营业绩，是最直观体现科技期刊经济效益的指标。

C4. 经营利润率

经营利润率是期刊利润额除以期刊总收入的比率，用以衡量期刊出版单位的盈利能力。

（四）人才水平指标（D 类指标）

人才水平指标反映当前科技期刊产业对人才的吸引力。人才是驱动产业发展的核心要素，是期刊活跃发展的根本保障。科技期刊产业是以知识生产为主要活动的产业，是轻资产的产业，其主要资产是人才。要培育世界一流的科技期刊，必须要能吸引并维持一定规模的高水平的办刊人才队伍。本书选取了 2 个指标。

D1. 专业编辑队伍规模

专业编辑队伍规模包括采编工作人员、新媒体工作人员、广告工作人员、发行工作人员、行政服务工作人员及其他工作人员的总数量，反映期刊从业人员的规模情况。

D2. 高学历人员占比

高学历人员占比是指科技期刊专业编辑队伍中具有硕士及以上学历人数的比例。科技期刊的专业属性要求一部分从业人员必须接受过高学历教育，具备与本学科高端学者进行交流的能力，这也是科技期刊保障较高的学术水平的重要条件，高学历专业人才是否愿意加入科技期刊也体现了科技期刊产业对人才的吸引力。

（五）影响力水平指标（E 类指标）

科技期刊是科技创新成果的重要载体，也是科技创新的重要支撑力量，因此科技期刊的影响力大小关乎科技期刊的品牌效应，反映科技期刊的社会效益。影响力用来衡量期刊对科研活动的学术贡献，涵盖传播力、学术影响力和社会影响力。本书选取了 5 个指标，均采用"即年"类指标，以抵消创办时间较长的期刊在被引、下载中所占的优势，更能准确反映期刊当年的影响力情况。

在计算中国科技期刊、卓越期刊、中文科技期刊、英文科技期刊、各学科科技期刊的景气指数时，使用了 E1～E5 共 5 个指标；在计算科普类科技期刊的指数时，使用了 E4、E5 共 2 个指标。

E1. 即年指标

即年指标是指某期刊在统计年发表的可被引文献在统计年被《中国学术期刊影响因子年报》复合统计源（国内期刊论文、会议论文及博硕士学位论文）引用的总次数与该刊在统计年发表的可被引文献总数之比。即年指标一般反映了期刊对当前热点话题和前沿研究的把握和响应能力。由于每个统计年发表文献和被引均不重复，因此具有跨年度的纵向可比性。

E2. 国内即年被引量

国内即年被引量是指某期刊在统计年发表的全部可被引文献在统计年被《中国学术期刊影响因子年报》复合统计源（国内期刊论文、会议论文及博硕士学位论文）引用的总次数。一般而言，单位时间里期刊出版的文章数量越多，期刊被引用的论文也就越多，即年被引量则越大，学术影响力也就越大。

E3. 国际即年被引量

国际即年被引量是指某期刊在统计年发表的全部可被引文献在统计年被《中国学术期刊国际引证年报》国际来源期刊引用的总次数。一般来说国际即年被引量越大，证明期刊当年在国际的学术影响力越高。

E4. 即年下载量

即年下载量是指某期刊在统计年发表的全部文献在统计年在第三方网络平台上下载的总篇次，反映期刊当年在互联网上的传播情况。本书使用的即年下载量数据来自中国知网。

E5. 新媒体传播量

新媒体传播量是指关注期刊微信公众号的用户量，反映期刊在新媒体平台的影响力。

以上数据来源，A1、A4、B1～B3、C1～C4、D1、D2、E5 来自 2022 年检数据，由中宣部出版局提供；A2、A3、E1～E4 来自《中国学术期刊影响因子年报》《中国学术期刊国际引证年报》，由中国知网提供。

三、科技期刊产业景气指数计算方法

在上述景气指数的评价指标基础上，研究设计景气指数的计算方法：通过对期刊整体的生产能力、投入水平、盈利能力、人才水平、影响力水平5大维度下的各项二级指标进行同比赋值，并加权计算。指数的取值介于0%至100%之间。50%为"荣枯线"，指数高于50%，说明发展境况得到改善的期刊占多数，表明该产业发展较上年有所扩张；指数低于50%，说明发展境况得到改善的期刊占少数，表明产业发展较上年有所衰退。期刊必须同时具备2年数据的数据项才参与计算。具体计算方法如下所述。

1. 计算景气指数二级指标数值

景气指数二级指标数值（以下简称"二级指数"）采用扩散指数计算方法。

1）二级指标数值同比并赋值

结合期刊本身属性的特点，指标数值随月份或季度变化不大，故此次同比周期采用年度测算。将各期刊本年的二级指标数值与去年进行对比。本年数值高于去年时，取值1；与去年持平时，取值0.5；低于去年时，取值0。

期刊从收稿到出版需经过登记、审稿、返修、排版、编校等流程，因此从收稿到公开发表存在一定的时滞，该周期称为"出版时滞"。期刊的刊均出版时效是指论文从投稿到网络首发或见刊出版的平均时间，出版时效越短，表明期刊审稿编校加工论文的效率越高。因此在18个二级指标中，出版时效的赋值与其他指标相反，即当本年出版时效低于去年时，取值1；与去年持平时，取值0.5；高于去年时，取值0。

2）二级指数计算

计算公式如下：

$$二级指数 = \frac{各期刊的二级指标取值之和}{期刊总数} \times 100\%$$

二级指数的计算方式，可以反映出该指标下有多少本期刊在本年的表现优于去年。

3）二级指数计算举例

见表1-22。

那么，投稿量指标=（1+0.5+0+1+0.5+1）×100%/6=66.67%

出版时效指标=（0+0.5+1+0+0.5+1）×100%/6=50.00%

2. 计算景气指数

一级指数计算公式如下：

$$F_j = \sum_{i=1}^{n_j} z_i \div n_j$$

式中，F_j 为第 j 个一级指数值；z_i 为该一级指标下第 i 个二级指数值；n_j 为该一级指标下二级指标的个数。

对各一级指数进行加权计算，得到景气指数。各一级指标的权重依据其对期刊的影响程度确定。景气指数计算公式如下：

$$景气指数=X_1A+X_2B+X_3C+X_4D+X_5E$$

式中，A、B、C、D、E 为一级指标；

X_i 为权重。

表 1-22 科技期刊产业景气指数二级指标计算举例

单项指标	期刊	2021 年	2020 年	2021 年与 2020 年相比	取值
投稿量	期刊 A	900 篇	850 篇	增加	1
	期刊 B	600 篇	600 篇	持平	0.5
	期刊 C	550 篇	580 篇	低于	0
	期刊 D	500 篇	460 篇	增加	1
	期刊 E	470 篇	470 篇	持平	0.5
	期刊 F	400 篇	370 篇	增加	1
出版时效	期刊 A	181.05 天	140.63 天	增加	0
	期刊 B	221.10 天	221.10 天	持平	0.5
	期刊 C	169.13 天	199.60 天	低于	1
	期刊 D	245.23 天	243.13 天	增加	0
	期刊 E	185.63 天	185.63 天	持平	0.5
	期刊 F	109.06 天	113.39 天	低于	1

四、中国科技期刊产业景气指数计量分析

此次选取同时参与 2021 年和 2022 年全国期刊核验的科技期刊，共计 5015 种，

其景气指数、一级指数、二级指数见表 1-23。

表 1-23　2021 年中国科技期刊产业景气指数

指标	指数值/%
生产能力	49.81
投稿量	48.94
载文量	40.42
出版时效	59.62
出版总期数	50.25
投入水平	52.69
主管主办单位办刊经费支持	48.35
国家、地方等专项基金项目经费支持	50.54
期刊经营总支出	59.17
盈利能力	50.01
平均期发行量	40.44
期刊经营总收入	58.31
利润总额	50.93
经营利润率	50.37
人才水平	52.94
专业编辑队伍规模	51.48
高学历人员占比	54.40
影响力水平	62.11
即年指标	62.82
国内即年被引量	60.78
国际即年被引量	58.28
即年下载量	53.77
新媒体传播量	74.88
中国科技期刊产业景气指数	53.51

　　整体来看，2021 年中国科技期刊的产业景气指数为 53.51%，表明整个产业发展处于稳定发展期。

一级指标中，投入水平（52.69%）、盈利能力（50.01%）、人才水平（52.94%）、影响力水平（62.11%）的指数值均大于50%，表明有半数以上的科技期刊表现优于上一年度。其中影响力水平指数最大，证明有多数期刊的影响力水平在2021年获得了较大提升。但生产能力指数值仅为49.81%，说明较2020年略有萎缩。

二级指标中，指数值大于50%的指标共有14个，其中数值最高的指标为新媒体传播量（74.88%），证明在移动互联时代，通过新媒体扩大期刊传播范围的做法正处于强劲的增长状态，越来越多的科技期刊出版单位开始注重在新媒体渠道的宣传推广，并取得了显著成效。但传统的期刊办刊和发行指标却呈现出明显的萎缩，载文量景气指数只有40.42%，平均期发行量景气指数只有40.44%，反映出2021年60%左右的科技期刊发表论文量、发行数量均有减少。

五、卓越期刊产业景气指数计量分析

我们将优秀科技期刊代表——卓越期刊抽提出来计算了各项指标的景气指数，以观察其发展表现，参与此次计算的卓越期刊共计268种，通过对比我们发现卓越期刊各项指标均高于总体平均值。其景气指数、一级指数、二级指数见表1-24。

整体来看，2021年卓越期刊的景气指数为55.93%，表明卓越期刊整体发展处于扩张期。其中，5个一级指标的指数值均大于50%，分别为生产能力（63.42%）、投入水平（51.19%）、盈利能力（50.75%）、人才水平（52.28%）和影响力水平（62.02%），反映出2021年，在这5个方面有半数以上的卓越期刊表现优于上一年度，实现了全面发展。

二级指标中，指数值大于50%的指标共有14个，其中数值最高的指标为新媒体传播量（81.79%），其次是出版时效（78.49%）、载文量（67.61%），体现了2021年卓越期刊的时效性和论文承载量都有了更大提升。指数值最小的3个指标分别为：平均期发行量（41.30%）、即年下载量（45.45%）、主管主办单位办刊经费支持（46.05%）。

表 1-24　2021 年卓越期刊产业景气指数

指标	指数值/%
生产能力	63.42
投稿量	52.72
载文量	67.61
出版时效	78.49
出版总期数	54.85
投入水平	51.19
主管主办单位办刊经费支持	46.05
国家、地方等专项基金项目经费支持	48.81
期刊经营总支出	58.70
盈利能力	50.75
平均期发行量	41.30
期刊经营总收入	60.87
利润总额	50.59
经营利润率	50.21
人才水平	52.28
专业编辑队伍规模	53.16
高学历人员占比	51.40
影响力水平	62.02
即年指标	58.51
国内即年被引量	62.35
国际即年被引量	61.97
即年下载量	45.45
新媒体传播量	81.79
景气指数	55.93

六、不同语种科技期刊产业景气指数计量分析

此次参与计算的中文科技期刊共计 4457 种，英文科技期刊共计 558 种，其景气指数、一级指数、二级指数见表 1-25。

整体来看，2021 年中文科技期刊的景气指数为 53.40%，英文科技期刊的景气指数为 54.44%，表明中文科技期刊和英文科技期刊的发展均处于扩张期。但相比之下，英文科技期刊的扩张程度更大、发展势头更为强劲。

表 1-25　2021 年不同语种科技期刊产业景气指数各级指数

指标	指数值/%	
	中文刊	英文刊
生产能力	49.15	55.34
投稿量	48.83	50.99
载文量	38.43	55.71
出版时效	59.46	61.34
出版总期数	49.87	53.32
投入水平	52.67	52.81
主管主办单位办刊经费支持	48.35	48.33
国家、地方等专项基金项目经费支持	50.60	50.09
期刊经营总支出	59.07	60.02
盈利能力	49.96	50.41
平均期发行量	40.17	42.69
期刊经营总收入	58.21	59.18
利润总额	51.12	49.35
经营利润率	50.37	50.40
人才水平	53.08	51.72
专业编辑队伍规模	51.42	51.94
高学历人员占比	54.75	51.50
影响力水平	62.11	61.91
即年指标	63.48	58.60
国内即年被引量	60.74	59.35
国际即年被引量	58.63	56.19
即年下载量	53.78	53.63
新媒体传播量	73.94	81.80
景气指数	53.40	54.44

　　一级指标中，中文科技期刊大于 50%的指标为投入水平（52.67%）、人才水平（53.08%）和影响力水平（62.11%），小于 50%的指标为生产能力（49.15%）、盈利能力（49.96%），表明中文科技期刊 2021 年在生产能力方面的发展较为乏力，且盈利能力有所下降。英文科技期刊的 5 个一级指数值均大于 50%，指数值分别为生产能力（55.34%）、投入水平（52.81%）、盈利能力（50.41%）、人才水平（51.72%）

和影响力水平（61.91%），表明其发展全面向好。

二级指标中，中文科技期刊大于 50% 的指标有 13 个，其中指数值排在前三位的指标分别是新媒体传播量（73.94%）、即年指标（63.48%）和国内即年被引量（60.74%）。指数值最小的 3 个指标分别为载文量（38.43%）、平均期发行量（40.17%）和主管主办单位办刊经费支持（48.35%），中文科技期刊载文量在快速萎缩，应引起重视。

英文科技期刊大于 50% 的二级指标有 15 个，其中指数值排在前三位的指标分别是新媒体传播量（81.80%）、出版时效（61.34%）和期刊经营总支出（60.02%），说明随着英文科技期刊投入的增加，其办刊服务能力和传播能力都快速增长。指数值最小的 3 个指标分别为平均期发行量（42.69%）、主管主办单位办刊经费支持（48.33%）和利润总额（49.35%）。

七、不同学科科技期刊产业景气指数计量分析

学科分类标准：根据期刊 CN 号，划分为理学（中图号 N～P）、工学（中图号 T～X）、生命科学（中图号 Q、R、S），另将科普刊划分为单独一类。

此次参与计算的理学期刊共计 838 种，工学期刊共计 2175 种，生命科学期刊共计 1685 种，科普类科技期刊共计 250 种，其景气指数、一级指数、二级指数见表 1-26。

整体来看，2021 年理学、工学、生命科学期刊的景气指数分别为 54.11%、54.95%、51.68%，均大于 50%，表明这 3 个学科的期刊发展均处于扩张期。相比之下，理学、工学期刊的发展势头相当，生命科学期刊的发展势头较弱。

一级指标中，工学期刊的一级指数均大于 50%，分别为生产能力（51.74%），投入水平（53.87%）、盈利能力（50.64%）、人才水平（52.78%）和影响力水平（65.71%）；理学期刊大于 50% 的指标为生产能力（52.79%）、投入水平（52.01%）、人才水平（52.96%）和影响力水平（62.89%），小于 50% 的指标为盈利能力（49.92%）；生命科学期刊大于 50% 的指标为投入水平（51.94%）、人才水平（53.31%）和影响力水平（57.29%），小于 50% 的指标为生产能力（46.00%）、盈利能力（49.85%）。

表 1-26　**2021 年不同学科科技期刊产业景气指数各级指数**

指标	指数值/%			
	科普	理学	工学	生命科学
生产能力	44.87	52.79	51.74	46.00
投稿量	48.65	48.74	51.59	45.51
载文量	35.96	44.93	42.95	35.24
出版时效	—	66.88	63.05	52.02
出版总期数	50.00	50.60	49.38	51.25
投入水平	51.08	52.01	53.87	51.94
主管主办单位办刊经费支持	51.21	48.01	49.05	47.46
国家、地方等专项基金项目经费支持	49.80	50.90	50.65	50.36
期刊经营总支出	52.23	57.12	61.92	57.99
盈利能力	45.45	49.92	50.64	49.85
平均期发行量	30.97	43.92	40.51	39.73
期刊经营总收入	48.58	55.13	60.85	58.29
利润总额	51.62	50.24	51.28	50.60
经营利润率	50.63	50.38	49.93	50.76
人才水平	51.13	52.96	52.78	53.31
专业编辑队伍规模	48.99	51.57	51.37	51.80
高学历人员占比	53.28	54.36	54.18	54.82
影响力水平	69.02	62.89	65.71	57.29
即年指标	—	64.71	68.17	55.70
国内即年被引量	—	62.74	65.57	53.88
国际即年被引量	—	61.22	63.87	50.31
即年下载量	67.09	53.04	55.40	50.43
新媒体传播量	70.94	72.76	75.53	76.14
景气指数	52.31	54.11	54.95	51.68

以上数据反映出工学期刊实现了全面增长，而理学期刊的盈利能力、生命科学期刊的生产能力和盈利能力较 2020 年均有所下降。且相比之下，生命科学期刊的生产能力指标、影响力水平指标较工学、理学期刊有较大差距，其主要原因在于 2021 年生命科学领域的投稿量、载文量较上年有大幅度下滑，受此影响，期刊的即年被引量、即年下载量等影响力水平指标表现平平。

二级指标中，理学期刊大于 50%的指标有 14 个，其中指数值排在前三位的分别是新媒体传播量（72.76%）、出版时效（66.88%）和即年指标（64.71%）。工学期刊大于 50%的指标有 13 个，其中指数值排在前三位的分别是新媒体传播量（75.53%）、即年指标（68.17%）和国内即年被引量（65.57%）。生命科学期刊大于 50%的指标有 14 个，其中指数值排在前三位的分别是新媒体传播量（76.14%）、期刊经营总收入（58.29%）和期刊经营总支出（57.99%）。

理学和工学期刊指数值最低的指标均是平均期发行量（43.92%、40.51%），生命科学期刊指数值最低的是载文量（35.24%），其次为平均期发行量（39.73%）。

对于科普期刊而言，引证指标不作为主要考察方面，因此此次计算科普期刊产业景气指数时未将即年指标、国内和国际即年被引量纳入进来。科普类期刊的景气指数为 52.31%，表明当前科普类科技期刊虽处在发展扩张期，但势头较为缓慢。一级指标中，大于 50%的指标为投入水平（51.08%）、人才水平（51.13%）和影响力水平（69.02%），小于 50%的指标为生产能力（44.87%）、盈利能力（45.45%）。二级指标中，大于 50%的指标有 8 个，其中指数值最大的三个指标分别是新媒体传播量（70.94%）、即年下载量（67.09%）和高学历人员占比（53.28%）。指数值最小的三个指标分别是平均期发行量（30.97%）、载文量（35.96%）和期刊经营总收入（48.58%）。

八、不同区域科技期刊产业景气指数计量分析

各区域科技期刊产业景气指数如表 1-27 所示。景气指数在 50%以上的区域共有 28 个，表明这 28 个区域的科技期刊产业处于扩张期。其中景气指数位居前五的区域分别是新疆（57.29%）、甘肃（57.15%）、湖北（56.29%）、海南（55.25%）和山东（54.55%）。

从一级指标看，生产能力指标在 50%以上的区域有 9 个，表明这 9 个区域中，有半数以上的科技期刊出版单位其生产能力较 2020 年有所提升。生产能力指数位居前五的区域分别是青海（60.66%）、贵州（59.16%）、新疆（54.95%）、上海（54.08%）和北京（53.64%）。

表 1-27   2021 年不同地区科技期刊产业景气指数

序号	区域	期刊数/种	指数值/%					
			生产能力	投入水平	盈利能力	人才水平	影响力水平	景气指数
1	新疆	56	54.95	53.70	52.51	52.78	72.50	57.29
2	甘肃	66	48.60	61.54	52.12	55.38	68.12	57.15
3	湖北	213	53.17	55.03	52.65	52.95	67.65	56.29
4	海南	13	47.27	46.15	60.58	50.00	72.24	55.25
5	山东	128	43.89	54.82	48.82	61.52	63.72	54.55
6	四川	209	49.28	56.25	49.75	55.29	61.15	54.34
7	北京	1645	53.64	53.31	51.16	51.37	62.21	54.34
8	贵州	36	59.16	49.07	48.26	56.94	57.11	54.11
9	江西	71	50.71	52.82	44.89	58.80	62.32	53.91
10	陕西	161	46.72	51.15	51.25	56.09	62.97	53.64
11	江苏	256	49.27	52.94	48.77	52.16	64.61	53.55
12	福建	75	51.77	52.00	50.50	53.00	60.20	53.49
13	上海	355	54.08	50.61	47.87	54.10	60.48	53.43
14	青海	19	60.66	44.44	41.67	51.39	68.98	53.43
15	吉林	103	47.97	50.00	53.34	53.96	60.75	53.20
16	黑龙江	160	44.92	49.79	48.81	56.37	65.75	53.13
17	湖南	130	42.59	51.79	51.06	55.38	63.81	52.93
18	安徽	94	42.83	56.88	51.63	51.63	61.09	52.81
19	广东	187	48.60	52.94	52.22	50.80	58.93	52.70
20	河北	107	46.25	52.34	48.60	54.44	60.25	52.38
21	辽宁	179	47.61	51.41	47.16	52.40	61.45	52.00
22	河南	119	45.78	50.42	48.02	54.41	60.87	51.90
23	广西	75	43.27	52.00	50.83	53.67	59.55	51.87
24	天津	141	50.25	51.20	48.35	49.64	59.50	51.79
25	重庆	78	46.83	53.63	53.69	50.32	53.88	51.67
26	浙江	121	48.39	49.45	48.65	51.65	59.45	51.52
27	山西	88	47.68	53.03	46.36	48.86	58.99	50.99
28	内蒙古	52	40.01	52.56	46.39	57.21	58.28	50.89
29	云南	51	46.07	48.04	40.92	49.02	65.67	49.94
30	宁夏	11	32.16	48.48	47.73	47.73	68.48	48.92

投入水平指标在 50%以上的区域有 23 个，表明这 23 个区域中，有半数以上的科技期刊出版单位其投入水平较 2020 年有所提升。投入水平指数位居前五的区域分别是甘肃（61.54%）、安徽（56.88%）、四川（56.25%）、湖北（55.03%）和山东（54.82%）。

盈利能力指标在 50%以上的区域有 13 个，表明这 13 个区域中，有半数以上的科技期刊出版单位其盈利能力较 2020 年有所提升。盈利能力指数位居前五的区域分别是海南（60.58%）、重庆（53.69%）、吉林（53.34%）、湖北（52.65%）和新疆（52.51%）。

人才水平指标在 50%以上的区域有 26 个，表明这 26 个区域中，有半数以上的科技期刊出版单位其人才水平较 2020 年有所提升。人才水平指数位居前五的区域分别是山东（61.52%）、江西（58.80%）、内蒙古（57.21%）、贵州（56.94%）和黑龙江（56.37%）。

30 个区域的影响力水平指数均高于 50%，表明各区域科技期刊的影响力在 2021 年均实现了较大提升。影响力水平指数位居前五的区域分别是新疆（72.50%）、海南（72.24%）、青海（68.98%）、宁夏（68.48%）和甘肃（68.12%）。

从以上数据可以看出，期刊产业景气指数不同于第二节所介绍的"产业发展指数"，它能更准确反映某地区期刊发展的变化。在某些科技期刊数量较少的地区，随着政府及各界对期刊越来越重视，其发展速度反而要快于期刊数量较多的发达地区，如新疆、甘肃、海南；在某些科技期刊数量较多的地区，景气指数也能揭示各地区增长水平的不同。例如，湖北、山东、四川的发展增量明显要好于山西、浙江、重庆。

参考文献

[1] 中国科学技术协会. 中国科技期刊产业发展报告（2021）[M]. 北京: 科学出版社, 2022: 382.

[2] 朱瑞庭. 改进的扩散指数法——我国宏观经济监测法探讨[J]. 杭州大学学报(哲学社会科学版), 1990(3): 18-25.

[3] 陶西平. 教育评价辞典[M]. 北京: 北京师范大学出版社, 1998.

[4] 贾俊平, 何晓群, 金勇进, 等. 统计学[M]. 北京: 中国人民大学出版社, 2012.

[5] 伍军红, 肖宏, 任美亚, 等. PCSI: 一种单篇论文被引频次标准化方法[J]. 图书情报工作, 2020, 64(23): 22-30.

[6] 任庆华, 蔡跃洲. 知识产权会商制度实施的政策效果评价——基于当量准值法和双重差分法的实证分析[J]. 中南财经政法大学学报, 2016(1): 38-44.

[7] 夏沁芳. 如何解读"景气指数"[J]. 北京统计, 2001, (8): 33-34.

[8] 国家统计局. 如何进行景气分析? [EB/OL]. (2022-08-15) [2023-02-17]. http://zhs.mofcom.gov. cn/article/swtj/tjywzs/202208/20220803340839.shtml.

[9] 王小平, 张玉霞. 我国服务业景气指数的编制与测算分析[J]. 财贸经济, 2012, (4): 114-120.

[10] 冷媛, 孙俊歌, 傅蔷, 等. 经济景气指数研究的比较与思考[J]. 统计与决策, 2017, (2): 5-8.

[11] 田瑞强, 姚长青, 刘润颖, 等. 科技期刊行业发展景气指数研究[J]. 中国科技期刊研究, 2018, 29(5): 447-452.

[12] 叶成雷. 区域中小企业景气指数研究和实证分析[D]. 杭州: 浙江工业大学, 2012.

第二章　中国科技期刊产业基础概况[①]

  科技期刊作为科学研究活动的重要交流平台，广泛联系各个领域、各个发展阶段的科研人员，支撑科技资源分配、科技知识传播、科技管理评价等方方面面的工作。2018年11月14日中央全面深化改革委员会第五次会议审议通过了《关于深化改革　培育世界一流科技期刊的意见》，我国科技期刊迎来了新的发展契机，科技期刊产业基础也得到了不断夯实，主要表现在：由立法和宏观管理政策、行业扶持政策、学术出版和科研诚信政策，以及数字经济发展政策共同构成的政策组合拳逐步架构完成中国科技期刊产业发展的生态结构；我国科技论文产出规模和结构为中国科技期刊产业发展奠定了巨大的市场规模和充分的优质资源基础；我国长期形成的国家为主，地方、机构、公司、个人和海外基金等为补充的多层次的科研资助体系能保障我国科技期刊产业长期繁荣发展；我国高水平大学、科研机构和医疗机构是中国科技期刊产业的核心用户群体；我国科技期刊出版行业已经初步形成高水平科研工作者加专业办刊人员的人才队伍格局，科技期刊编辑队伍的建设仍需要不断完善，以推动我国科技期刊产业的持续发展和形成全球竞争力。

第一节　中国科技期刊产业发展的政策环境

科技期刊各级管理部门的相关政策对科技期刊发展起到重要作用。新中国

---

① 第二章执笔：马峥、刘荣、田瑞强、俞征鹿、焦一丹、陈国娇、盖双双、初景利、孙悦、刘惠琴、孙秀坤、李威。

成立以来，我国有关促进科技期刊发展的管理政策逐步健全，力度逐步加大，针对性逐步增强，为科技期刊的健康发展奠定了基础。目前，我国已基本形成了一套以宪法、行政法规、部门规章为基础的法律法规体系，主要包括《中华人民共和国著作权法》《科学技术期刊管理办法》《期刊出版管理规定》《电子出版物管理规定》等，以此来规范科技期刊的出版审批、主管主办和属地管理等出版活动。

一、国家宏观政策

1）从 21 世纪初开始，科技期刊在科学研究发展和学术交流传播过程中发挥的作用越来越大，国家新闻出版署、科学技术部、中国科学技术协会、中国科学院等科技期刊主管部门，发布了一些促进科技期刊发展的政策。

2000 年，科学技术部通过"中国精品科技期刊战略研究"和"中国精品科技期刊服务与保障系统"立项，提出了"中国精品科技期刊"的概念，并推进精品科技期刊建设。2011 年，中共中央办公厅、国务院办公厅下发《关于深化非时政类报刊出版单位体制改革的意见》，明确了非时政类报刊出版单位体制改革的指导思想、原则要求和目标任务。2013 年，中国科学技术协会、财政部、教育部、国家新闻出版广电总局、中国科学院、中国工程院共同实施"中国科技期刊国际影响力提升计划"，旨在促进科技期刊国际化发展，该项目是我国最早启动的专门支持英文期刊的期刊资助项目。2014 年 5 月 15 日，中国科学院和国家自然科学基金委员会分别发表政策声明，规定受公共资助科研项目产生的论文实行开放获取，推进了科研成果的开放获取。2014 年 8 月 18 日，中央全面深化改革领导小组第四次会议审议通过的《关于推动传统媒体和新兴媒体融合发展的指导意见》，掀起传统媒体与新媒体融合的浪潮，受到科技期刊界的普遍关注和响应。

2）近十年来，我国科研工作进入高质量发展的新阶段，迫切需要与科研产出规模增长和结构变化相适应的管理评价思路和更加优化的评价手段。

国家各科技管理相关部门联动，逐步建立健全培育世界一流科技期刊的政策管理体系，不断深化改革学术评价体制机制，引导科研人员以重视科学研究的内涵为目标，不以期刊影响因子为指标；引导实施国内外科技期刊同质等效的评价机制，引导优秀科研创新成果在我国优秀科技期刊上发表，鼓励研究者将发表在国内科技期刊的论文作为代表作。为规范学术期刊出版秩序，优化学术期刊出版环境，国家新闻出版广电总局在 2014 年 4 月 3 日发布了《关于规范学术期刊出版秩序促进学术期刊健康发展的通知》，并在 2014 年 4 月 28 日、2016 年 4 月 15 日先后下发《关于开展学术期刊认定及清理工作的通知》《关于开展第二批学术期刊认定及清理工作的通知》，在科技期刊认定、清理工作的基础上，进一步完善科技期刊出版质量综合评价指标体系，对期刊学术影响力进行评估，对学术期刊进行分级管理，对精品科技期刊予以政策扶持、资金资助，对达不到学术期刊标准的科技期刊予以清退。2016 年 5 月 30 日，习近平总书记在全国科技创新大会上提出"广大科技工作者要把论文写在祖国的大地上，把科技成果应用在实现现代化的伟大事业中"；2018 年 11 月 14 日，中央全面深化改革委员会第五次会议审议通过了《关于深化改革 培育世界一流科技期刊的意见》（以下简称《意见》），将"建设世界一流科技期刊"上升为国家战略。（2019 年 8 月 6 日，中国科学技术协会、中共中央宣传部、教育部、科学技术部四部门联合印发了该《意见》）《意见》旨在解决我国科技期刊"大而不强"、期刊发展落后于科技发展水平的问题，夯实进军世界科技强国的科技与文化基础，掌握国际话语权，从而推动我国从科技期刊大国迈向科技期刊强国。《意见》作为纲领性文件，对促进我国科技期刊改革与发展的重要意义不言而喻，同时也成为中国科技期刊对标国际一流、深化改革、调整发展策略、重构出版模式的重要依据。2021 年 5 月 18 日，中共中央宣传部、教育部、科学技术部印发《关于推动学术期刊繁荣发展的意见》，进一步指出加强学术期刊建设，对于提升国家科技竞争力和文化软实力，构筑中国精神、中国价值、中国力量具有重要作用。2021 年 3 月，国家"十四五"规划和 2035 年远景目标纲要提出要构建国家科研论文和科技信息高端交流平台，对于我国科技期刊未来的发展也具有重要意义。除上述相关政策外，本书梳理了 2015～2021 年我国科技期刊相关的宏观政策，见表 2-1。

表 2-1　2015～2021 年中国科技期刊相关宏观政策（部分）

年份	政策名称	制订机构
2015	《关于准确把握科技期刊在学术评价中作用的若干意见》	中国科学技术协会、教育部、国家新闻出版广电总局、中国科学院、中国工程院
2018	《关于优化科研管理提升科研绩效若干措施的通知》	中共中央办公厅、国务院办公厅
2018	《教育部办公厅关于开展清理"唯论文、唯帽子、唯职称、唯学历、唯奖项"专项行动的通知》	教育部
2018	《关于深化改革 培育世界一流科技期刊的意见》	中央全面深化改革委员会
2019	《关于启动 2019 年度分领域发布高质量科技期刊分级目录试点工作的通知》	中国科学技术协会
2020	《关于破除科技评价中"唯论文"不良导向的若干措施（试行）》	科学技术部
2020	《关于规范高等学校 SCI 论文相关指标使用 树立正确评价导向的若干意见》	教育部
2021	《关于推动学术期刊繁荣发展的意见》	中宣部、教育部、科技部
2021	《出版业"十四五"时期发展规划》	中宣部

二、行业扶持政策

中国科技期刊产业的长久健康发展离不开国家的产业政策扶持，尤其在我国科技期刊整体竞争力仍处于弱势的情势下。从 20 世纪 90 年代开始，国家实施了一系列专项财政支持项目（表 2-2），优化和改善了我国部分科技期刊的办刊条件，带动和引导了一批科技期刊的高质量发展，极大地促进了科技期刊学术影响力和办刊能力的提升。

表 2-2　中国科技期刊专项财政资助基金名称（部分基金列表）

年份	基金名称	管理部门
1989 至今	中国科学院科学出版基金	中国科学院
1999～2014	国家自然科学基金重点学术期刊专项基金	国家自然科学基金委员会
2006～2017	精品科技期刊工程建设项目	中国科学技术协会
2013～2018	中国科技期刊国际影响力提升计划	中国科学技术协会、财政部、教育部、国家新闻出版广电总局、中国科学院、中国工程院
2018	中文精品科技期刊建设计划	中国科学技术协会
2016～2018	科技期刊登峰行动计划	中国科学技术协会
2019～2023	中国科技期刊卓越行动计划	中国科学技术协会、财政部、教育部、科学技术部、国家新闻出版署、中国科学院、中国工程院

近十年来，中国科学技术协会等部门实施的中国科协精品科技期刊工程建设项目、中国科技期刊国际影响力提升计划项目、中国科技期刊登峰行动计划项目、中国科技期刊卓越行动计划等项目对中国科技期刊产业都产生了较大影响。例如，为了落实建设世界一流科技期刊的目标，针对我国科技期刊创办新刊的迫切需求，中国科学技术协会等管理部门基于"中国科技期刊国际影响力提升计划 D 类项目""中国科技期刊卓越行动计划"等项目，着力提升我国英文科技期刊的品种规模。截至 2022 年，这两个计划先后支持创办了 230 种科技期刊。

三、学术出版及科研诚信政策

近年来，学术不端等科研诚信成了科技期刊发展中备受关注的问题。为加强科技期刊质量管理、净化科研生态环境、建设科研诚信制度，国家在三审三校、期刊审读、年度核验、标准规范、学术诚信等方面出台了一系列的政策，以保证期刊的健康可持续发展。

2015 年，中国科学技术协会、教育部、科学技术部、国家卫生计生委、中国科学院、中国工程院、国家自然科学基金委员会发布了《发表学术论文"五不准"》。2018 年，中共中央办公厅、国务院办公厅印发《关于进一步加强科研诚信建设的若干意见》。2019 年 5 月，国家新闻出版署正式发布我国首个针对学术不端行为的行业标准《学术出版规范——期刊学术不端行为界定（CY/T 174—2019）》，首次界定了学术期刊论文作者、审稿专家、编辑者三方可能涉及的学术不端行为，适用于学术期刊论文出版过程中各类学术不端行为的判断和处理，是我国首次针对学术不端行为出台的行业标准，促进更负责任的创新氛围，使创新的结果更加可靠，同时对我国科技期刊未来的发展也具有积极意义。除上述相关政策和行业标准外，本书梳理了 1992～2020 年我国科技期刊相关的科技学术出版及科研诚信相关政策及标准，见表 2-3。

表2-3　2015～2021年中国科技学术出版及科研诚信相关政策和标准（部分政策和标准列表）

年份	政策（标准）名称	制订机构
1992	《科技期刊质量要求及评估标准》	国家科学技术委员会、中共中央宣传部、国家新闻出版署
1992	《科学技术期刊审读办法》	国家科学技术委员会
1994	《关于颁布五大类科技期刊质量要求及评估标准的通知》	国家科学技术委员会
2014	《关于规范学术期刊出版秩序 促进学术期刊健康发展的通知》	国家新闻出版广电总局
2018	《关于进一步加强科研诚信建设的若干意见》	中共中央办公厅、国务院办公厅
2018	《关于对科研领域相关失信责任主体实施联合惩戒的合作备忘录》	国家发展和改革委员会
2019	《关于进一步弘扬科学家精神加强作风和学风建设的意见》	中共中央办公厅、国务院办公厅
2020	《中国科协主管期刊审读办法（试行）》	中国科学技术协会
2020	《报纸期刊质量管理规定》	国家新闻出版署

四、数字经济相关政策

数字经济是继农业经济、工业经济之后的主要经济形态，是以数据资源为关键要素，以现代信息网络为主要载体，以信息通信技术融合应用、全要素数字化转型为重要推动力，促进公平与效率更加统一的新经济形态。数字经济发展速度之快、辐射范围之广、影响程度之深前所未有，正推动生产方式、生活方式和治理方式深刻变革，成为重组全球要素资源、重塑全球经济结构、改变全球竞争格局的关键力量。"十四五"时期，我国数字经济转向深化应用、规范发展、普惠共享的新阶段。为应对新形势新挑战，把握数字化发展新机遇，拓展经济发展新空间，推动我国数字经济健康发展，2021年国务院印发了《"十四五"数字经济发展规划》。当今社会，数字资源、数字经济对经济社会发展具有基础性作用，对于构建新发展格局、建设现代化经济体系、构筑国家竞争新优势意义重大，必须加强对数据的管理、开发、利用。2023年3月，中共中央、国务院印发了《党和国家机构改革方案》，提出组建国家数据局，负责协调推进数据基础制度建设，统筹数据资源整合共享和开发利用，统筹推进数字中国、数字经济、数字社会规划和建设等。党的二十大报告也提出，加快发展数字经济，促进数字经济和实体经济深度融合，打造具有国际竞争力的数字产业集群。

数字经济核心产业是指为产业数字化发展提供数字技术、产品、服务、基础设施和解决方案，以及完全依赖于数字技术、数据要素的各类经济活动。我国数字出版产业是交叉领域的产业形态，受文化产业政策、信息产业政策、高新技术政策等多个领域的政策影响。

2010 年，国家新闻出版总署出台《关于加快我国数字出版产业发展的若干意见》，提出了数字出版产业的总体目标、主要任务、保障措施。数字出版是指利用数字技术进行内容编辑加工，并通过网络传播数字内容产品的一种新型出版方式，其主要特征为内容生产数字化、管理过程数字化、产品形态数字化和传播渠道网络化。进入 21 世纪以来，我国数字出版产业虽取得了较快进展，但由于投入成本高，营利模式不成熟，相关标准不统一等问题，制约了数字出版产业的进一步发展，其生产力尚未得以充分释放。

2014 年，国家新闻出版广电总局、财政部联合发布《关于推动新闻出版业数字化转型升级的指导意见》。2017 年 3 月，国家新闻出版广电总局、财政部联合发布《关于深化新闻出版业数字化转型升级工作的通知》（以下简称《通知》）。《通知》指出："要加快与广播影视等领域内容供应企业、互联网企业的融合，探索与外部产业跨界融合的新模式。鼓励新闻出版企业联合高校、科研院所、技术企业，分类建设不同研究方向的新闻出版业重点实验室"，要求企业加大数字化转型升级的投入。《通知》还指出："通过实践探索，一批新闻出版企业已形成'制定长远规划、建立专职部门、建设专业队伍、落实重点标准、找准市场需求、实施项目带动'的数字化转型升级工作模式，探索出'标准研制、装备配置、资源建设、产品开发、平台搭建、服务创新'的数字化转型升级路径；一批技术企业紧跟行业发展，不断完善技术工具与系统，并推动相关标准的建立与完善，数字化转型升级技术体系已初步形成；相关行业协会与行业机构加强建设，解决数字化转型升级行业级共性问题的能力不断提升，启动了技术支持服务、内容资源管理、数据共享、知识服务等行业级平台建设。新闻出版业数字化转型升级工作已基本具备进入深化阶段的基础条件。"

2021 年，国家新闻出版署印发的《出版业"十四五"时期发展规划》中指出："进入新发展阶段，出版工作迫切需要更好发挥服务大局、统一思想、凝聚力量的重要作用，进一步巩固壮大主流思想舆论；迫切需要提升内容建设水平和服务供给能力，更好以精品奉献人民；迫切需要积极适应新一轮科技革命和产业变革趋势，深化改革创新，转化增长动能，更好抢占数字时代出版发展制高点。"

把握数字经济背景下出版产业的变革，必须从技术特征入手，分析数字技术给出版产业带来的发展方式的改变。高速互联网是现代出版产业发展的基础，5G、人工智能等信息技术极大地促进了数字文化产业的创新，视频、文字、AR/VR 等各种内容产品不断融合，新的出版形式不断出现。2021 年 11 月，工业和信息化部印发了《"十四五"信息化和工业化深度融合发展规划》，针对产业新发展、基础建设做了部署。虽然我国出版产业正在积极实施数字化转型，但数字化与传统出版产业真正融合还有差距，只有推动技术进步，布局数字基础设施建设，才能保障数字出版产业的快速发展。

当前，在数字经济环境下，从传统出版向数字出版过渡的过程中，技术创新是出版产业持续发展的灵魂，推动了我国出版业的转型升级。把握数字经济环境下我国出版产业的机遇，发现其运行规律和产业的经济特征，制定相应的扶持政策，成为我国出版产业快速发展的关键。

第二节　中国科技论文产出统计分析

科技论文作为科技活动产出的一种重要形式，在很大程度上反映科研机构的研究活跃度和影响力，是评估科研机构科技实力和运行绩效的重要依据。为全面系统考察 2021 年我国科研机构的整体发展状况以及发展趋势，本节从国际上三个重要的检索系统科学引文索引（SCI）、工程索引（EI）、科技会议录索引（CPCI-S）（以下简称"三系统"）和中国科技论文与引文数据库（CSTPCD）出发，从发文量、总被引频次、学科分布等多角度分析 2021 年中国不同类型科研机构的论文发表状况。近几年，我国科技论文数占世界论文数比例一直保持上升态势，2021 年"三系统"共收录中国科技论文 1 010 572 篇（"三系统"未进行排重统计），居世界第一位。

一、中国国际科技论文总量和世界占比

2021 年，SCI、EI 和 CPCI-S 共收录中国科技论文 1 010 572 篇，比 2020 年增

加了 40 770 篇，增长 4.20%。2021 年中国科技论文数占世界论文总数的 25.26%，比 2020 年的 26.24%减少了近 1 个百分点。2009～2021 年"三系统"收录中国科技论文数等各项统计数据见表 2-4。

表 2-4 2009～2021 年 SCI、EI 和 CPCI-S 收录中国科技论文数量、世界占比及位次情况

年份	论文数/篇	同比增长/篇	增长率/%	占世界比例/%	在世界所处位次
2009	280 158	9 280	3.43	12.30	2
2010	300 923	20 765	7.41	13.73	2
2011	345 995	45 072	14.98	15.11	2
2012	394 661	48 666	14.07	16.53	2
2013	464 259	69 598	17.63	17.36	2
2014	494 078	29 819	6.42	18.49	2
2015	586 326	92 248	18.67	19.84	2
2016	628 920	42 594	7.26	20.00	2
2017	662 831	33 911	5.39	21.21	2
2018	754 323	91 492	13.80	22.72	2
2019	842 023	87 700	11.63	23.68	2
2020	969 802	127 779	15.18	26.24	1
2021	1 010 572	40 770	4.20	25.26	1

《科学》（Science）、《自然》（Nature）、《细胞》（Cell）是国际公认的享有最高学术声誉的三大科技名刊。中国 2021 年在三大名刊发表的 Article 和 Review 两种类型论文数为 362 篇，世界占比 19.7%。2021 年基本科学指标（essential science indicators，ESI）发布的全球 TOP1%高被引论文中，中国论文 336.6 万篇，居世界第二位。

二、中国各地区国际国内论文分布情况

国际国内论文比是某些地区当年的国际论文总数除以该地区的国内论文数，国际论文数采用"三系统"论文之和（未排重），国内论文数采用中国科技论文与引文数据库（CSTPCD）收录数据。该比值能在一定程度上反映国际交流能力及影响力。

按地区统计，约半数省区市的国际国内论文比均大于 2，且大都是地区经济实

力和科技资源具备相对优势的省区市。与之相对应，国际国内论文比较小的地区往往都是科技竞争力和资源相对不具优势的省区市。各项统计数据见表2-5。

表2-5 2021年中国各地区国际国内论文比情况

排名	地区	国际论文总数/篇	国内论文总数/篇	国际国内论文比
1	吉林	19 419	6 693	2.90
2	浙江	48 814	17 243	2.83
3	湖南	33 555	12 771	2.63
4	广东	65 972	25 977	2.54
5	黑龙江	24 734	9 779	2.53
6	福建	20 026	8 016	2.50
7	上海	70 917	28 504	2.49
8	山东	50 051	20 773	2.41
9	江苏	94 322	39 514	2.39
10	天津	28 376	12 396	2.29
11	湖北	48 487	22 044	2.20
12	辽宁	34 832	16 196	2.15
13	陕西	54 081	25 595	2.11
14	北京	133 909	65 174	2.05
15	重庆	20 858	10 340	2.02
16	安徽	26 534	13 172	2.01
17	四川	44 244	22 501	1.97
18	江西	11 779	6 565	1.79
19	甘肃	12 226	8 569	1.43
20	河南	23 729	18 749	1.27
21	广西	9 558	8 280	1.15
22	山西	10 258	9 113	1.13
23	云南	9 084	8 603	1.06
24	内蒙古	3 775	4 713	0.80
25	宁夏	1 691	2 204	0.77
26	河北	11 990	15 640	0.77
26	海南	2 766	3 638	0.76
28	贵州	4 795	6 587	0.73
29	新疆	4 925	7 112	0.69
30	青海	1 264	2 029	0.62
31	西藏	185	451	0.41

第三节　中国科研基金项目资助论文分析

早在 17 世纪之初，弗兰西斯•培根就曾在《学术的进展》一书中指出，学问的进步有赖于一定的经费支持。科学基金制度的建立和科学研究资助体系的形成为这种支持的连续性和稳定性提供了保障。新中国成立以来，我国已经初步形成了国家（国家自然科学基金、国家科技重大专项、国家重点基础研究发展计划和国家科技支撑计划等基金）为主，地方（各省级基金）、机构（大学、研究机构基金）、公司（各公司基金）、个人（私人基金）、海外基金等为补充的多层次的资助体系。这种资助体系作为科学研究的一种运作模式，为推动我国科学技术的发展发挥了巨大作用。

由基金资助产出的论文称为基金论文，对基金论文的研究具有重要意义：基金资助课题研究都是在充分论证的基础上展开的，其研究内容一般都是国家目前研究的热点问题；基金论文是分析基金资助投入与产出效率的重要基础数据之一；对基金资助产出论文的研究，是不断完善我国基金资助体系的重要支撑和参考依据。

一、CSTPCD 收录基金论文的基金资助来源分析

表 2-6 列出了 2020 年和 2021 年产出基金论文较多的前十种国家级和各部委基金资助来源及其产出论文的情况，不包括省级各项基金项目资助。由表 2-6 可以看出，在 CSTPCD 数据库中，2021 年中国各类基金资助产出论文排在首位的仍然是国家自然科学基金，其次是科学技术部的基金，由这两个部委基金资助的论文占全部基金论文的 48.04%。

根据 CSTPCD 数据统计，2021 年由国家自然科学基金资助产出论文共计123 972 篇，占全部基金论文的 34.85%。与 2020 年相比，2021 年由国家自然科学基金资助产出的基金论文增加了 6320 篇，增幅为 5.37%。2021 年由科学技术部的基金资助产出论文共计 46 933 篇，占全部基金论文的 13.19%。

表2-6　2021年CSTPCD产出论文前十名的国家级和各部委基金资助来源情况及与2020年情况对比

基金资助来源	2021 年			2020 年		
	基金论文数/篇	占全部基金论文的比例/%	排名	基金论文数/篇	占全部基金论文的比例/%	排名
国家自然科学基金委员会	123 972	34.85	1	117 652	35.09	1
科学技术部	46 933	13.19	2	47 272	14.10	2
教育部	4 113	1.16	3	4 333	1.29	3
国家社会科学基金	3 741	1.05	4	3 117	0.93	4
农业农村部	2 455	0.69	5	2 954	0.88	5
军队系统	1 488	0.42	6	1 878	0.56	6
国家中医药管理局	1 196	0.34	7	1 592	0.47	8
自然资源部	1 165	0.33	8	1 209	0.36	9
人力资源和社会保障部	1 078	0.30	9	1 020	0.30	10
国家国防科技工业局	423	0.12	10	409	0.12	11

注：数据来源于CSTPCD2021。

省级地方设立的地区科学基金产出论文是全部基金资助产出论文的重要组成部分。根据CSTPCD数据统计，2021年省级基金资助产出论文99 004篇，占全部基金论文产出数量的27.83%。2021年江苏省基金资助产出论文数量为6725篇，占全部基金论文比例的1.89%，在全国31个省级基金资助中位列第一，见表2-7。地区科学基金的存在，有力地促进了中国科技事业的发展，丰富了中国基金资助体系层次。

表2-7　2021年CSTPCD产出论文前十名的省级基金资助来源情况及与2020年情况对比

基金资助来源	2021 年			2020 年		
	基金论文数/篇	占全部基金论文的比例/%	排名	基金论文数/篇	占全部基金论文的比例/%	排名
江苏省	6725	1.89	1	6345	1.89	1
河北省	6476	1.82	2	5756	1.72	2
广东省	6236	1.75	3	5549	1.65	3
河南省	5965	1.68	4	4980	1.49	8
陕西省	5320	1.50	5	5219	1.56	6
四川省	5238	1.47	6	5057	1.51	7
上海市	4946	1.39	7	5446	1.62	5
北京市	4652	1.31	8	5516	1.65	4
山东省	4619	1.30	9	4324	1.29	10
浙江省	4049	1.14	10	4693	1.40	9

注：数据来源于CSTPCD2021。

由科学技术部设立的中国科技计划主要包括：基础研究计划[国家自然科学基金和国家重点基础研究发展计划（973 计划）]、国家科技重大专项、国家科技支撑计划、高技术研究发展计划（863 计划）、科技基础条件平台建设、政策引导类计划等。此外，教育部、国家卫生和计划生育委员会等部委以及各省级政府科技厅、教育厅、卫生和计划生育委员会都分别设立了不同的项目以支持科学研究。表 2-8 列出了 2021 年产出基金论文前十名的基金资助计划（项目）。根据 CSTPCD 数据统计，国家科技重大专项以产出 6554 篇论文居于首位，国家社会科学基金项目产出 3741 篇论文，排在第二位。

表 2-8　2021 年 CSTPCD 产出基金论文前十名的基金资助计划（项目）

排名	基金资助计划（项目）	基金论文数/篇	占全部基金论文的比例/%
1	国家科技重大专项	6554	1.84
2	国家社会科学基金	3741	1.05
3	国家科技支撑计划	3307	0.93
4	山东省自然科学基金	1219	0.34
5	北京市自然科学基金	1198	0.34
6	中央地质勘查基金	1148	0.32
7	辽宁省自然科学基金	1112	0.31
8	陕西省自然科学基金	1112	0.31
9	江苏省自然科学基金	1075	0.30
10	人力资源和社会保障部博士后科学基金	1074	0.30

注：数据来源于 CSTPCD2021。

二、SCI 收录基金论文的基金资助来源分析

2021 年，SCI 收录中国各类基金资助产出论文共计 472 953 篇。表 2-9 列出了产出基金论文前六名国家级和各部委基金资助来源情况及与 2020 年情况对比。其中，国家自然科学基金委员会以支持产出 248 265 篇论文高居首位，占全部基金论文的 52.49%，相较于 2020 年，占比下降 1.79 个百分点。排在第二位的是科学技术部管理相关计划项目，共支持产出了 65 409 篇论文，占全部基金论文的 13.83%。

表2-9   2021年SCI产出基金论文前六名的国家级和各部委基金资助来源情况及与2020年情况对比

基金资助来源	2021年			2020年		
	基金论文数/篇	占全部基金论文的比例/%	排名	基金论文数/篇	占全部基金论文的比例/%	排名
国家自然科学基金委员会	248 265	52.49	1	229 591	54.28	1
科学技术部	65 409	13.83	2	56 820	13.43	2
中国科学院	4 756	1.01	3	4 186	0.99	3
教育部	3 778	0.80	4	2 384	0.56	5
人力资源和社会保障部	3 351	0.71	5	3 725	0.88	4
国家社会科学基金	2 138	0.45	6	1 714	0.41	6

注：数据来源于SCIE2021。

根据SCI数据统计，2021年省级地方设立的地区科学基金产出论文74 889篇，占全部基金论文的15.83%，相较2020年增长2.5个百分点。表2-10列出了2021年产出基金论文前十名的省级基金资助来源，其中广东省以支持产出7434篇基金论文位居第一名，其后分别是浙江省和江苏省，分别支持产出6507篇和6330篇基金论文。

表2-10   2021年SCI产出基金论文前十名的省级基金资助来源情况及与2020年情况对比

基金资助来源	2021年			2020年		
	基金论文数/篇	占全部基金论文的比例/%	排名	基金论文数/篇	占全部基金论文的比例/%	排名
广东省	7434	1.57	1	3970	0.94	5
浙江省	6507	1.38	2	5221	1.23	1
江苏省	6330	1.34	3	5049	1.19	2
上海市	5493	1.16	4	4303	1.02	4
山东省	5311	1.12	5	4501	1.06	3
北京市	4731	1.00	6	3838	0.91	6
四川省	3441	0.73	7	2586	0.61	7
湖南省	3021	0.64	8	2105	0.50	9
陕西省	2824	0.60	9	2197	0.52	8
河南省	2298	0.49	10	1783	0.42	10

注：数据来源于SCIE2021。

通过对CSTPCD和SCI收录基金论文的分析可以看出，目前我国已经形成了一个以国家（国家自然科学基金、国家科技重大专项和国家重点基础研究发展计划等）为主，地方（各省级基金）、机构（大学、研究机构基金）、公司（各公司基金）、个人（私人基金）、海外基金等为补充的多层次的资助体系。无论是 CSTPCD 收录的基金论文还是 SCI 收录的基金论文，都是在这一资助体系下产生。

整体看来，国家自然科学基金在中国的基金资助体系中占据了绝对的主体地位。在 CSTPCD 数据库中，由国家自然科学基金资助产出的论文占该数据库全部基金论文的 34.85%；在 SCI 数据库中，国家自然科学基金资助产出的论文占比高达 52.49%。

科学技术部管理国家科技计划项目在中国的基金资助体系中发挥了重要的作用。在 CSTPCD 数据库中，科学技术部资助产出的论文占该数据库全部基金论文的 13.19%；在 SCI 数据库中，科学技术部资助产出的论文占 13.83%。

省级地方科技项目也是我国政府维度对科技活动的经费支持体系的重要组成部分，发挥了显著作用。在 CSTPCD 数据库中，由省级地方基金项目资助产出的论文占该数据库基金论文总数的 27.83%；在 SCI 数据库中，省级地方基金资助产出的论文占 15.83%。

第四节　中国科研机构分析

一、CSTPCD 及 SCI、CPCI-S、EI 收录论文较多的高等院校

2020 年，全国共有普通高等学校 2738 所（含独立学院 241 所），比上年增加 50 所。普通本科院校 1270 所，比上年增加 5 所；高职（专科）院校 1468 所，比上年增加 45 所；成人高校 265 所，比上年减少 3 所；全国共有研究生培养机构 827 个。

全国研究生招生 110.7 万人，比上年增加 19.0 万人，增长 20.7%；招收博士生 11.6 万人，招收硕士生 99.1 万人。国家积极发展专业学位研究生教育，加大应用型高层次人才的培养力度。2020 年，招收专业学位博士研究生 13 719 人，占博士研究生招生人数的 11.8%，比上年提高 1.9 个百分点；招收专业学位硕士研究生 60.2

万人，占硕士研究生招生总数的 60.8%，比上年提高 2.4 个百分点。全国普通本专科招生 967.5 万人，比上年增加 52.5 万人，增长 5.7%；成人本专科招生 363.8 万人，比上年增加 61.6 万人，增长 20.4%。2020 年，全国毕业研究生 72.9 万人，比上年增加 8.9 万人，增长 13.9%。其中，毕业博士生 6.6 万人，毕业硕士生 66.2 万人。全国普通本专科毕业生 797.2 万人，比上年增加 38.7 万人，增长 5.1%。

2020 年，全国普通高等学校专任教师 183.3 万人，比上年增加 9.3 万人，增长 5.3%；普通高校生师比 18.4∶1，其中，本科院校 17.5∶1，比上年略有增大；高职（专科）院校 20.3∶1，比上年增大 1.04%。2020 年，普通高校具有研究生学位的教师比例 75.8%，比上年提高 0.7 个百分点。其中，普通本科院校 86.0%，比上年提高 1.1 个百分点；高职（专科）院校 52.4%，比上年提高 0.9 个百分点。2020 年，全国普通高校高级专业技术职务教师比例 43.3%，比上年下降 0.1 个百分点。

2021 年中国高等院校有 976 家至少有 1 篇论文被 SCI 收录，被 SCI 收录的总发文量为 395 360 篇，占我国 SCI 论文总量的 73.65%，占全球论文总量的 15.82%；说明我国有众多高校产出了国际论文，而且高校是我国海外论文发表的主力军，也是世界学术出版中的主要稿源贡献者。我国高等院校近 2 年在"三系统"中论文数及占比见表 2-11。

表 2-11　"三系统"中 2021 年收录中国高等院校论文统计情况及与 2020 年情况对比

论文统计情况	年份	CSTPCD	SCI	EI	CPCI-S
发表论文的中国高等院校机构数量/个	2021	2 021	976	791	769
收录中国高等院校论文量/篇	2021	226 456	395 360	302 484	20 845
	2020	216 347	360 662	295 563	25 612
在该数据库收录中国论文占比/%	2021	49.34	73.65	87.78	77.72
	2020	47.91	71.91	86.75	75.77
在该数据库总论文中占比/%	2021	49.34	15.82	29.09	11.47
	2020	47.91	15.47	29.65	6.95

2021 年 SCI 收录中国论文数居前十位的高等院校总发文量 78 362 篇，占收录的所有高等院校论文数的 19.82%；CPCI-S 收录中国论文数居前十位的高等院校总

发文量 6067 篇，占所有高等院校发文量的 29.10%；EI 收录中国论文数居前十位的高等院校总发文量 48 840 篇，占所有高等院校发文量的 16.15%。这说明我国高等院校发文集中在少数高等院校。

表 2-12 列出了 2021 年 SCI 前十位的高校和对应 CPCI-S、EI 收录论文排名。三个列表均进入前十位的高等院校有：上海交通大学和浙江大学。大致反映中国较好高等院校的科研人员倾向在国际期刊、国际会议上发表论文。

表 2-12　2021 年 SCI、CPCI-S、EI 收录论文前十位的中国高等院校

院校名称	SCI	EI	CPCI-S
浙江大学	1	1	4
上海交通大学	2	2	2
四川大学	3	7	44
中南大学	4	8	48
华中科技大学	5	10	12
中山大学	6	30	13
北京大学	7	29	5
复旦大学	8	41	18
西安交通大学	9	6	16
山东大学	10	20	25

注：按第一作者第一单位统计。

二、CSTPCD 及 SCI、CPCI-S、EI 收录论文较多的研究机构

2021 年中国研究机构中有 274 家至少有 1 篇论文被 SCI 收录，被 SCI 收录的总发文量为 34 732 篇，占我国 SCI 论文总量的 6.47%；2021 年中国研究机构中有 196 家至少有 1 篇论文被 EI 收录，被 EI 收录的总发文量为 20 702 篇，占我国 EI 论文总量的 6.01%；2021 年中国研究机构中有 131 家至少有 1 篇论文被 CPCI-S 收录，被 CPCI-S 收录的总发文量为 1653 篇，占我国 CPCI-S 论文总量的 6.16%；2021 年中国研究机构中有 417 家至少有 1 篇论文被 CSTPCD 收录，被 CSTPCD 收录的总发文量为 32 646 篇，占我国 CSTPCD 论文总量的 7.11%。

2021 年 SCI 收录中国论文数居前十位的研究机构总发文量 6741 篇，占收录的所有研究机构论文数的 19.41%；CPCI-S 收录中国论文数居前十位的研究机构总发文量 990 篇，占收录的所有研究机构论文数的 59.89%；EI 收录中国论文数居前十位的研究机构总发文量 5789 篇，占收录的所有研究机构论文数的 27.96%；和高等院校情况类似，我国研究机构发文也较为集中在少数研究机构。

表 2-13 列出了 2021 年 SCI 前十位的研究机构和对应 CPCI-S、EI 收录论文排名。中国科学院合肥物质科学研究院的 SCI 论文和 EI 论文数量均排名第一，中国工程物理研究院的 SCI 论文数量排名第二，中国科学院地理科学与资源研究所的 SCI 论文排名第三，中国科学院长春应用化学研究所的 EI 论文数量排名第二，中国科学院大连化学物理研究所的 EI 论文数量排名第三。

表 2-13　2021 年 SCI、CPCI-S、EI 收录论文前十位的中国研究机构

研究机构	SCI	CPCI-S	EI
中国科学院合肥物质科学研究院	1	14	1
中国工程物理研究院	2	10	4
中国科学院地理科学与资源研究所	3	132	9
中国科学院大连化学物理研究所	4	83	3
中国医学科学院北京协和医学院肿瘤医院肿瘤研究所	5	15	197
中国科学院空天信息创新研究院	6	6	5
中国科学院生态环境研究中心	7	132	10
中国科学院西北生态环境资源研究院	8	132	126
中国科学院长春应用化学研究所	9	132	2
中国科学院化学研究所	10	132	6

注：按第一作者第一单位统计。

三、CSTPCD 及 SCI、CPCI-S、EI、Medline 收录论文较多的医疗机构

2021 年，中国医疗机构在 SCI 上共发表 71 347 篇论文，占我国 SCI 论文总量的 13%；187 家医疗机构发表的 3167 篇论文被 EI 收录，占我国 EI 论文总量的 1%；2021 年中国医疗机构中有 149 家至少有 1 篇论文被 CPCI-S 收录，被 CPCI-S 收录

的总发文量为 620 篇，占我国 CPCI-S 论文总量的 2%；2021 年中国医疗机构中有 1608 家至少有 1 篇论文被 CSTPCD 收录，被 CSTPCD 收录的总发文量为 11 535 篇，占我国 CSTPCD 论文总量的 46%；2021 年中国医疗机构中有 1329 家至少有 1 篇论文被 Medline 收录，被 Medline 收录的总发文量为 94 852 篇，占我国 Medline 论文总量的 30%。

中国 2021 年 SCI 收录中国论文数居前十位的医疗机构总发文量 13 673 篇，占收录的所有医疗机构论文数的 19.16%；CPCI-S 收录中国论文数居前十位的医疗机构总发文量 196 篇，占收录的所有研究机构论文数的 31.6%；EI 收录中国论文数居前十位的医疗机构总发文量 1086 篇，占收录的所有医疗机构论文数的 34.4%；Medline 收录中国论文数居前十位的医疗机构总发文量 16 314 篇，占收录的所有医疗机构论文数的 17.2%。国内论文中居前十位的医疗机构占医疗机构总发文数的 8.43%。

表 2-14 列出了 2021 年 SCI 前十位的医疗机构和对应 CPCI-S、EI 收录论文排名。四川大学华西医院的 SCI、CPCI-S、EI 和 Medline 论文数量均排名第一。北京协和医院的 SCI、CPCI-S、EI 和 Medline 论文数量均排名第二。华中科技大学同济医学院附属同济医院的 SCI 论文数量排名第三。

表 2-14 2021 年 SCI、CPCI-S、EI 和 Medline 收录论文前十位的中国医疗机构排名

医疗机构	SCI	CPCI-S	EI	Medline	CSTPCD
四川大学华西医院	1	1	1	1	2
北京协和医院	2	2	2	2	3
华中科技大学同济医学院附属同济医院	3	40	23	5	7
中国人民解放军总医院	4	15	11	3	1
郑州大学第一附属医院	5	23	15	4	4
中南大学湘雅医院	6	9	10	6	74
浙江大学医学院附属第一医院	7	66	9	8	90
华中科技大学同济医学院附属协和医院	8	18	7	7	22
中南大学湘雅二医院	9	38	26	9	84
浙江大学医学院附属第二医院	10	23	7	10	82

注：按第一作者第一单位统计。

第五节　中国科技人才与办刊人才分析

一、科技人才队伍分析

科技人力资源（human resource in science and technology）是指实际从事或有潜力从事系统性科学和技术知识的产生、发展、传播和应用活动的人力资源，反映了一个国家或地区科技人力储备水平和供给能力。随着科技水平不断发展，科技实力作为国家实力主要条件之一，科技人力资源已经成为了衡量国家综合国力和发展潜力的重要指标，是世界各国竞相争夺的战略资源、核心资源。

2022 年发布的《中国科技人力资源发展研究报告（2020）》（以下简称《报告》）显示，截至 2020 年年底，我国科技人力资源已达 11 234.1 万人，居世界首位，保持了世界最大规模科技人力资源的优势。同时，十余年来，我国科技人力资源年龄结构持续保持年轻化特征，女性科技人力资源增长迅速，性别比例正趋于均衡。

作为培养科技人力资源的主要渠道，近年来，我国各大高校发展迅速。有数据显示，2021 年我国高等教育毛入学率达 57.8%，高等教育在学总人数 5535.9 万人。因此，可以说各大高校为科技人力资源保持年轻化做出重要贡献。此外，我国高校学科水平与科研水平也在不断提升。

《报告》显示，从学科结构来看，工学背景科技人力资源一直居各学科首位，在所有学科中占有绝对优势。截至 2019 年年底，理、工、农、医核心学科培养的科技人力资源数量占近 8 成，其中工学占比最高，为 55.24%，且在近十来年增长明显。

从学历结构来看，我国科技人力资源呈现以专科层次为主，本科层次次之，研究生最少的金字塔形学历结构分布。且本科及以上科技人力资源占比不断提升，学历结构不断优化。截至 2019 年年底，大专学历以上科技人员占比超 90%。

从年龄结构来看，我国科技人力资源以中青年为主，且年轻化特征和趋势明显。

截至 2019 年年底，39 岁及以下科技人力资源约占总量的 3/4，50 岁以上的占比不到 10%。《报告》还显示，我国女性科技人力资源增长迅速，占总量比例从 2005 年的约 1/3 提高至 2019 年的超过 40%，性别比例趋于均衡。

二、高水平科学家参与办刊现状分析

期刊编辑委员会负责对科技期刊的内容质量进行把关，是科技期刊运行的重要环节和赖以生存的学术基础，是保障科技期刊学术水平和调动学术资源的重要机制。期刊编辑委员会成员都是领域内知名且活跃的科学家，他们借助期刊平台发现、培养青年科研人员，提升期刊的质量与影响力。可以说，科技期刊的学术质量和影响力在很大程度上取决于编委会的作用。

2022 年，对 2622 种科技期刊编委人才进行统计，编辑委员会团队总人数达到 161 270 位，刊均编辑委员会人数为 61.51 位，卓越计划入选期刊 156 种，编辑委员会团队总人数 15 017 位，刊均编辑委员会人数为 96.26 位（见表 2-15）。

表 2-15　2622 种科技期刊编辑委员会成员数量统计

统计项	科技期刊	卓越计划入选期刊
期刊种数/种	2 622	156
期刊编辑委员会总人数/位	161 270	15 017
主编人数/位	2 786	212
副主编人数/位	4 436	525
编委人数/位	154 048	14 280
刊均编辑委员会人数（含主编、副主编、编委）/位	61.51	96.26

注：数据获取时间 2022 年 5 月。

2022 年，中国科协学会服务中心发起了《高水平科学家参与科技期刊治理的研究》项目，项目组以中国科学院院士、中国工程院院士、国家杰出青年科学基金获得者和国家优秀青年基金获得者这四类获得学术界广泛认可的科学家确定为本项目研究的高水平科学家对象，最终确定的高水平科学家人选为 6333 位。以 2020 年全国期刊核验数据中的 5041 种科技期刊为期刊名录，统计各期刊的主编及编委信息，经过对高水平科学家与编委会数据的对比，结果显示有 812 位高水平科学家担任科技期刊的主编，主编为高水平科学家的科技期刊一共 1123 种，约占整体期刊的 22.28%。

该项目组对卓越行动计划的高起点新刊、卓越计划期刊、最具国际影响力榜单期刊共 585 种的编委进行调研，有 3273 位高水平科学家担任遴选期刊的编委。另外，从编委国别进行分析，这 585 种期刊的编委来自 119 个国家，如表 2-16 所示，中国编委占 79.70%。美国是除中国以外编委人数最多的国家，占 8.21%，其次是英国（1.41%）、澳大利亚（1.10%）、日本（1.01%）和加拿大（1.00%）。

表 2-16　卓越行动计划 585 种期刊的编委国别

排名	国家	编委人数/位	占比/%
1	中国	38 121	79.70
2	美国	3 925	8.21
3	英国	675	1.41
4	澳大利亚	526	1.10
5	日本	484	1.01
6	加拿大	479	1.00
7	德国	338	0.71
8	未知	325	0.68
9	意大利	322	0.67
10	法国	287	0.60

进一步对比分析发现，高起点新刊刊均编委人数为 63.93 位，其他卓越期刊刊均编委为 108.23 位，这表明成熟、高影响力期刊依托品牌和深厚的历史积淀，在编委会组建方面表现出强劲的优势，而新创期刊编委会相对规模较小，除了与创立时间相关，也与这些期刊多为交叉或新兴学科尚未形成大规模的研究群体相关。从国别看，高起点新刊国际主编和编委比例达到 46.88%，其他卓越期刊该比例只有 25.69%，表明新创期刊国际化程度更高。

三、科技期刊编辑队伍人员

基于国家新闻出版署 2022 年检数据，科技期刊从业人员总数为 37 698 位，本书对 2021 年中国科技期刊从业人员岗位、职称、学历结构进行了统计分析。

从岗位结构来看（表 2-17）采编人员在总从业人员中占比（60.92%）最高，行政服务人员占 11.73%，发行人员占 7.46%，新媒体人员占 6.12%，广告人员占 5.24%。

表 2-17　2021 年中国科技期刊不同岗位从业人员规模及占比

人员岗位	从业人数/位	占比/%
采编	22 788	60.92
新媒体	2 289	6.12
行政服务	4 388	11.73
广告	1 959	5.24
发行	2 789	7.46
其他	3 195	8.54

注：以上数据统计范围为 5 037 种填报了不同岗位从业人员数据的科技期刊，累计人数 37 408 人。

从职称结构来看（表 2-18）初级及无职称、中级职称人员占比相当，在总从业人员中分别占 28.98%、28.22%；副高级职称人员占 22.73%；正高级职称人员占 20.07%。职称结构呈现均匀分布的状态。

表 2-18　2021 年中国科技期刊从业人员职称结构

人员职称	从业人数/位	占比/%
正高	7 522	20.07
副高	8 518	22.73
中级	10 578	28.22
初级及无职称	10 861	28.98

注：以上数据统计范围为 5 065 种填报了从业人员职称结构数据的科技期刊，累计人数 37 479 人；其中有 28 刊填报的职称人员数量合计低于总人数。

从学历结构来看（表 2-19）本科学历人数最多，在总从业人员中占 43.00%；其次为研究生学历（硕士），占 32.11%；研究生学历（博士）占 15.30%；专科及以下学历占 9.59%。

表 2-19　2021 年中国科技期刊从业人员学历结构

人员学历	从业人数/位	占比/%
博士	5729	15.30
硕士	12 020	32.11
本科	16 097	43.00
专科及以下	3591	9.59

注：以上数据统计范围为 5 048 种填报了从业人员学历结构数据的科技期刊，累计人数 37 437 人；其中有 11 刊填报的人员学历数量合计低于总人数。

四、科技期刊编辑队伍建设的现状调研

科技期刊的竞争本质上就是人才的竞争，要培育世界一流的科技期刊，必须要有高水平的办刊人才和专职编辑队伍。近几十年来，我国出版业的发展不断产生变革，我国期刊在培养编辑策划、信息技术应用等基础型人才之外，也在着力培养基于新媒体的复合型人才，以建设符合时代需求的数字出版专业人才队伍[1]。

（一）编辑职业资格考核与培养

针对出版编辑的出版考试制度和相应培训制度是人才培养的基础。2001 年 8 月起，国家对出版专业技术人员实行职业资格考试制度，正式将其纳入全国专业技术人员职业资格制度的统一规划。除了基础考试制度外，从国家层级来看，制定相应的支持人才发展的项目尤为重要。例如，中国科学院自 2015 年起持续实施"中国科学院人才培养引进系统工程"，对优秀办刊人才予以配套政策、资金支持，为吸引海内外优秀科研人才投身科技期刊建设起到引领和推动作用。

以国家层次制定培训项目作为导向，带动各地区、各单位针对自身情况，开展多种多样的规范培训活动，以支持编辑人员进一步提升业务能力。例如，2007 年 1 月，新闻出版总署印发了《全国新闻出版行业领军人才遴选和培养实施办法》的通知，该评选从 2008 年开始启动，每两年评选一次。同时，针对数字技术的应用，国家在"十三五"期间推出"数字出版千人培养计划"，强化数字出版人才培养。2020 年，"中国科技期刊卓越行动计划选育高水平办刊人才子项目"面向期刊编辑个人

开展"青年人才支持项目"，鼓励大家立足岗位开展课题研究和新媒体实践。

（二）编辑人才素质与能力培养主要方式

我国一流期刊对编辑的素质与能力要求在不断提高，要求编辑具备优秀的沟通和表达能力、人际交往能力、团队协作能力与写作能力。随着科技期刊的数字化转型发展，一流期刊不仅要求编辑富有创造力，勇于尝试，发挥主观能动性；同时要求编辑掌握各种信息技术，具备移动互联网思维，能将各种新媒体工具和平台灵活运用到期刊出版、传播工作中。编辑人才培养的主要方式是在工作中学习，以"传、帮、带"方式传承期刊品牌，使学术资源得到延续并不断扩大[2]。

在业务素质方面，培训的主要任务是帮助年轻编辑提高编校出版质量，掌握期刊行业动态。通过制定新编辑上岗培训制度，实施"传、帮、带"的培养方式，向青年编辑传授编辑业务技能，使其较快进入角色。编辑部定期开展审读工作，通过期刊间交叉审读分析编校问题，建立奖惩制度，树立典范。此外，编辑部积极动员青年编辑参加中国科技期刊青年编辑大赛，调动青年编辑学习的积极性，增加职业荣誉感。

在学术素养方面，利用期刊学术资源，帮助编辑融入学术圈。编辑深入课题组参与学术交流，建立"学科—编辑—实验室—编辑部"学术追踪模式。编辑通过参加学术峰会、组建科学家微信群等方式与专家进行交流。通过多媒体平台组织科学家访谈和品牌会议，让编辑近距离接触科学家，与科学家深入探讨科学问题，追踪学科热点，探讨研究领域的发展。

在创新能力方面，通过调动编辑的积极性，激发思维，增强创造性。例如，派遣编辑前往国际一流学术期刊学习参观，学习国内外知名出版社和科技期刊的工作模式和办刊理念。鼓励编辑建立多媒体平台、打造新媒体品牌，孵化原创内容，发展新媒体传播能力[3]。

（三）科技期刊人才管理问题

我国科技期刊编辑在高校及科研机构，在队伍建设与人员晋升体系中多为非主系列的专业技术人员，使得科技期刊编辑的职业认知与定位不准确，发展前景不明确。中国科协学会服务中心发起的科技期刊产业发展交流研究系列活动（"学清刊坛"）子课题之一的科技期刊青年编辑人才建设项目，于 2022 年开展青年编辑调查问卷，共收集到 116 份有效问卷。从调研结果来看，目前编辑从业者的教育水平不断提高，具有综合素质的高层次编辑人才队伍不断壮大，但同时也反映出一定问题。在全部 111 份有效问卷中，在待遇方面，有 49.55%（55 份）的编辑认为待遇一般，多数受访者表示希望能够提高奖金和晋升的激励措施。在职业认同感方面：有 63.96%（71 份）的受访者表示比较满意，能够体会所做工作的意义，对工作抱有热情，但也有部分编辑认为工作内容单一，并没有发展的空间（25 份，22.52%）。想要提高职业认同感，多数受访者表示满意的薪资待遇（93 份，83.78%）、明确的个人发展方向与晋升通道（102 份，91.89%）和积极活跃的工作氛围（70 份，63.06%）是关键。在职业发展方面，对编辑的定期培训、能力提升、当前面临问题、单位现有制度等进行调研显示，编辑们认为自己所需要提升的能力前三项分别是学术知识储备（65 份，58.56%）、创新引领能力（58 份，52.25%）和组织策划能力（49 份，44.14%）。

基于现阶段科技期刊编辑人才职业发展的瓶颈，我国科技期刊正在积极探索完善顶层建设，构建功能完备的团队架构，引入符合时代发展需求的管理工具，从而调动员工的工作积极性。例如，出台规章制度，构建制度化管理体系，确保各项工作提质增效[4]；考核方式定量化，确保重点工作有效完成，形成良性竞争的工作氛围，激发编辑的工作热情和进取之心[5]；实施梯队建设，采取项目育人、多点联动、融合发展的理念，形成负责人、业务骨干与候任梯队的模型，充分发挥各自优势[6]；运用目标与关键成果（OKR）等管理工具，构建目标管理体系和优化管理路径，激发团队成员的潜能和积极性[7]。

总而言之，为保证科技期刊的持续建设与发展，科技期刊编辑队伍的建设仍需要不断完善。对此，科技期刊出版单位要从严格选聘优秀人才、合理规划梯队建设、助力提升专业水平、引导提高职业素养、健全管理评价机制等方面入手，逐步突破，培养一批高素质人才队伍，真正实现"人尽其才""人才兴刊"。

参考文献

[1] 万安伦, 刘浩冰, 庞明慧. 编辑出版人才培养 40 年: 阶段历程、培养机制及问题挑战[J]. 中国编辑, 2019(1): 38-43.

[2] 杨保华, 伍锦花, 陈灿华. "卓越计划" 背景下中文科技期刊编辑能力建设[J]. 编辑学报, 2020, 32(5): 581-585.

[3] 周晔, 张皓研, 李伟杰, 等. "卓越计划" 背景下护理科技期刊青年编辑的培养[J]. 编辑学报, 2021, 33(6): 701-704.

[4] 刘珊珊, 韩东, 沈洪杰, 等. 提升编辑 "四力" 对加快中国科技期刊发展的推动作用[J]. 编辑学报, 2021, 33(6): 689-692.

[5] 郭巳秋, 郭宸孜, 赵阳, 等. *Light: Science & Applications* 对标世界顶级光学期刊的卓越计划建设之路[J]. 中国科技期刊研究, 2021, 32(7): 895-903.

[6] 代艳玲, 朱拴成, 毕永华, 等. 科技期刊编辑人才培养路径与实践: 以煤炭科学研究总院出版传媒集团为例[J]. 编辑学报, 2021, 33(2): 218-220.

[7] 范晨芳, 郭梦征, 熊晓然, 等. 医学期刊共创型团队 OKR 管理体系构建与实践路径: 以《军事医学研究（英文）》为例[J]. 编辑学报, 2022, 34(3): 349-353.

第三章 中国科技期刊内容生产产业形态^①

2021 年 5 月，中共中央宣传部、教育部、科技部印发《关于推动学术期刊繁荣发展的意见》，指出学术期刊应"顺应媒体融合发展趋势，坚持一体化发展，通过流程优化、平台再造，实现选题策划、论文采集、编辑加工、出版传播的全链条数字化转型升级"。近年来，我国加快建设世界一流科技期刊体系，取得显著成效。以《光：科学与应用（英文）》（*Light: Science & Application, Light*）、《电化学能源评论（英文）》（*Electrochemical Energy Reviews，EER*）、《中国科学院院刊》、中华医学会系列杂志等为代表的一批优秀科技期刊，紧紧围绕习近平总书记 2020 年 9 月 11 日在科学家座谈会上提出的"四个面向"要求——"坚持面向世界科技前沿、面向经济主战场、面向国家重大需求、面向人民生命健康"，在创新内容的发现、组织与评审模式方面实现了跨越式发展。以知网、玛格泰克、勤云、仁和、方正等为代表的各大技术服务商大显身手，通过将大数据、人工智能、区块链等新技术运用到学术期刊采编、生产、发布、传播的全过程，对我国科技期刊办刊质量与国际影响力快速提升更是起到了推波助澜的作用，期刊的内容发现、选题策划、内容创作、组稿审稿、学术推广与营销模式以及读者的消费方式等都发生了颠覆性的变革。近几年，更是涌现出了视频、音频及成果数据库等新形态数字产品与服务，助力期刊高质量发展。可见，科技出版业在数字经济的驱动下，正由传统的内容生产向高水平的知识服务快速演进，逐渐形成内容与技术相结合，产品与渠道相结合，资源共享与知识付费相结合的产业链。

---

① 第三章执笔：吴晨、刘丽英、杨柳春、刘冰、韩燕丽、王嘉昀、文彦杰、张帆。

第一节　创新内容的发现、组织与评审模式

随着电子信息与数字技术的快速发展，兼具低成本、标准化、知识共享等特点的数字经济推动包括科技期刊产业在内的各行业、各领域在生产方式、生活方式和治理方式等方面发生了深刻变革。在国务院印发的《"十四五"数字经济发展规划》中，数字经济被定义为"以数据资源为关键要素，以现代信息网络为主要载体，以信息通信技术融合应用、全要素数字化转型为重要推动力，促进公平与效率更加统一的新经济形态"。作为新一轮科技革命和产业变革的主阵地，数字经济强调以数据为核心驱动，通过有效降低甚至实现零边际成本，达到产出价值爆发式增长的效果；同时，关键数字技术的应用为实现产业中不同环节的互通、渗透及差异化服务提供底层技术支撑，并为数字经济规模化发展注入强大动力。科技期刊创新内容的发现、组织与评审是期刊生产的前端，是科技期刊产生价值及影响力的源头，随着数字经济及数字技术的快速发展，相应的方式和模式也发生了变化，体现出科技期刊内容生产产业的数字化、数据化趋势。

一、中国科技期刊内容发现的手段

（一）传统模式内容发现

传统科技期刊内容发现和选题策划主要依赖编委、编辑等科技期刊从业者的工作积累以及对政治事件、领域前沿、热点事件、突发事件的敏锐洞察。通过长时间观察、收集领域研究和实践动向，或与领域内专家学者进行交流与思维碰撞，编委、编辑等结合自身研究与编辑工作经验，对选题的前瞻性、前沿性、话题性等问题进行思考、讨论，在抽丝剥茧中实现对内容的挖掘与发现。因此，传统模式下的科技期刊内容发现对编委、编辑等期刊从业者的站位高度、热点敏感性和选题价值判断等方面提出了极高的要求，也带来较大挑战。现有实践中，以 *Light*、*EER* 等为代表的科技期刊在传统内容发现方面已取得一定突破，并积累了一定经验，可为其他

采用传统模式进行内容发现的科技期刊提供参考。

1. 聚焦中国原始创新，抢占成果首发权

近年来，我国学术和科研界越来越多地融入国际体系，大量新的发现和科研成果寻求在国际顶级学术期刊发表，并取得可喜成绩。然而国际顶级学术期刊对我国学者还存在某些偏见，致使很多我国优秀成果根本没有同行评议的机会；我国科学家在思想上的突破、概念和体系上的原始创新成果，因为顶尖期刊编辑不能确定其是否会成为"热点"，往往不容易被接受。这也导致我国一些重要科研成果首发延迟，甚至首发权被抢占，科研工作无法得到应有的传播推广。

对此，由中国科学院长春光学精密机械与物理研究所和中国光学学会主办的卓越计划领军期刊 *Light* 长期将"发掘我国原始创新成果、助力其抢占首发权并持续传播"作为内容发现的要点，以响应习近平总书记的号召"把论文写在祖国大地上"。通过"编委、编辑跟进我国重要科研团队""为我国重要科研工作开通快速处理通道""绿色发表、持续传播及强力推广"等创新措施，为我国原始创新内容占领国际高地作出了重要贡献。创刊 10 年来，*Light* 连续 8 年影响因子位于 SCI 光学期刊榜前 3 位，2022 年最新影响因子 20.257。曾获第五届中国出版政府奖期刊奖、两获中国"百强报刊"，入选"砥砺奋进的五年"大型成就展、"庆祝中华人民共和国成立 70 周年精品期刊展"、联合国"国际光日"金牌合作方。该刊在创新内容发掘方面，将"方向"置于具体"方法"之上，以创新内容引领发现之"道"。

以始于 2014 年的"信息超导材料"选题为例。数字经济的大潮之下，*Light* 关注到如何将"数字"的思想应用于自身学科领域，2014 年，*Light* 依托编委资源，邀请我国科学家、东南大学崔铁军院士在 *Light* 上首次提出用数字编码表征超材料的新思想，并研制出第一个现场可编程超材料，开辟了信息超材料新方向。信息超材料是崔铁军院士团队在国际上首创的超材料新方向，首篇论文由 *Light* 开辟绿色通道公开发表于 2014 年 10 月。目前，文章总被引 1740 次（谷歌学术），成为崔铁军院士学术生涯最高被引的工作，该工作引发了国际顶刊的跟踪报道。以该工作为主要代表作，崔铁军院士获美国光学学会年度重磅工作（2016 年）、国家自然科学奖二等奖（2018 年），于 2019 年增选为中国科学院院士。此外，崔铁军院士基于该工作思路后续衍生的 6G 方案，目前是我国 6G 技术的备选方案之一。如今，信息超材料已成为备受世界关注的全新超材料体系，通过数字编码表征、能同时调控电磁波和数字信息的新型超材料，发展出了覆盖数字编码超材料、现场可编程超材料、软件化超材料、基于信息超材料的智能超材料等的信息超材料新体系，产出了具有变革性影响的新技术原型。

此外，*Light* 还为清华大学戴琼海院士和杰青教授方璐，香港大学讲席教授张霜，清华大学高层次人才引进教授宁存政等的顶尖原创工作开辟了绿色发表通道，其中 1 篇文章的成果受到国家领导人的关注，1 篇文章被引突破 500 次。

综上可以看出，*Light* 在创新内容发现方面，以发展的眼光聚焦我国原始创新，在推动中国原始科学创新"走出去"的同时，赢得中国本土顶尖学者的盛誉与广泛关注，并积极供稿，为期刊成长和可持续发展注入新鲜血液。

2. 拓展国际交流平台，紧抓学科前沿进展

《电化学能源评论（英文）》（*Electrochemical Energy Reviews*，*EER*）立足新兴交叉学科，填补世界电化学能源领域英文综述期刊空白；*EER* 定位为精品学术期刊，创刊筹备之初就放眼世界，立志搭建国际顶尖办刊团队。为了办成国际一流、中国顶尖的科技期刊，自筹备创刊以来，该刊就立足中国的优势学科、新兴交叉学科、战略前沿学科——新能源、电化学相关领域，推动电化学领域专业化、高质量发展，填补了中国乃至国际上该领域综述类期刊的空白。在主编高屋建瓴的指导下，该刊创刊前两年的所有稿件均由主编亲自约稿，主编团队定期讨论选题方案，在世界范围内进行约稿。选题内容涵盖电化学能源所有方向，贯穿了"理论基础—先进材料开发—产业发展的挑战—未来的展望"等，全方位提升了该刊在电化学行业中的标杆地位。*EER* 的选题策划与科研一线的工作相结合，刊登了电化学领域世界一流专家对行业的精准洞察，受到新能源领域刊、产、学、研界瞩目。例如，该刊曾刊登张久俊院士团队关于纯碳复合材料作为金属–空气电池中空气电极双功能

催化剂研究的综述；Khalil Amine 教授团队关于高性能可充电锂离子电池的负极材料研究的综述；孙世刚院士团队关于低温燃料电池电催化剂的合理设计与合成研究的综述；凯斯西储大学大分子科学与工程系 Kent Hale Smith 教授、国际阵列型碳纳米管的制备和应用研究方面的翘楚——戴黎明教授团队有关用于能量转换、能量存储与环境保护的碳基非金属电催化研究的综述；国务院政府特殊津贴获得者天津大学杨全红教授团队关于电化学储能中从纳米到宏观尺度的石墨烯工程研究综述。单篇最高引用量已超过 400 次。

EER 在学术质量和编校质量上始终追求精益求精，使得高端学术期刊出版的聚集效应在此高端国际学术传播及交流平台上得以显现。EER 主编张久俊院士和孙学良院士多次向诺贝尔化学奖获得者之一——M. Stanley Whittingham 教授介绍 EER 并详细阐述了 EER 的办刊宗旨和发展规划，使 EER 的专业性获得其认可。2019 年，诺贝尔化学奖花落锂离子电池的发明者，作为 3 位始创者之一，Whittingham 教授获奖后第一时间欣然接受了 EER 主编团队恳切地邀稿，阐述了他对新能源行业高屋建瓴的建设性观点，这篇文章不仅是 Whittingham 教授获诺贝尔奖后的第一篇综述性论文，也是他首次与中国期刊合作。该篇文章对国际新能源产业未来具有规划性的指导作用，编辑部收到稿件后以最快的速度、最严谨的编校标准进行了发排，并为其精心设计了封面图片，作为封面故事发表于 EER 2020 年第 4 期。该文章一经出版便在业内引起巨大反响，仅一个月便下载 3000 余次。2019 年诺贝尔化学奖获得者、"锂电池之父"Goodenough 教授十分看好 EER 的发展，在"第二届中国期刊高质量发展峰会暨第十届期刊论坛能源专场会议"上委托孙学良院士转达他亲笔撰写的贺信，祝贺 EER 获得第一个 JCR 影响因子并进入了世界影响因子百强期刊。自 2020 年进入 SCI 后，EER 连续两年保持电化学领域 Q1 区影响因子第一位，最新 JCR 影响因子 32.804，蝉联世界电化学学科第一。

EER 从创刊初期的高举高打，采用"人无我有，人有我优"的差异化策略，填补了中国乃至国际上该领域综述期刊的空白，并迅速在中国期刊中脱颖而出。同时，EER 定位"诺奖级"成果，通过不懈的努力和介绍推广，让国际卓越的科学家知晓和了解 EER，并在交流和诚恳约稿中，汇集世界学术资源，进而发挥世界一流期刊的平台聚集效应和刊、学、研、产联动的优势，让重大产业成果的转化倒逼理论研究的下沉，助力学科发展。

（二）基于大数据的内容发现与选题设计模式

近年来，大数据、人工智能等数字技术的出现为科技期刊内容发现提供了新思路。期刊编委、编辑可通过数字技术，智能整合和发现领域内研究热点、研究前沿、核心研究团队及专家学者等重要信息资源，同时借助预测工具和模型，快速把握领域研究和实践发展趋势，预测未来领域前沿，为选题策划提供参考。

1. 基于人工智能工具的积极探索与尝试

相较传统内容发现方式，基于大数据的内容发掘方式在内容发现和预测的精确度、时效性方面具有突出优势，因而受到各种媒体的青睐和关注。例如，美国主流媒体《纽约时报》数字部门的科学团队基于协作工具 Slack 软件，研发虚拟智能机器人 Blossomblot，可对社交网络的海量文章进行大数据分析，并预测哪些内容更具有话题性，从而帮助编辑挑选出适合推送的素材。据《纽约时报》统计，经 Blossomblot 筛选后推荐的文章点击量可达到普通文章的 38 倍。

2022 年 11 月，ChatGPT 发布，掀起了关于人工智能生成内容（AI generated content，AIGC）技术的广泛讨论。人工智能生成内容事实上是依赖多模态机器学习技术，实现对海量内容的学习、整理、分析和预测，并借助自然语言处理（natural language processing，NLP）技术，使得以 ChatGPT、Chat 4 等为代表的语言模型具备语言理解和生成能力，从而实现与人进行交流和互动，极大便利了人们信息搜索与内容发现。若可将 AIGC 相关技术引入编辑部实践中，势必对提升编辑部资料整理、选题筛选以及内容发现等效率具有重要意义。

2. 基于文献计量工具的方案制定和选题实施

在科技期刊领域，基于大数据的内容发掘多处于研发和尝试阶段，还未出现专门工具或系统，但已有期刊开始尝试借助计量学工具和大数据抓取技术进行选题和内容发掘，帮助期刊快速捕捉前沿热点和专家团队，取得一定突破和成效。例如，

《防灾减灾工程学报》编辑部以期刊关注的"地质岩土等防灾减灾工程"方面的"环境岩土"话题为关键词，在中国知网进行相关文献搜索、收集和整理，进而利用文献计量工具 CiteSpace，对 1396 篇文献的关键词、作者和机构等进行共现分析，并制作共现图谱；编辑部对文献的期刊来源、发表时间等信息进行统计作为辅助参考数据，从中不仅发现了"污染物迁移与归趋""污染场地处理""微生物加固改良""固体废弃物再利用"四个热点研究方向，也捕捉到了各领域主要的研究团队、相关期刊发文学科和领域偏向等重要参考内容。在此基础上，《防灾减灾工程学报》编辑部结合期刊自身发展目标、竞争优劣势、用户和作者群体等，拟定"微生物加固改良"为主要研究选题，进一步组织、策划，制定了 3 个"分选题"，并将"分选题"送至由 CiteSpace 挖掘的领域专家进行论证和修正，由此形成专栏或专辑。经过尝试，《防灾减灾工程学报》编辑部发展和建构了基于大数据挖掘的选题模式（图 3-1），极大提升了选题的精度、准度，也为编辑部找到差异化竞争优势、发挥期刊特色等提供了重要数据支撑。

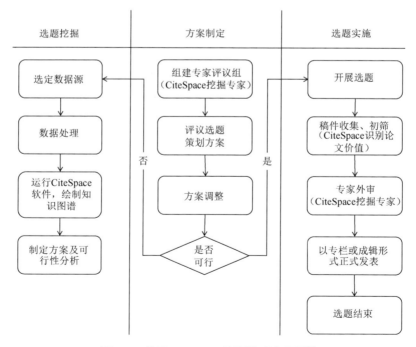

图 3-1　基于 CiteSpace 选题模式流程图[1]

综上所述，相关实践和尝试已表明大数据技术、人工智能技术等数字技术在极大提升科技期刊编辑部内容发现、整理、收集、分析的效率和准确度的同时，可为科技期刊发现领域专家、预测前沿话题、组织和策划专栏选题、实现差异化竞争等提供重要技术支撑。可以预见，未来随着数字技术的成熟和完善，科技期刊内容发现思路与方式将发生深刻变革。对此，如何借助和利用数字技术进行内容挖掘和发现，亟须科技期刊积极思考与尝试。

二、中国科技期刊创新内容发现、组织的策略与路径

当今世界，科技与社会相互影响，加速融合，形成了科技社会化、社会科技化的发展态势。网络化、数字化、智能化的科技发展使得社会运行、治理、发展都极大地依赖于科技。科技期刊是科技事业的重要组成部分，加强学术期刊建设，对于提升国家科技竞争力和文化软实力，构筑中国精神、中国价值、中国力量具有重要作用。高水平科技期刊担负着引领科技发展的重要使命。新时代，我国科技期刊要紧紧围绕党和国家重大决策部署和宣传思想工作根本任务，把握时代大势，强化使命担当，为建设科技强国、实现高水平科技自立自强作出更大贡献。

近年来，一批优秀科技期刊聚焦"四个面向"，从实践角度引领科技发展，自身也获得了跨越式发展动能，跻身世界一流期刊阵营，成为我国科技期刊办刊质量与国际影响力快速提升的缩影。本部分选取了当前我国部分科技期刊在创新内容的组约实践中与国家需求紧密结合的典型案例，以期分享成功经验。

（一）面向世界科技前沿

《国家科学评论》（*National Science Review*，NSR）是由中国科学院主管、中国科技出版传媒股份有限公司（科学出版社）自主主办和出版、英国牛津大学出版社作为海外合作出版平台的综合性英文学术期刊。NSR 创办之初就定位于"全方位、多角度反映国内外自然科学重要研究进展，尤其是对中国有代表性的研究突破、重要科技政策等进行深度报道，旨在成为世界了解中国最前沿科技活动的重要窗口"。NSR 的办刊团队（编委会、编辑部）和出版单位在办刊中对标国际顶级综合

性期刊的内容和出版形式，尤其注重高水平、全方位、多角度。"高水平"即 *NSR* 发表论文的学术水平达到专业领域前 5%，注重学科奠基性、基础性原始创新成果，能够引领世界基础创新发展方向。"全方位、多角度"即除了设置学术论文栏目外，还设有科技新闻类栏目，以多种文章类型、从多种视角全面报道和展示各学科的重要科研进展并促进跨学科、跨地区的交叉与融合。

NSR 每年组织 1～2 次正、副主编会议和各学科编委会会议，重点商议选题组稿工作。为保证约稿的效果，*NSR* 所发表的很多稿件都是由编委组约，甚至由编委们自己的研究团队直接贡献。执行主编蒲慕明院士除了开展选题组稿工作以外，还在编辑出版方面亲力亲为，自 2014 年创刊以来就一直负责 *NSR* 开篇语"社论"文章的撰写或选题约稿，并亲自主持了多个访谈和论坛活动。

五年来，我国很多代表性成果在 *NSR* 首发。2019 年 1 月，*NSR* 发表了中国科学院神经科学研究所张洪钧研究员等通过体细胞克隆技术和基因编辑技术获得 5 只 *BMAL1* 基因敲除的克隆猴研究成果，受到 *Nature* 关注并报道。2020 年第 1 期，*NSR* 发表了厦门大学侯旭教授关于"液体门控技术"的论文，该文被国际纯粹与应用化学联合会（IUPAC）评选为"2020 年十项将改变世界的化学领域创新"。2020 年刊载的中美合作成果"中生代哺乳动物中耳演化研究新进展"入选美国科学促进会的 EurekAlert！新闻平台 2020 年度科学新闻访问量的前 10 榜单（位列第 6），点击量超过 15.9 万次，这也是中国学术论文的英文报道首次入选该榜单。2021 年 10 月，*NSR* 发表了中国科学院国家天文台李春来研究员等关于嫦娥五号月球样品的研究论文。

论坛（Forum）类文章主要跟踪报道国际知名专家（6 位左右）以圆桌会议的形式讨论，议题包括重要科学问题、科技政策与体制等。*NSR* 围绕后疫情时代医学教育、区块链、药物发现、数据共享等国家科技政策与前沿热点论题组织了 30 余场论坛。2021 年 1 月 14 日，在 *NSR* 编委、厦门大学教授戴民汉院士的帮助下，*NSR* 与厦门大学近海海洋环境科学国家重点实验室等共同主办了第五届厦门海洋环境开放科学大会中的"联合国海洋科学促进可持续发展十年计划（2021～2030）"特别论坛。这次论坛以线上、线下结合的形式进行，聚集了来自国内外的海洋科学家和政策制定者。与会者就"十年计划"的整体规划和具体项目进行了报告和讨论。在会后，*NSR* 将此次论坛中的专家报告和发言重新整理，发表了相应的论坛文章。这篇文章得到了中外专家的一致好评，其中，联合国教科文组织助理总干事、政府间海洋学委员会执行秘书 Vladimir Ryabinin 认为这篇文章"非常'新鲜'、有活力"。

（二）面向经济主战场

《机械工程学报》和《中国机械工程学报（英文版）》（*Chinese Journal of Mechanical Engineering*）涵盖机械工程、航空航天、生物医学、交通装备等多个交叉前沿领域，重点关注和优先报道国家重大科技创新项目的优秀成果。通过高质量综述约请、创新成果首发及精品专题策划，两刊密切追踪报道国家重大项目和基础研究项目，关注领域前沿热点，助力行业科技进步。

《中国机械工程学报（英文版）》近两年先后策划多个重大选题的专栏，如：智能医疗器械专栏、人工智能技术专栏、智能网联汽车关键技术专栏等。"基于人工智能的监测、诊断与预测技术"专栏由西安交通大学严如强教授、陈雪峰教授、华南理工大学李巍华教授和美国凯斯西储大学高晓旸教授担任客座编辑，刊载了来自美国凯斯西储大学、上海交通大学、西安交通大学、英国布鲁内尔大学等国内外多个优秀科研团队的 11 篇高水平科研成果，集中展示了国内外科研团队在人工智能驱动的监测、诊断与预测领域的最新研究成果，推进中国机械故障诊断与健康管理领域的技术发展，促进其在制造系统智能维护方面的应用。

2021 年是国家实施"双碳"行动和《新能源汽车产业发展规划（2021—2035年）》的开局之年。智能网联汽车产业的发展对于国民经济和社会生活都有着深刻的影响，其中自动驾驶技术集成了环境感知系统、自动驾驶决策系统、纵横向控制系统、网络通信系统等，延续并扩展了传统汽车产业的多学科特点。《机械工程学报》于 2021 年策划出版"智能网联电动汽车关键技术"专栏，对落实新能源汽车产业国家战略规划，加快汽车电动化、网联化、智能化发展，促进智慧交通、绿色交通理念落地，助力中国电动车产业高质量发展具有积极的助推作用。该专栏由清华大学罗禹贡教授、国家智能网联汽车创新中心褚文博研究员、加拿大滑铁卢大学曹东璞教授担任客座编辑，刊载了来自清华大学、东南大学、加拿大滑铁卢大学等国内外多个优秀科研团队的9篇高水平论文。除此之外，《机械工程学报》每年还策划反映制造业发展成果的多个专题，如微纳制造与智能制造、生物组织精准手术器械设计制造、电源系统设计、管理与大数据、智能制造前沿及应用等。

《机械工程学报》面向中国机械结构强度与寿命领域一线学者邀约综述稿件20篇，于2021年出版的专刊"先进设计制造技术前沿：重要装备的可靠性保障"，聚焦设计制造技术前沿，创新引领中国先进设计制造技术的发展。2022年第18期出版的"以人为本的智能制造与机器人"专辑，集中报道了"人－信息－物理系统"（HCPS）的理论与方法，该理论将以人为本的理念贯穿于智能制造系统与机器人的全生命周期，运用先进的数字化网络化智能化技术，充分发挥人与机器的各自优势和潜能，最大限度地达到提高生产效率和质量、确保人类安全、满足用户需求、促进社会可持续发展的目的，是新一代智能制造的重要技术支撑。

（三）面向国家重大需求

《中国科学院院刊》是中国科学院主管主办的综合类科技期刊，定位为"国家科学思想库核心媒体"，近年来面向国家重大需求策划出版重大选题100多个，每个专题、专刊基本都是由我国该领域的领衔科学家或院士指导推进。《中国科学院院刊》从学科发展战略、科技服务国家战略等方面进行了深入阐述，得到了国家决策层和相关部委，以及科技界的一致好评，在中国科技智库期刊领域处于"领跑"地位。

2017年5月，在北京召开"一带一路"国际合作高峰论坛之际，《中国科学院院刊》策划了"一带一路"系列专题专刊以响应和支持此次盛会，专刊分别从政策、科技布局和空间科技多方面对"科技支撑'一带一路'"进行解读。其中，《"一带一路"建设对策研究》专题文章由中国科学院"一带一路"研究中心主任刘卫东研究员推荐给了中共中央办公厅、国务院办公厅、国家发展和改革委员会等相关国家决策部门和学术界，取得较好的反馈效果；《科技支撑"一带一路"——

中国科学院率先行动》专刊，系统梳理了中国科学院自 2012 年以来在"一带一路"沿线相关国家的机构布局和国际合作进展，成为 2017 年 5 月 9 日国务院新闻办汇报的主要材料，被国内外数十家媒体进行了报道；《空间科技护航"一带一路"》专刊，由中国科学院郭华东院士指导推进，专刊基于 2016 年 5 月由中国科学院科学家倡议发起的"数字丝路国际科学计划"（DBAR），邀请了 20 余位"一带一路"沿线相关国家的科学家撰稿，全方位地介绍了空间技术在助力"一带一路"建设中的作用，专刊在 20 余个国家空间技术领域产生了较大反响。

1978 年 3 月举行的全国科学大会，是中国科学史上空前的盛会，标志着中国科技工作经过"十年动乱"后终于迎来了"科学的春天"。2018 年是"科学的春天"40 周年，《中国科学院院刊》作为"国家科学思想库核心媒体"，于 2018 年 4 月出版纪念专刊，邀请当年参加全国科学大会的老院士、老领导及有关部委现任领导和院士、专家以访谈和文章的形式，回顾 40 年来科技发展成就，展望未来科技发展道路。其中，《"科学的春天"亲历者访谈》组文展示了徐匡迪、杨乐、何祚庥、王元、吴明瑜、罗伟等 6 位亲历者参与全国科学大会前后的所思所感。此组文章获得了科技界的高度认可，并被 2018 年中国科学院第十九次院士大会选作会议资料发放给全体院士。

结合联合国"世界防治荒漠化和干旱日"，2021 年《中国科学院院刊》邀请中国林业科学研究院荒漠化研究所所长卢琦研究员和原联合国荒漠化公约办公室官员杨有林作为专家参与调研和讨论，策划了《荒漠化治理与可持续发展》专题。《大国治沙：中国方案与全球范式》为开篇文章，聚焦联合国 2030 年可持续发展目标，系统解读了中国治沙的顶层设计，为全球荒漠化治理贡献了中国智慧和中国方案。

（四）面向人民生命健康

中华医学会系列杂志是我国医学领域规模最大、最具学术权威性的期刊群。中华医学会作为发展我国医学科技事业和卫生进步的重要社会力量，其主办的系列杂志在推动医学创新和科技进步、促进学术交流方面发挥了不可替代的作用。中华医学会杂志社十分重视时效性强的选题策划，已形成一整套创新内容发现、组织的创新策略与路径。

第一，从学术会议中选题组稿。中华医学会共有 89 个专科分会，各个分会每年均会举办一次全国性的高质量学术年会以及多场学组会议，会议内容多为当前行业发展的热点问题和焦点问题，大会报告和大会发言者也以院士、专家或学科带头人为主。编辑部会与行业品牌学术会议相结合，进行选题策划。在会议策划之初，编辑部就要与会议主办方沟通，从会议主题中挖掘、筛选并策划出具有一定创新并反映行业某一领域研究进展的选题，同时在会议期间也可以与专家学者加强沟通，做好期刊的宣传和目标约稿专家的沟通。

第二，从优秀团队科研项目中选题组稿。通过各种媒体和日常交流深入了解国家重点学科、国家自然科学基金项目课题组、优秀科研团队等的研究方向、科研项目信息，建立知名学者信息库。这些优秀团队的研究内容在一定程度上代表该学科的发展方向，编辑在平时会积极主动进行跟踪和联系，及时组稿。

第三，通过选题策划会进行选题组稿。为了对选题内容有更加准确的把握，编辑部会定期举办选题策划会，邀请专家、临床医生、读者召开座谈会，对选题策划内容、当前学术热点、难点和焦点问题进行座谈讨论，提出选题方向、建议和意见，为选题决策提供咨询参考，避免走弯路。例如，《中华医学杂志》对癌转移临床热点问题的选题策划和报道，最终促成癌转移学会的成立和一个新兴学术领域的诞生。

第四，编辑部牵头组织开展多中心临床研究。根据专业发展需求，经过前期充分调研，在广泛征求专家意见、周密的科研设计基础上，编辑部可牵头组织或与专科分会联合开展多中心临床研究，研究成果保证在期刊首发。基于多中心的研究成果，也为未来制定或修订专家共识和诊疗指南提供有力的证据支持，也为指南类文件的制定和发表赢得了机会。

第五，针对突发公共卫生事件进行选题组稿。为了体现科技期刊在突发公共卫生事件中的社会责任，中华医学会杂志社十分重视时效性强的选题策划。在新冠疫情最严重的阶段，科学技术部、国家卫生健康委员会、中国科学技术协会联合中华医学会共建了"新型冠状病毒肺炎科研成果学术交流平台"，同时杂志社通过微信公众号、网站等多种形式，联合中国医学期刊出版单位及有关学（协）会，发出关于新冠病毒肺炎相关文章优先发表的倡议，向全国的医学科研或临床工作者发出征稿通知，征集与新冠病毒肺炎疫情防控、诊治相关的学术论文[2]。另外，杂志社指导各相关编辑部从 5 个方面落实了组稿工作：①第一时间与前往武汉及武汉当地的编委沟通，早期主要约请述评、专题笔谈、病例报告等稿件，中后期主要约请系统性、研究性论文；②开设"新型冠状病毒肺炎专栏"，建立新型冠状病毒肺炎相关论文绿色通道，加快审稿和出版流程；③与中华医学会各专科分会密切联系，整合各方资源，约请专家形成共识或指导性稿件；④积极开辟网络平台，开展视频讲座或讨论，为抗击新型冠状病毒肺炎疫情建言献策，承担社会责任；⑤新媒体平台随时待命，定稿后即刻发布。

三、中国科技期刊创新内容评审的策略与路径

目前，国际科技期刊的评审多以单盲评审为主，也有采用双盲或开放评审等方式。例如，爱思唯尔（Elsevier）出版的 2000 多种期刊多采用单盲评审的方式。*Nature* 品牌期刊以单盲评审为主，同时提供双盲评审选项，如果作者选择双盲评审，将在整个评审过程中对审稿人保持作者匿名。*Nature* 系列期刊还引入开放评审（透明评审体系），如果论文的作者和审稿人选择开放评审，文章被录用以后，审稿人的评审意见、作者对意见的答复、编辑终审信、审稿人信息等将会作为补充材料在线发表。开放评审一方面会让审稿意见这一宝贵资源发挥出更大作用，受到读者的欢迎；另一方面，审稿人也可能产生隐私方面的考虑，以致增加审稿时间成本等。英国皇家化学会（RSC）在评审中，设置审稿人可以选择是否分享他们的审稿报告，除非审稿人自愿公开其身份，否则是严格保密的。在信息革命和数字技术的支撑下，融合数据评审、交互评审等，配合我国"三审"制要求，有的期刊在实践中对评审过程做了更多的创新，不断完善创新内容评议机制，形成了公正、客观、严格、规范的论文质量控制体系。主要表现在以下几方面。

（一）创新开放评审模式，盲审与开放多措并举

盲审，顾名思义就是匿名审稿。在实践中，又发展出单盲审稿和双盲审稿两种方式。单盲审稿表示审稿人知道作者信息，而作者不知道审稿人信息，这样避免了少数作者因审稿意见学术之争而对审稿人本人产生针对行为。双盲审稿即作者与审稿人互相不知道姓名，这种情况下，审稿人只能基于文章内容质量作出审稿判断，因而可避免因小同行学术团队之间关系、作者学术声誉等而影响审稿人对文章学术价值的判断，是一种比较公平和公正的审稿方式。我国绝大部分学术期刊采用双盲审稿方式。例如，《药学学报》（*Acta Pharmaceutica Sinica B*）采用双盲审稿，根据 3 份意见作出决议，其中至少有一份编委意见。

近年来，随着世界开放运动的不断发展，PeerJ、EMBO 杂志社、eLife 等开放获取出版商旗下的多数期刊均已实行开放评审。开放获取出版商 F1000 采用出版后同行评议的方式，并借助开放注释技术，有效实现了评审过程中评审人、作者和读者的交流和互动。从世界范围来看，国际科技期刊出版商多样化、多元化甚至"颠覆式"创新评审尝试，极大冲击了现有科学交流规则与科技期刊出版模式，也为未来期刊评审方式发展提供了广泛思路。中国很多学者也开始探索在中国期刊出版流程中更多引入开放评审模式，希望通过提高评审透明度来进一步提升评审的客观性，力求公正评议稿件学术水平，杜绝学术不端现象。例如，《心理学报》将每篇文章的历次审稿意见和作者回应整理成单独文件，并在该刊网络版文章后面的"审稿意见"链接中，以隐去审稿人姓名的形式公开文章的"审稿意见与作者回应"内容，从而将文章的审稿过程以学术讨论资料的形式，提供给读者学习观摩。《心理学报》的上述尝试初步实现了稿件评审过程的公开透明，便于接受公众监督。

评审是保证论文质量的重要手段，这在数据论文上也同样适用。例如，*GigaScience* 采用了开放评审，《中国科学数据》采用了单盲和透明评审两种方式。透明评审情况下，投稿到期刊的论文，经过责任编辑的初审及数据审核员的数据审核后，即可以评审中论文的形式在网站发布，同时进入评审阶段，并在此阶段开放大众评审，所有访问的读者可各抒己见。广义的评审审稿人应该既包括应期刊邀请接受审稿的专家，也包括在论文大众评议阶段主动公开发表专业评审意见的大众评

委。大众评委可实名或匿名发表评论，由期刊进行内容审核后发布，并将可用意见反馈给作者进行修改。通过评审的论文，最后进入主编终审阶段，最终录用的稿件及所有评审过程在网站正式出版。

（二）提质审稿人队伍，提高评审时效与质量

评审的效率是影响文章快速发表，进而影响期刊声誉的重要因素。根据 Publons 发布的《2018 年全球同行评议现状报告》，2013～2017 年期刊编辑发出的送审邀请数量逐年上升，而审稿人的审稿完成率却逐年降低。因此，通过吸收年富力强的一线学者进入审稿人队伍，以及进行期刊个性化审稿人培训来扩大审稿人队伍、提高审稿队伍质量，对于期刊内容价值的提升至关重要。例如，《通信学报》活跃审稿专家 3140 位，为期刊学术影响力与国际影响力提升作出了重要贡献。《植物营养与肥料学报》2020 年度增加 30 位青年审稿专家，有效提高了审稿时效性。《农业科学学报（英文）》（*Journal of Integrative Agriculture*）审稿专家队伍逐渐年轻化，与资深专家合力培养青年骨干，为期刊发展注入新的活力。《中华创伤杂志（英文版）》（*Chinese Journal of Traumatology*）组织一线中青年专家审稿，初审拒稿率从 15%～20%提高到 50%～60%，有效提高了稿件评审效率与质量。《高分子科学（英文版）》（*Chinese Journal of Polymer Science*）优选审稿认真、反馈意见及时、提出意见价值较高的审稿专家作为优质审稿人，供副主编送审稿件进行同行评议时选择。《武汉大学学报（信息科学版）》为进一步缩短审稿周期，吸纳有一定学术成就的年轻学者、优秀博士后加入审稿专家队伍，不仅使得专家队伍年龄结构年轻化，而且提高了审稿速度和质量。《地球物理学报》鼓励编委和审稿专家推荐优秀科学家加盟审稿队伍，并从作者中选拔佼佼者进入审稿专家库，及时更新和完善审稿专家库，加强专业细分。《石油与天然气地质》建立了不同层次的专家队伍，以提高审稿时效，包括以院士为主体的领跑专家群，以知名学者、杰出青年、长江学者为主体的高端专家群，以优秀青年、青年长江学者、青年教授等为主体的核心专家群，以优秀博士生、一线青年骨干为主的奋进专家群等。

随着中国世界一流科技期刊建设的不断推进，越来越多中国科技期刊跻身世界一流期刊行列。而审稿人的国际化，是刊物国际化的重要标志之一。我国英文科技

期刊纷纷建设自己的国际审稿人队伍，与国际大刊名刊同台竞技。高标准的审稿人为期刊从自由来稿中筛选出高质量、高影响力文章，保证了期刊的学术水准。《植物生态学报（英文版）》（*Journal of Plant Ecology*）组建的审稿专家队伍中，国际专家已达到72.56%。《转化神经变性病（英文）》（*Translational Neurodegeneration*）坚持走国际审稿人路线，目前审稿人4219位，其中97%为国际专家。《国际皮肤性病学杂志（英文）》（*International Journal of Dermatology and Vernereology*）不断扩大国际审稿人队伍，2018年创刊时无国际审稿人，而2021年专家审稿人库已扩大为6257人，其中88%为国际学者，分布在全球80个国家。《岩石力学与岩土工程学报（英文版）》（*Journal of Rock Mechanics and Geotechnical Engineering*）精准挑选小同行审稿，要求每篇文章的评审专家中至少有一位外籍专家。《天津大学学报（英文版）》（*Transactions of Tianjin University*）积极推动国际化审稿模式，2020年将编辑部送审改为3位副主编送审的国际化审稿模式，发展"铁杆审稿专家"，不仅为学术质量严格把关，而且大大缩短了审稿周期（审稿周期最短为6天，平均为20天）。《国家科学评论（英文版）》（*National Science Review*，NSR）以顶尖综合性学术期刊的水准为标杆，发表的每篇学术论文都经过编辑部初筛、编委会初筛和同行评审三重严格把关。NSR审稿专家库由近万位世界一流科学家组成，每篇稿件送3～5位专家评审，要求至少有一位海外权威专家参与评审，并向审稿人准确传达稿件录用标准"必须为突破性、奠基性成果"，代表了中国一流综合性英文科技期刊的国际评审水平。

随着科学的发展，仅凭某一学科领域的研究已很难解决复杂的现实问题。伴随交叉领域兴起而产生的交叉领域期刊，就需要不同领域的专家平行审稿，从多个维度严格把关，共同保障并提高论文的学术质量。《中医杂志》不断优化审稿专家库，进一步细化学科门类，重视交叉学科领域审稿，优化审稿流程，为期刊发展提供了保障。《中国科学院院刊》针对聚智咨政的自身定位，以及高水平作者群体的现实需求，建立了主要包含院士和战略科学家的高端学术审稿队伍。在审稿过程中，既考查文章的科学性、学术性，又注重文章的政策性与咨询性，为此建立了多维评审的机制，一方面坚持双盲评审机制，邀请至少2位相关学科小同行进行评审，考查文章学术性、专业性；同时还要邀请 1～2 位政策、管理领域的编委、专家审稿，以确保文章政策建议的逻辑性、可操作性，以及话语体系的准确性；最后，专职副主编从文章综合质量、写作风格及在专题/专刊中的定位等方面审理文章，共同把关文章质量。此外，近年来，论文抄袭和重复发表偶现于交叉领域的学术期刊上，也使得期刊编辑和审稿人意识到交叉领域审稿存在的盲点，因此交叉领域期刊更应该重视开展多维评议的审稿。

（三）建立责编/编委责任制，绿色通道快速评审

随着科研整体水平的提高，中国已成为世界学术共同体公认的"论文生产大国"。我国优秀国际化期刊不断为国内外优秀的原创论文，以及在国外期刊评审时受到不公正待遇的优秀论文提供快速评审的服务。这种快速评审服务，为有需要的稿件开辟绿色通道，由责编或编委专人负责专篇，快速组织同行评审、快速发表。

《植物学报（英文版）》（*Journal of Integrative Plant Biology*）实行责任编委负责制、主编终审制、保密与回避等制度，多次优化审稿流程，提高评审时效。目前，采取新投稿件 24 小时内反馈是否送审，首次审稿决策时间平均为 18 天，拟录用稿件 48 小时内上线发表等制度。对高质量文章开设快审通道，3 天左右给出终审结论。《运动与健康科学（英文）》（*Journal of Sport and Health Science*）坚持高效的编委阵容，鼓励每位编委投入到评审的工作中，既提高了稿件送审的精度，又提高了审稿质量。《科学通报（英文版）》（*Science Bulletin*）要求两位以上编委共同初筛且通过后方可送外审，并提出"让快速成为期刊的闪亮标签"，通过"快速通道"吸引了大量顶级稿源。《中国科学：化学（英文版）》（*SCIENCE CHINA Chemistry*）为吸引优秀原创成果，为科研人员希望首发的突破性创新成果，以及经过国际认可的高影响力期刊评审（至少有一个"小修"意见，带原评审意见和修改说明投稿的论文）的稿件开通"绿色通道"，由正、副主编快速评审，最快在一周内在线发布。实践证明，通过"绿色通道"形式吸引的稿件，整体质量较高。《地质学报》对时效性较强的论文，如新发现、新观点、新数据、新技术方法、前沿课题、国家重大项目等重要成果采取绿色通道优先发表，吸引了部分高质量论文在中

文期刊首发，已卓见成效。《稀有金属（英文版）》（*Rare Metals*）紧密联系科学家，为中国首发性、原创性成果开启绿色通道，抢发高水平论文。

（四）依托数字与信息技术，提高评审效率

第三次工业革命以来，数字技术和信息技术极大推动着社会的发展，在各个领域提升人们的工作与生活体验。在世界范围内，计算设施及数字公共基础设施与服务正在席卷科研领域。中国科学院院士、世界一流科技期刊建设专家委员会主任杨卫在 2022 年 8 月举办的第十七届中国科技期刊发展论坛上提出构建中国的世界一流学术数据运营和服务平台。在期刊服务领域诸多新技术的应用，极大提高了科技期刊的审稿效率和质量。例如，系统自动屏蔽共同作者及同单位学者的技术已在我国多个投审稿系统应用，审稿回避人员已可实现不需要人工辨别；还有清华大学等单位研制出多种自动推荐同行专家的人工智能产品，在责编人工确认后可供送审。

《亚洲药物制剂科学（英文）》（*Asian Journal of Pharmaceutical Sciences*）利用大数据和人工智能新技术，挖掘研究前沿、热点和专家资源，助力内容发现与评审，刊物的学术水平和影响力不断提升。《华西口腔医学杂志》依托数字技术，建立了可视化期刊定制学者库，依托该学者库进行稿件送审，提高了送审精准度和评审质量。《林业研究（英文版）》（*Journal of Forestry Research*）依托信息技术，建成了 2.4 万余人的专家库，包括细分专业、通信方式、已发布论文著作、检索关键词等结构化标签。《环境科学》建立了快速高效的编辑出版流程，具备实施稿件实时追踪与状态提醒功能；配合网络首发，加快论文全文上网和文献传播速度。

期刊影响力需要办刊过程中多方面长期积累才能形成，其中高质量论文和严格合理的评审制度是提升期刊影响力的重要因素。中国科技期刊应根据自身的实际情况和特点，制定个性化评审规则与流程，助力期刊高质量发展。

四、提升期刊品牌价值，增强内容"发现－组织－评审"链

内容是品牌的载体，品牌是内容的升华。品牌承载了一本期刊的核心价值，本质上是编辑团队在与作者团队沟通过程中，传递信任、减少选择成本的根本所在，

是编辑部进行优秀内容发现、组织，以及快速高质高效评审整个环节的最强大后盾。一本好刊本身就对最优秀学术成果有天然的吸引力。例如，*Cell* 对生命科学领域优质稿件的吸引、*Science* 对优秀科技前沿内容的吸引等。而长期不断的优秀内容积淀，又是期刊品牌塑造的根本。品牌与内容，相生相伴，相促相荣。我国优秀科技期刊都非常重视在实践中创新多种方式以促进品牌与内容的互动升华，形成正反馈，不断增强内容"发现－组织－评审"业务链。

　　Light 依托逐渐积累的品牌影响力，向上下游及相关业态拓展，通过举办活动、会议、论坛，以及创办姐妹刊、联合办刊，达到带动产业发展、强化品牌效益，虹吸优质内容的目标。在 *Light* 原班团队的打造下，《光：快讯（英文）》（*eLight*）应运而生，其聚焦于光学新兴交叉学科，通过发掘、聚焦新学科热点，引领新兴学科的发展[3]。*Light* 原班团队通过品牌输出的方式与佛山市人民政府和广东季华实验室共同出版第三本系列子刊《光：先进制造》（*Light: Advanced Manufacturing*, *LAM*），目前已正式上线。第一主办单位季华实验室（先进制造科学与技术广东省实验室）是广东省委、省政府启动的首批 4 家广东省实验室之一，以打造一支扎根佛山的科研队伍、搭建一个国际高端的科研平台、沉淀一批自主可控的核心技术、带动一方创新驱动的新兴产业为建设期主要任务。实验室先期确定了光学工程、机械工程、电子科学与技术、计算机科学与技术、材料科学与工程及生物医学工程等 6 个学科方向，部署了机器人及其关键技术、半导体技术与装备、高端医疗装备、新型显示装备、先进遥感装备、增材制造、新材料新器件研究、微纳制造等 8 个研究方向。全国政协教科卫体委员会副主任、科学技术部原副部长曹健林担任首任理事长和主任。季华实验室为 *LAM* 的长远发展提供了学术支撑、经费支持及优质的产业化土壤。*Light* 还衍生出自主品牌国际顶尖学术会议——光学大会（Light Conference），每年 7 月 16～18 日固定时间固定地点在长春召开。从 2011 年起，与中国光学学会、美国光学学会、欧洲激光协会、俄罗斯激光协会等国际知名学术组织和高校联合举办了 9 届光学大会（Light Conference）系列国际会议，来自中、德、美、英、日、澳、法等 30 多个国家的 4000 余名专家出席会议。*Light* 还不定期与国际科研机构主办 Light 青年科学家精品论坛。通过会议，不仅扩大了 *Light* 的国际学术影响力，

更为其拓展科学家圈层，搭建多边学术交流和科研合作平台奠定了基础。*Light* 作为我国头部科技期刊，内容已逐渐由追踪学术热点向引领科学发展转变，逐渐成为国际大刊名刊。

《园艺研究（英文）》（*Horticulture Research*）打造出期刊品牌会议——国际园艺研究大会。国际园艺研究大会旨在促进国际园艺领域科研人员之间的交流与合作，同时提高期刊在国际上的知名度，是期刊走向国际的重要举措。会议从《园艺研究（英文）》2014 年创刊当年开始，每年举办 1 次，分别在南京农业大学、美国加州大学戴维斯分校、英国东茂林研究所、中国农业大学、意大利农业研究委员会（CREA）、西北农林科技大学举办过，共吸引了超过 80 个国家的 1.5 万余名园艺科研工作者参会。2020 年受新型冠状病毒感染疫情影响，第七届国际园艺研究大会在线上举行，会议跨越了地域和时区的阻隔，来自中国、美国、英国、意大利、法国、日本等 62 个国家或地区的 1.3 万多人注册并参加了此次线上会议。该品牌会议对于促进世界园艺领域的合作研究和共赢发展具有重要意义[4]。基于《园艺研究（英文）》成功经验，南京农业大学从 2019 年开始相继新办了 3 本英文期刊。2019 年创办了《植物表型组学（英文）》（*Plant Phenomics*）期刊，两年半的时间内已被 SCI、EI、PMC 和 Scopus 等国际主流数据库收录；2020 年入选中国科技期刊卓越行动计划高起点新刊项目。2020 年创办《生物设计研究（英文）》（*BioDesign Research*）期刊，已被 Scopus、DOAJ 等国际数据库收录，2021 年入选中国科技期刊卓越行动计划高起点新刊项目。2021 年创办《食材研究》（*Food Material Research*）期刊，目前发展良好。3 本高起点期刊与《园艺研究（英文）》内容交叉重叠，品牌相互促进，极大地丰富和优化了《园艺研究（英文）》的出版内容，同时通过"品牌集群"又吸引到更多的读者、作者、审稿人甚至编辑，从而进一步促进内容"发现—组织—评审"链条更加强壮。

第二节　内容采编发的技术服务创新

数字经济发展促进了大数据、人工智能、区块链等新技术在学术期刊采编、生产、发布、传播过程中的广泛应用，改变了传统的学术期刊生产和传播方式，期刊的内容发现、选题策划、内容创作、组稿审稿、学术推广与营销模式以及读者的消费方式等都发生了巨大的变革[5]。本节主要报道中国在数字经济时代，以人工智能、大数据技术等应用为主的出版工具、出版模式，集中报道在内容采编、排版、加工等技术服务领域的技术创新、服务创新。

一、中国主要技术服务商服务现状

通过对目前中国几大数字出版技术服务商的技术发展现状进行调研和分析，以期更好地了解中国期刊出版的数字化发展态势和水平。下面主要围绕技术服务商所提供的产品和服务，描述我国在数字出版技术领域的实践。

（一）主要技术服务商的产品和服务

我国几家主要的期刊出版技术服务商均研发了从投稿、采编、生产、发布、到传播的数字出版平台和工具，并为中国学术期刊提供学术出版和传播服务。但几家技术服务商的技术特点、产品优势、运营模式、服务能力、用户规模、创新能力各有不同。

玛格泰克公司[6]服务期刊的产品覆盖了期刊从投审稿到生产、发布、数据分发与传播、资源管理等全流程，包括：投审稿系统、全文内容结构化系统、可扩展标记语言（extensible markup language，XML）自动排版系统、期刊集群发布系统、期刊微信公众号系统等，并提供云计算服务器平台、XML 数据加工、参考文献校对、管家式 VIP 服务、内容精准推送等增值服务，拥有世界期刊及文献大数据平台 iAcademic、自助式在线图表授权使用平台、枪手作者黑名单、MagOpen 等大数据平台。公司在不断改进、迭代产品和服务，不断完善采编系统和网刊系统的功能外，还积极探索大数据支撑平台建设与服务、自动排版及内容重组、自然语言理解、内容传播等，可帮助期刊提升工作效率，降低成本，并提高期刊的传播能力。

勤云公司[7]业务领域覆盖了期刊编辑部所需的主要技术服务，包括采编系统、学术会议管理系统、期刊集群平台，提供三级等保安全服务、SSL 证书服务、域名服务、服务器空间托管服务、服务器代维、数据加工上网、电子书制作、html 制作、微信制作、网站制作、文献精准推送服务、会议推广服务、约稿服务、智能一体化排版服务，同时还在拓展其他业务类型，具有服务团队稳定、业务多元化的特点。

仁和公司[8]的 XML 一体化融合出版系统为科技期刊提供包括投审稿管理、XML 在线生产流程管理、XML 在线排版编校、XML 网刊发布、微信公众号融合、XML 在线排版、影响力云监测、微信精准推送等服务内容。平台实现单篇出版、即时发布、智能校对，打通期刊在线数字出版全流程，以结构化和自动化为特点，实现媒体融合。仁和数字化出版依托自主知识产权软件产品，采用 SaaS（软件即服务）运营模式，为科技期刊客户实现数字出版流程改造升级与优化，提供快速实现、低使用成本、无痛升级、无缝整合，并为客户提供"最后一公里"长期持续性软件应用服务。

方正公司[9]以 XML 自动排版技术为依托，形成了覆盖投审稿采编、智能审校、XML 生产、发布与传播、精准推送全流程的科技期刊一体化 SaaS 服务平台，为科技期刊用户提供基于云计算的 SaaS 服务模式。用户不用购买任何服务器、不用安装任何软件，只要能访问互联网，就可以快速构建适合自身需求的系列服务，快速实现科技期刊数字化。

中国知网[10]是一个平台服务型企业，除了提供信息服务、知识服务外，也在期刊出版服务方面深耕多年，建成依托世界科技文献资源大数据系统的全流程期刊出版服务平台。知网借助先进信息技术与世界知识大数据支持，为期刊出版机构提供包含策、作、编、审、校、排、发全流程的协同化、智能化的技术平台服务，提供出版服务以及决策支撑服务，提高期刊出版质量与效率，创新了出版模式，其服务包括：①在期刊出版方面，为期刊提供创办新刊分析、选题策划、专家遴选、组稿约稿、投稿审稿、智能审校、网络首发、网刊发布、XML 生产、全自动排版、全媒体出版、增强出版、双语出版、数据出版、移动采编发等服务；②在期刊运营方面，帮助期刊运营的产品涉及期刊和期刊集群平台、机构和个人用户服务、学术推广、广告投放、视频会议系统、在线会议系统、在线培训读者中心等；③在资源管理方面，提供大数据中台、内容动态重组等功能，及虚拟专辑图库、表库、视频库、微视频库、专家库等产品；④在学术传播方面，提供相似性推荐、智能分享、学术社交、微信定制、掌上腾云 APP、精准推送、全球学术快报等服务；⑤在期刊评价方面，提供了基于定量数据分析的个刊影响力统计分析、中国学术期刊国际国内影响力统计、世界影响力指数评价等服务；⑥在知识服务方面，为科研人员提供作者服务、读者服务、行业服务、碎片化资源检索、智能翻译、智能问答、协同创新知识服务平台；⑦在大数据分析及应用方面，提供文献互引网络、作者合作网络、发文趋势、学术热点、关键词聚类、学术关系、行业舆情、竞刊分析、期刊画像、文章画像、作者画像、机构画像、学科画像、知识图谱、知识地图等服务于期刊决策。

（二）主要技术服务商的用户情况和市场规模

根据调研，玛格泰克公司的期刊用户量 2300 多家，网刊系统用户数为 1400 多家。玛格泰克公司的用户中包括中国科学技术协会主管期刊、中国科学院主管期刊、985 高校期刊，也有美国、日本等国期刊，每年有超过 200 万人次世界审稿人在 JournalX 上完成审稿。勤云公司共服务 1300 余家期刊，除中国科学院期刊、高校期刊、学会期刊之外，还服务一些内部刊物。仁和公司为中国 1000 多种学术期刊提供服务，包括众多英文高端期刊，如《纳米研究（英文版）》（*Nano Research*）、《蛋白质与细胞》（*Protein & Cell*）等。仁和软件还与美国 Aims Press、Maximum Academic Press 等国际出版机构合作，为 60 多种国际期刊提供网刊集群系统建设以及数字出版生产发布服务。方正服务期刊用户 662 家，其中英文期刊占 8.61%。知网腾云采编用户数为 3400 多家，网刊用户 3600 多家，网络首发的用户 2300 多家（以上相关数据截至 2022 年 10 月）。

二、中国内容采编生产环节技术服务现状

我国主要技术服务商充分利用人工智能、大数据等技术，不断提升期刊出版的服务能力，加强期刊的融合出版建设，为学术期刊提供更丰富的工具，帮助学术期刊加强资源整合。下面从服务作者、投稿审稿、采编特色功能、内容数字化生产加

工等方面描述采编生产环节的技术服务现状。

（一）大数据人工智能产品服务作者写作和投稿

1. 为作者选刊投稿提供期刊选择

作者撰写了稿件之后，要选择合适的期刊去投稿。一些技术服务商或者出版机构，为了更方便作者选取合适的期刊，通常会建设选刊投稿平台。选刊投稿平台一般会提供多维度的检索、各个学科的期刊列表、期刊的投稿网址，并提供一些作者关注的期刊信息供参考，包括：期刊基本信息、是否 OA 出版、学术期刊的被收录情况、期刊的各种评价指标、期刊的学科情况、审稿速度、录用率、发稿数量、期刊的审稿、发表周期和版面费等。例如，知网的选刊投稿平台，整合了我国几千种期刊的投稿地址，提供学科等多维度的检索功能。

我国主要技术服务商都建设了期刊的投稿渠道，但是并没有覆盖我国全部期刊。如能建设中国学术期刊统一的选刊投稿平台，则可以：①多维度展示我国的学术期刊，便于作者选刊投稿；②避免作者投稿到一些假冒网站，造成知识产权损失、论文出版时间延迟以及资金损失；③可以由专门的人员进行管理，及时更新投稿链接，避免闲置不用的投稿网址被恶意篡改，被不法利用。

2. 整合世界学术期刊资源，服务期刊提质增效

期刊作者可以通过专业的网站（如相关学会的网站）、引文数据库（如 WoS）、全文数据库（如中国知网）、开放存取数据库、预印本库等检索学术文献；也可以通过学术搜索引擎（如百度学术、谷歌学术等）进行学术资源的检索；还可以通过主要技术服务商聚合的期刊资源找准期刊、发现资源。例如，可以通过中国知网学术资源总库的高级检索页面检索中文的学术资源；可以通过 CNKI Scholar 检索 7.5 万多种外文学术期刊的资源。早期勤云公司的"期刊界"为普通用户提供了文献检索服务，在一个平台中可以查询到国内、国外的众多期刊文献，同时基于这些文献，为采编系统提供相似文献、参考文献和引证文献关联。经过近 15 年的发展，"期刊界"收录的期刊数量已经超过了 5.3 万种，现在"期刊界"后台引擎已经可以提

供选题分析、文献精准推送、参考文献校对、智能审稿人推荐、投稿后自动推送相似文献给作者、引证文献查询、文献被引提醒等服务。玛格泰克公司自主建设的全球学术大数据平台 iAcademic，收录世界 7.4 万种期刊和相关文献，建设了世界学者的学术画像。iAcademic 提供了世界期刊的网址和在线投稿地址、数据库收录、影响因子等基本信息，还为订阅用户提供世界精准内容推送服务、专题约稿服务、审稿人推荐服务、相似文献推荐服务和内容增强服务等。

3. 应用人工智能工具，辅助作者写作改稿

（1）格式化工具

一些高质量期刊，往往要求作者提交的稿件满足期刊的投稿要求，如对提交稿件的内容、项目、版面格式提出明确的要求。作者往往要花比较多的时间修改稿件格式、参考文献格式等。知网的格式精灵是一款人工智能辅助写作工具产品。格式精灵利用智能排版技术，为学术文章作者提供规范的格式调整服务。产品利用图、表、公式排版知识库，对待投稿论文进行格式调整，包括但不限于字体字号、行段间距、分栏对齐、公式排列、图片排列等，将繁重的排版工作交由自动精修引擎完成，解决格式规范问题。作者只需要上传文稿到格式精灵，再等两三分钟，即可下载排版后的稿件。整理后的文章格式能较好地符合待投期刊要求，即使一次投稿不成功，改投他刊时，再利用格式精灵整理为另一个期刊的格式，也很容易实现。

（2）写作工具

学术出版商通常会为作者提供多种写作工具和服务。随着人工智能的发展，逐渐出现更多种类、更多功能、更多品牌的写作工具，为作者提供素材、提供翻译，支持智能续写、改写、校对等。例如，知网的 WriteAid 论文写作助手，就支持文献自动校对（错别字、英文拼写错误、标点错误等）、多维度写作帮助（复杂长句、重复文字、句子检查等）、参考文献规范化整理（参考文献检查、格式整理等）、智能选题分析（基于知网的智能分析以及文献推荐等）、一篇文章和多篇文章的比较等功能。

（二）投稿和审稿流程的数字化

中国多数期刊已经开始采用采编系统投稿和审稿，这一方式缩短了作者的投稿周期，并为作者投稿和追踪审稿流程带来便利，也加快了专家和编辑的审稿和作出决定的流程，使得稿件更易于追踪、管理，作者、编辑、审稿人等之间可以更方便地进行沟通。

1. 简易便捷的投稿管理

采编系统的投稿中心一般用于接收作者投稿，作者可以在此签署版权协议，追踪稿件的状态，接受或者参加期刊约稿、征稿活动，并通过该中心进行缴费。作者中心一般是和期刊编辑部交流的一个通道，作者可以通过该中心了解期刊编辑部的要求和最新信息。几家主流的采编投稿平台都提供导航式投稿和一步式投稿。

以知网采编系统的"作者中心"为例：在投稿环节，系统支持增强型稿件（论文和电子补充材料）的提交；编辑部可以添加投稿须知，以保证作者明确期刊要求；投稿时需要签署作者与期刊的版权协议，对版权协议的内容编辑部可以自定义；支持作者提交论文的创新点概述；并提供了常用基金列表供作者选择填写；系统自动提取文章中的元数据，为作者提供便利。采编系统的作者面板有稿件处理、费用管理和约稿处理三个功能模块。稿件处理模块显示待修改稿件、已投稿件、草稿和我的其他投稿。作者可以通过费用管理模块交审稿费、版权费等；可以通过约稿模块查看待回应、待提交和已经提交的约稿请求。针对已经录用的稿件还可以打印录用证明。不同的主流采编系统作者中心的功能略有区别。值得一提的是，玛格泰克公司的系统能够自动判断是否重复投稿，自动判断作者信息的有效性，支持作者进行退稿申辩。方正的投审稿系统可以采用文档智能分析技术，作者只需要提交一个Word文件，系统就可以直接获取论文标题、作者、作者单位、摘要、关键词、基金、正文内各级标题、图片、表格、公式、参考文献等论文的元数据及全文的结构化信息，作者不用手工填写元数据信息，大幅提升投稿效率，提升期刊综合分析能力。

2. 清晰高效的审稿管理

专家审稿中心是专家对投稿稿件进行同行评议的平台，通过该中心，编辑部邀请的审稿专家可以针对来稿给出同行评议的意见，评议意见一般涉及对文章的学术质量、写作质量等的评价。判定性意见通常包括接受、小修改、大修改、退稿等，为编辑部的最终决定提供建议。同时该中心一般也是审稿专家与编辑部沟通交流的平台。主流审稿系统一般会支持电子邮件直接登录，不需要用户名和密码就可以直接登录审稿系统，填写审稿意见。

以知网采编系统为例，专家可以通过专家审稿中心，处理期刊发来的外审稿件，可查看编辑部发布的系统公告，也可与编辑部互发站内信。稿件处理列表中有期刊的待审稿件、已审稿件等，可查看稿件审理流程阶段。知网的采编系统嵌入了知网的学术不端检测，提供检测报告，专家可以查看该稿件的检测情况。比较而言，勤云公司的审稿系统特点是操作简单方便。玛格泰克公司系统提供自动提醒功能和自动催审功能，审稿人可以随时浏览审稿费的领取记录和编辑部的催审记录。

3. 功能强大各具特色的编辑中心

编辑中心是编辑处理稿件的平台。编辑可以通过该中心初审、分稿、查找审稿专家、送审、阅读审稿意见、复审、终审、决定是否录用等；通过该系统，可追踪来稿状态，查看文章的历史进程，查看和文章相关的各种信息，如文章查重、版权协议签署情况、版面费的支付情况以及开发票情况、作者的背景情况、作者和审稿人等的交互信息等；还可推送文章到生产系统以及发布系统，可以组版管理稿件；可以进行约稿、组稿的相关工作；可以针对系统中的各种数据做多维度的统计，比如稿件的统计、作者的统计、专家审稿情况统计、编辑部工作情况统计等；可以检索、管理、维护相关的稿件数据、用户数据等。现在几家主流采编系统都实现了编辑中心和生产、发布系统的对接，形成了采编发一体化系统，服务于期刊的建设。

上述基本功能，所有主流采编系统均能很好支持。除投稿、审稿、管理追踪稿件的基本功能之外，各家采编系统的编辑中心所能支持的功能也各具特色。

知网采编系统是面向期刊采、编、审、校、发全流程业务的综合性服务平台。系统通过稿件中心、统计中心、交互中心、用户中心、费用中心、出版中心等成熟的功能模块，依托大数据、云计算、人工智能等先进技术，为编辑、作者和专家用户提供全流程稳定的专业服务。知网采编系统，基于知网大数据，可以为采编系统的期刊用户提供知网查重、参考文献审校、审稿人智能推荐、专家画像、研究趋势分析、自动预排版工具、嵌入网络首发流程（实现一键发布）、多渠道数字出版发布，以及强大的业务流程自定义功能；知网基于超过 3400 万人的专家库为期刊采编提供遴选专家的支持；自动预排版工具支持快速完成稿件预排版，几分钟就能完成一篇论文初排，能准确提取和转换 MathType 或 Word 自带工具生成的公式或表格，协助编辑规范稿件版式；可以看到专家审稿历史、学术指数、科研成果等信息，用"词云图"显示专家发文及审稿领域；作者在线投稿以后，系统会自动生成"机器自动审校稿"，内容包括学术不端检测、第一作者发文检测、创新性检测、稿件研究内容被引趋势分析、参考文献审校结果；还建设有和采编系统 PC 端底层数据一致的"掌上腾云"移动 APP，实现移动投稿、移动审稿、移动出版、移动阅读、移动传播、移动社交。

勤云公司的采编系统是全流程一体化的综合性期刊办公平台，集成了"期刊界"搜索引擎，具有稿件状态管理、稿件生命周期划分、消息驱动三大特点，用户可以根据自己的业务流程进行自定义。"期刊界"提供的大数据可以为审稿人画像，精准地推荐合适的审稿人。稿件接受后，系统就自动进行一稿多投的检测，自动推荐相似文献。同时，勤云公司的采编系统打通了采编、生产、发布等核心环节。

仁和公司的 XML 投审稿管理系统支持作者分步式投稿和 Word 稿件一键投稿；支持多刊集群模式投审稿，实现专家库、作者库共享；支持稿件推荐；支持作者实名制微信关注，实现稿件状态信息的即时推送，实现编辑与作者的实时交互对话；系统通过外部接口支持在线一键查重；系统构建有自己的扩展专家库，提供支持除本刊专家库外的专家遴选；系统支持手机、PAD 等移动端使用，实现作者、专家等角色移动端在线作业；系统支持投审稿流程自定义配置修改；系统为云平台方式，自动免费升级。

玛格泰克公司的 Journalx3.0 充分考虑了系统和数据安全性、期刊文章内容组织与呈现、自动任务管理、国内外行业标准的支持、数据分发（DDS）与集成、内容世界传播与评估、文献计量、内容增强与数据质量控制、用户行为分析和个性化服务等，实现编、排、校、发一体化。该采编系统提供参考文献校对功能（英文参考文献自动链接 CrossRef 进行校对），提供 MagSci、CNKI、SciRus、PubMed、万方中的查重。Journalx3.0 主界面展示了工作任务与统计分析数据，使得编辑在登录后对自己要完成的工作一目了然。系统的自动提醒、自动催审以及手工催审功能，更便于编辑控制审稿进度。系统对各种数据提供了交互链接，如从稿件信息链接到人的信息，或从人的角度链接到稿件信息，针对敏感的信息和链接设置了权限控制。刊出后的功能，包括自动制作各期或者全年中英文目录、自动生成年度作者以及关键词索引、自动生成符合多种其他数据库接口要求的不同的 XML 文件，包括 Medline 格式、ChinaDOI、CrossRef DOI 等。

方正 2022 年推出数据驱动的方正鸿云投审稿系统，以人工智能及大数据技术为依托提升编审工作专业度，辅助科学办刊，并能满足集群化办刊需要，与生产平台、发布与传播平台实现一体化服务。采用文档智能分析技术，作者只需要提交一个 Word 文件，系统就可以直接获取论文的元数据及全文的结构化信息，无需作者手工填写；通过相似稿件推荐可以提升审稿质量；通过基于大规模专家库与审稿行为融合的审稿专家推荐技术与学者/专家学术画像构建技术的应用，可以找到细分领域同行专家并进行推荐，形成评审专家推荐功能，帮助编辑获得合适的审稿专家，提升同行评议质量，提高编审效率。

4. 丰富灵活的同行评议方式

同行评议是学术出版不可或缺的环节，受到学术界的高度认可。目前中国学术期刊普遍认可的同行评议的主要类型有：单盲评审、双盲评审、互相公开和社会公开等。目前，这几种同行评议方式国内期刊均有采用。我国主流采编系统普遍支持这些评审模式。

国际采编系统也存在更灵活的补充评审方式，如协作评审，一组人员针对某些难点共同开展评审或者讨论；再如，互动评审，作者和审稿人之间可以互动，可以针对不同意见展开讨论；转让同行评审结果，如果作者的首次投稿不被接受，他们可以选择将稿件以及评审意见一起转移到其他期刊。另外关于开放式评审，不同的期刊所采取的开放方式、开放时间、开放内容也不完全相同。例如，有发布在预印本平台上的评审前开放；也有 F1000Research 采取的先发表再评审的方式。我国采编系统普遍支持同行评审结果向另外的期刊转移。

5. 亟待加强的版权管理

为了避免版权问题引发的纠纷，学术论文发表之前，期刊和作者通常要签署版权协议。版权协议的签署，除了保护作者权益外，同时也要保护期刊和数据库的权益，这样才能保证期刊文章的快速传播。目前，中国绝大多数的学术期刊和作者签署的是版权转让协议，通常的内容包括作者自愿将文章的著作权及相关财产权转让给期刊，同时将文章的复制权、发行权、汇编权及信息网络传播权许可给某些数据库使用。被 DOAJ 收录的 OA 期刊，大多数的版权协议也是类似的版权转让协议，但一些 OA 期刊规定选择 OA 方式出版的文章版权归作者。国际合作的英文期刊，其版权协议通常比中国期刊有更加细致全面的约定。中国主流的采编系统在作者投稿环节都提供有签署版权协议这一项服务，内置的标准版权协议也是版权转让协议；但有的采编系统版权签署环节是必选项，有的为可选项。在签署协议时，采编系统支持第一作者或者通信作者签名，也支持所有作者同时签名。采编系统在辅助期刊进行版权管理方面有待加强，开发更加人性化、尊重作者权益，有利于作者、期刊、传播平台多方利益共享，有利于推动中国知识产权保护和规范化管理的功能和服务。

6. 中英文论文查重系统

查重系统是检查来稿是否存在抄袭行为的工具，作者通过采编系统提交稿件之后，论文通过查重系统，以一定的查重算法，与海量的文献资源进行比对，生成查重报告。查重报告包含检查文章与已发表文章的重复度、重复的内容以及重复的来源。查重系统现已被纳入大多数投审稿系统。中国主流的查重系统有知网查重、万方查重等；国际期刊使用的查重系统主要是 iThenticate/CrossCheck。例如，知网的采编嵌入了知网的查重系统；玛格泰克公司、仁和公司、勤云公司的系统都嵌入了万方的查重系统，中国的英文版采编系统则对接 iThenticate/CrossCheck。目前知网可以利用语义分析技术，在原有内容检测服务的基础上，有效发现跨语言"翻译抄袭"、部分文章论点剽窃、数据篡改、公式抄袭、图表抄袭、代码抄袭等学术不端行为。不同查重系统针对同一篇论文的查重结果（重复度等）可能会不同，这主要是由于不同查重系统的查重算法以及对比数据库资源等有所差异。

（三）特色功能提升采编服务水平

1. 新技术赋能采编各环节

目前中国主流采编系统使用大数据赋能的主要功能有：通过专家大数据、知识图谱、专家画像等赋能期刊遴选专家；通过专家出版的论文以及专家审稿历史自动推荐审稿人；通过相似文献的推送、引证文献的推送辅助期刊审稿；通过关键词聚类形成研究趋势图辅助编辑部处理文章；通过大数据采集、网络信息抓取或者数据库比对形成参考文献审校报告辅助编辑部对文章的判定等。

（1）智能推荐审稿人助力选择专家

智能推荐审稿人是主流采编系统的基本功能之一，但不同采编系统推荐的审稿人基于不同的数据库。例如，勤云公司的采编系统是基于"期刊界"的庞大数据资源。编辑可查找以往审过相关稿件的审稿专家并邀请其来审稿。系统自动推送相关文献，给审稿人更多的信息参考，提高审稿效率，缩短审稿周期。玛格泰克公司基于其建设的全球学术大数据平台 iAcademic 提供智能推荐审稿人服务。知网则基于超过 3400 万人的作者库推荐审稿专家。方正电子数据中心通过对网站、社交媒体、APP 等各类数据采集，建设了千万级学者及机构数据库，支持智能推荐审稿人。

以知网采编的智能推荐审稿人功能为例，知网通过对待评审文章和作者库的学者画像，判定两者画像的匹配度，最终实现多维度、多来源的审稿人智能推荐。平台提供了多种审稿人智能推荐方式，如可以按照专家近年发表且被知网收录的学术成果进行推荐，也可以按照专家在知网采编系统的审稿历史来推荐。所有智能推荐都是基于客观的学术成果或者为学术社会做服务的大数据统计，保证了智能推荐的客观性和准确度。

（2）研究趋势助力编辑对文章的判定

知网采编系统的研究趋势分析是基于知网知识资源总库的数据，通过一定的算法，以河流图的形式直观展示 CNKI 收录的近五年包含本文关键词的中文期刊文献数量变化趋势。通过该工具，编辑能依据关键词判断文章选题及核心内容在中国学术期刊范围中的整体发展情况。同时，图中的统计数据呈现了该主题论文随时间的动态变化趋势，因此编辑也可以依据关键词判断文章选题的新颖程度。

（3）参考文献校对减轻编辑工作量

科学研究往往要参考相关领域的大量文献，好的成果往往站在巨人的肩上，参考文献是论文构成的一部分，一方面表示了对先前成果从知识产权角度的尊重；另一方面也可以通过参考文献获取更多相关的专业信息，了解相关进展及来龙去脉；参考文献还是知识的链接，通过数据库为学术界提供知识网络线索及学术评价信息。因此期刊有义务确保参考文献的准确性，须做好参考文献的校对。参考文献校对一般有人工方式校对、专门的参考文献校对工具、采编系统的参考文献校对功能三种方式。知网的参考文献校对服务是将待审核的参考文献与 CNKI 文献总库中的文献进行比对，并显示对比结果，标出错误项、数据缺失项、格式错误等内容，为用户判断待审参考文献的准确性、规范性提供参考，审校样式和审校报告可以自定义。善锋软件可以根据各期刊编辑部对论文参考文献的格式要求进行个性化定制，在 Word 格式的文件中对参考文献的内容以及格式进行真实性、完整性以及准确性的校对，检索结果是基于各大权威数据库的信息[11]。勤云公司的采编系统则以 6000 万余条数据为基础，自动格式化参考文献。玛格泰克公司的采编系统对参考文献进行智能拆分识别，并在线获取准确文献数据，准确地识别和标记是否存在引用不存在的文献，及存在的文献未被引用等问题。玛格泰克公司的采编系统英文参考文献自动链接 CrossRef 进行校对。

2. 期刊的集群化管理打通多刊支持资源共享

对于多个期刊以及期刊集群，主流期刊采编系统提供多个期刊的协同模式，实现集群化管理，使采编业务和资源在集群内部优化配置，如统一用户信息管理、同名稿件的跨刊检测、用户资源共享、跨刊综合统计分析、学术不端人员联合管理、期刊稿件转投等。统一用户信息管理包括登录验证、用户数据同步、统一身份认证等。用户资源共享包括共享作者资源、专家资源，这样刊群内的期刊就可以查找更合适的审稿人了。有的采编系统支持特定期刊集群之间采编系统的管理，也有采编系统支持期刊自由组群，或可同时加入多个期刊集群。

3. 第三方平台的支持提升平台服务能力

为了更好地为期刊编辑部提供服务，各家采编系统都通过免登录的方式集成或者对接一些第三方的应用。以玛格泰克公司的产品为例，其与国内外主要的学术平台及知识发现平台均可以通过基于国际标准的数据接口进行对接。采编系统接入了万方的查重以检查中文稿件的文字复制状况，还实现了与 CrossCheck 对接，获取英文稿件的查重报告。在参考文献校对方面，系统对接了 CrossRef、PubMed 等以校对英文参考文献。在为稿件分配 DOI 方面，其为期刊论文生成通过万方注册的 DOI 或者通过 CrossRef 注册的 DOI。在作者唯一标识符方面，支持 ORCID 标识符（ORCID iD）。而知网的采编系统接入的是由知网生成的 DOI 以及知网自己的查重系统，嵌入系统中的中英文参考文献校对功能也是基于知网收录的中、外文学术资源实现。勤云公司的采编系统与万方数据对接，自动注册 DOI 号，自动对比全文；系统在文章发布之后能直接发送数据到百度等学术搜索引擎和数据库，能精准匹配推送给相关文章作者，让学术成果更高效地通过搜索引擎传播。

4. 和预印本平台对接推动期刊与预印本平台协同发展

预印本是在成果还未被出版物正式发表之前，为了与同行快速交流，自愿在学术会议或者在互联网上发布的科研论文。对预印本可实现快速发布、开放评论、开放存缴、开放获取、开放再利用。在预印本平台发布的文章和期刊文章的不同在于期刊的文章经过了同行评议，学术质量得到认可；期刊发表的文章经过了编辑修改，在文章结构、写作方式、语言表达、格式规范等方面得以提升，符合出版要求；在版权方面，论文的版权有了清晰的约定，如在订阅期刊发表的文章，论文的版权转让给了期刊，发表的论文不能再重复发表，不能修改，即使有改动，也要运用勘误等形式。目前一些国际学术出版机构已经布局了预印本平台，Elsevier 有预印本数据库 SSRN；施普林格•自然（Springer Nature）有 Research Square 预印本平台。大多数的预印本平台也会对提交的预印本进行筛选。中国的预印本平台包括中国科技论文在线（Chinese Science Paper Online，CSPO）、中国预印本服务系统、中国科学院科技论文预发布平台 ChinaXiv 等。国际上，生命科学领域大多数期刊对预印本再发表持支持态度，为此有了预印本平台和期刊投审稿系统的对接。例如，采编系统和预印本库进行接口对接，作者只需要一次性上传稿件，可以同时完成预印本存缴和向目标期刊的投稿。

5. 产品一体化助力平台和资源的整合

当前业界理解的一体化，主要指的是稿件从选题策划、投稿审稿、生产加工、发布传播等各环节，只需要一次登录，即可完成全流程的工作。当前中国主要学术出版系统大多是一体化的系统。同一个技术服务商的采编、生产、排版、网刊（发布）、传播等，每一个系统既是独立的系统，可以单独为期刊提供服务；又可以通过接口集成在一起，形成全流程、一体化的系统。不同技术服务商的系统之间，也可以进行对接。各个技术服务商所称的一体化尽管都支持采编发全流程，但在系统整体架构、系统组成、系统侧重点方面也还是有所不同。例如，勤云公司的采编系统已经是一套集选题策划、约稿、投稿、审稿、编辑办公、排版、发行、传播等功能于一体的综合性办公平台，实现资源的高度整合，帮助期刊提高出版效率，多形态融合出版，解决期刊编辑部一揽子的技术需求和服务。另外，勤云公司的采编系统与方正鸿云系统也可以实现无缝对接，在系统内实现从投稿到发行的一体化闭环管理。方正的鸿云系统与其已有的 XML 生产、传播服务及精准推送服务整合在了一起，构成了完整的科技期刊一体化服务平台。仁和公司的 XML 一体化融合出版平台，包括 XML 投审稿管理系统、XML 在线生产流程管理系统、XML 结构化在线排版编校系统、XML 网刊发布系统、微信公众号融合系统、XML 在线排版服务、影响力云监测服务、微信精准推送服务等内容。

6. 统计分析助力编辑决策

期刊采编系统通常会提供多维度的数据统计报告。①针对不同角色的用户进行统计，包括作者、审稿人、编辑、排版等的多维度统计，可叠加按照时间、地域、机构、投稿、审稿、处理稿件数量等进行统计。②针对资源进行统计，包括对不同类型的稿件、不同栏目的稿件、不同类型的资源、不同环节的资源等进行多维度统计。③针对任务状态进行统计，包括在哪些环节已经完成了哪些任务，哪些是该环节正在进行的任务，哪些是该环节已经延迟的任务等。针对待办事情的统计，不同角色在不同环节会有所区别，针对需要提醒的事项设置预警或者提醒。④针对工作量进行统计，如在选定的时期内的作者投稿数量、专家审稿数量、编辑工作情况以及排版情况等。知网的采编系统提供了稿件情况、人员情况、编审情况、文献传播情况、栏目情况、外审专家工作情况、编辑部工作量情况等多维度统计分析数据。

（四）服务编辑部的其他产品和功能

本部分主要介绍除采编、生产之外，中国相关技术服务商服务编辑部的产品和功能。

1. 大数据辅助提升办刊能力

中国主要技术服务商都整理和积累了大量的学术资源，如文章资源、多媒体资源、科学数据、元数据、知识元、作者资源、读者资源、用户资源等。基于这些资源可以进行多维度的统计分析，充分利用人工智能、可视化技术分析资源数据、运营数据、传播数据、作者行为数据、读者行为数据、知识网络数据等，为期刊决策提供支持。

以"中国科技期刊卓越行动计划国际化数字出版服务平台子项目——科技期刊数字化运营国际平台服务项目"的"国际化科技期刊决策支撑系统"为例，该系统基于全球科技文献资源大数据系统，建设期刊评价和学术画像，以此为基础，为科技期刊提供选题策划、组稿审稿、编委遴选等的决策参考。

（1）期刊学术评价服务

期刊学术评价系统从各个维度客观反映期刊的学术影响力发展现状，侧面反映办刊绩效，通过对比排名使期刊客观认识各方面表现在学科内的相对水平，为期刊管理、科研管理、办刊决策提供支持和参考。

（2）信息分析服务

1）定位策划：依托数据可视化的展现形式，以国内外期刊出版物信息检索、引用统计、主题词频、基金支持趋势、学科发展、学者和机构分析等信息为数据基础，以国家重大战略分析、学科发展分析、市场潜力分析为核心，针对期刊想调研的学科方向进行信息搜集汇总、统计数据、聚类分析，为科技期刊办刊方向决策提供信息支撑。

2）编委遴选：为科技期刊组建编委会提供推荐数据。以学者发文为基础，统计文献量及其影响力评价数据、分析研究兴趣变化和学术关联网络，结合工作经历、学术成果，进行学者画像分析，为期刊编委会的组建及调整提供参考。

3）选题策划：为科技期刊选题策划提供推荐数据。基于文献被引信息、学科信息、基金信息等分析学科研究前沿，参考国家重大战略、重大科学问题、学术会议热点等，为科技期刊推荐选题方向。

4）约稿作者推荐：为科技期刊精准推荐约稿作者。基于专家库的数据基础和学者画像，可视化展示相关领域的学者列表，提供履历、研究方向、学术影响、文章发表情况等信息，为科技期刊提供精准、高效率的约稿对象推荐。

5）竞争刊分析：为期刊提供同领域竞争期刊的比较分析，从期刊排名、作者数量、新作者或者首次发文作者统计、机构、高被引机构发文、基金文献情况等各方面进行比较。

6）精准推送：提供多维度的精准推送：基于用户订阅、阅读历史、作者历史发文、专家研究兴趣等。

2. 智能审校辅助编辑加工

智能审校即利用人工智能技术做机器审校，主要利用自然语言处理技术、机器深度学习技术、语言分析模型、内容结构化技术等。首先将出版行业的各类标准规范进行整理，并输入机器，然后再对审校系统进行智能训练，通过机器学习，使得机器具有一定的判断能力。比较成熟的智能审校软件有黑马校对、方正的智能审校等。下面以方正的智能软件为例进行分析。

方正通过机器学习、自然语言处理（NLP）、智能版面分析等多项技术的研究，融合分词、实体识别、句法分析、语言模型构建等技术，形成了一系列技术、模型、算法与引擎。例如，多类型资源之间的关联关系构建技术、出版物版面分析技术、自动运营支撑技术、内容和体例检查的出版物规范标准检测技术、基于深度学习的序列标注和通顺度评价算法，以及错别字、用词不当、敏感词等智能化引擎，构建了基于 AI 的智能审校服务，大幅提升编辑在审查、校对方面的效率。目前经过不断迭代升级，方正智能审校已经由最初 Word 插件（注重逻辑体例类检查、知识类检查），到推出 WPS、PDF 审校客户端及系列功能（如公式智能识别、姓名排序及图表管理等），再发展到无须安装任何插件即能实现 PDF 文档的审校。

（五）内容数字化生产加工分析

1. XML 生产提升平台服务期刊的能力

XML 目前已经得到学术出版界的认可，中国一些头部学术期刊通常会要求制作 XML 文件，并通过 XML 文件根据 DTD 生成一定格式的文件用于网络出版、移动出版等；国际各大数据库会要求被收录期刊提交 XML 文件以便于生成引文数据索引等。XML 几个特点被学术期刊关注：①用于数据交换，如提交数据给数据库，使用 XML 可以对数据段做描述；②用户 Web 服务，它让使用不同系统和不同编程语言的人们能够相互交流和分享数据，为此使用 XML 可以一次出版多元发布到不同的应用端（PC 端、手机端、PAD 端等）；③便于内容管理，XML 用元素和属性来描述数据，而并不提供数据的显示方法，因此 XML 文件可以转换成各种格式文件，如 HTML、WML、PDF、EPUD 等，能够运行于不同系统、平台和转换成不同格式文件，更适合用于内容管理；④可以集成到 Web 端，XML 则可以更方便地处理数据。

目前中国主流技术服务商均可以制作 XML 文件，并基于 XML 实现 HTML 的出版，实现数据的关联等。中国有技术服务商先用 Word、方正、InDesign 等排版，再转化为 XML；也有技术服务商直接将文件生成 XML 格式的文件，进行 XML 排版。基于 XML 的排版相比先排版后转化 XML 可以有更强的服务能力。仁和的 XML 结构化在线排版编校系统具有代表性，排版、编辑、作者、校对人员等多种角色可同时在线排版、校对、修改，系统支持在线修改、在线批注稿件，所见即所得，以此提高修改效率；支持对录用文章进行自动结构化处理。排版过程任意时间均可导出 XML 文件用于发布或交互，支持导出网络版和印刷版的 PDF 文件，其中印刷版 PDF 文件精度比较高，可以直接用于印刷，网络 PDF 文件较小，适用于网络发布，网络版 PDF 还可以实现关联阅读、延伸阅读等功能。XML 结构化在线排版编校系统保留全部修改痕迹，用于修改记录回溯、版本比对等。

2. XML 标准提升数据交换、共享和传播水平

XML 标准直接影响期刊数据存取、数据传输、数据跨平台交换、数据共享和交互等。各个生产单位的 XML 标准不完全相同，存在一定的差异，主要是在文章结构、内容要素和元数据描述方面。目前中国的 XML 标准有知网 XML 标准、清华大学出版社的 XML 标准、中华医学会的 XML 标准、玛格泰克公司的 XML 标准、方正的 XML 标准、仁和公司的 XML 标准等。

以玛格泰克公司为例，基于国际标准的全文 XML 技术，主持制定了《期刊文章标签集》（GB/T 40959—2021）国家标准（2021 年）、《期刊全文 XML 描述标签集》（CY/T 263—2022）行业标准，以及《中国科学院学术期刊全文 XML 描述标准（CAS JATS 1.0）》团体标准（2017 年）。中国科学院 XML 标准是结合中国科学院学术期刊论文、学位论文、会议文集等学术文献的全文内容，在参考和借鉴 NISO JATS 1.1（Journal Article Tag Suite 1.1）的基础上，制定的学术期刊全文结构化描述规范。该标准定义了期刊全文的结构、内容要素和元数据描述的元素、属性及内容模型，描述了 298 个元素和 139 个属性。

3. 结构化出版有利于内容资源的管理、内容增值

越来越多的中国期刊选择 XML 排版，以支持增强出版、结构化出版、全媒体出版。结构化出版的论文不再限于以篇为单位，而是更加碎片化、提供更小的单元，这些更小单元的资源可以被重新组合和再利用，整合到图库、表库、音频库、视频库、观点库等，还可以被单独检索和使用。碎片化资源的动态重组，可以根据读者需要动态呈现相关内容，读者需求不同，内容的组合和呈现方式不同。碎片化的资源也便于实现资源的网格化、图谱化，知网就基于碎片化内容，利用画像技术、图谱技术，将学术信息可视化展示。文章结构化是语义出版的基础，利用语义技术可以实现对读者兴趣的跟踪、对读者行为的分析、链接至语义相关的文献，可以收集用户在网上的活动，充分利用人工智能的学习功能，不断地完善元数据、领域词表、领域本体以及出版内容。为此碎片化的内容可以被重新组织，可以做分析、交互，生成新的产品，并实现资源的增值。

第三节　新形态数字产品与服务案例剖析

信息技术和网络技术的发展，推动了优先出版、开放获取、预印本等模式带来的出版效率的提升，同时在出版要素和展现形式方面，近些年也发生了一些变化。视频由依附于文章作为增强内容的视频摘要、视频导读等形式开始衍化到独立存在的视频文章形式，数据由辅助材料独立出来，演变为数据出版。音频作为辅助内容，也在期刊的延展视听方面有了更多的实践。借助移动互联网和数字化出版技术，越来越多专业领域的学术动态和最新科研成果以新的出版形式报道，以更快的传播速度、更丰富的信息量、带来更具实景感的阅读体验。

一、中国音视频辅助出版、短视频传播及视频期刊出版案例剖析

在富媒体时代，如何把出版的高质量作品快速呈现于目标读者并引起读者兴趣，以及如何在目标读者心中树立良好品牌形象，是期刊制定和推进宣传策略时需要重点考虑的内容。

短视频是继文字、图片、传统视频后新兴的互联网内容传播形式。微信平台视频号、抖音、哔哩哔哩（B站）、快手、西瓜视频五大短视频平台在科技期刊运营中发挥了重要的传播作用。不同平台目标用户差异较大，科技期刊在进行短视频建设时需要首先考虑与平台的适配度，选择合适的"赛道"；按视频内容可分为加强

出版类、营销资讯类、期刊公告类及拓展传播类，加强出版类和拓展传播类内容在科技学术期刊中占比较大，拓展传播类内容传播效率最高[12]。中国期刊先后创建了视频宣传和（或）直播平台，不断发挥视频在内容增强、传播可视化方面的支撑作用。现选取发展比较快和比较有特色的几个平台加以分析。

（一）结合期刊自身行业特色，加强全生态传播服务

新媒体平台中以视频方式传播科技期刊的内容优势明显，及时、高效、传播面广，分享的内容可以快速高效地传达出去；可以极大地改善人们对于对科技期刊的传统认知，通过视频甚至直播方式，拉近科技期刊与读者群的距离，建立起更密切的关系，从而促进期刊建立更广泛的学术传播圈。

《金属加工》杂志社多年来以实用性，持续为行业创造价值为出发点，紧跟时代潮流，在科技期刊全媒体转型中，不断以视频和直播业务为主要触角和突破口，着重打造了蓬勃的全媒体生态和强劲的传播渠道，并采取技术和内容双轮驱动策略，全方位深耕用户市场，探索科技期刊的全新发展航向。现今，新媒体盈利已经成为该杂志社的重要经营支柱。

例：《金属加工》的微信公众号＋直播平台

《金属加工》杂志社 2006 年创建了垂直行业门户网站"金属加工在线"，2013年开通微信公众号"金属加工"，并根据服务的行业及自身的重点方向，确定了"领域号"＋"专业号"的微信矩阵布局体系（共 11 个微信公众号），2015 年创建电商交易平台"金粉商城"，2017 年推出金属加工直播平台，2020 年 3 月开通视频号[13]。

2017 年 3 月 16 日，上线首个原创视频栏目——"金粉讲堂"。同年 4 月 19日，第十五届中国国际机床展览会（CIMT2017）开幕，《金属加工》杂志社全程直播了开幕仪式，并对展会进行专题视频报道，这是《金属加工》会展直播的开端。2018 年 7 月，《金属加工》自有的视频直播平台"九州云播"上线，并于 2019 年升级为杂志社上级管理单位机械工业信息研究院的共用平台。2020 年，新型冠状病毒感染疫情促使读者和用户的阅读、推广需求加速转向线上，杂志社快速反应，

推出"金属加工在线论坛"和"企业云直播"等新的视频和直播产品，自此金属加工视频和直播业务进入了发展的快车道。截至 2022 年 9 月，共举办"金粉讲堂"161 期，会展直播 42 场，企业直播 46 场，在线论坛 30 期。

2020 年 3 月，金属加工视频号开通，截至 2022 年 10 月，累计关注数超 1.2 万人（因为与"金属加工"微信公众号绑定，所以与公众号的 54 万粉丝相通）。视频号按照"产品化、体系化、品牌化"的思路，精心打造精品视频栏目，推出了"金属加工每周要闻""金粉小讲堂""金属加工快讯""金属加工访谈""加工真奇妙""金属加工对话"等固定栏目。截至 2022 年 9 月，已发布"金属加工每周要闻"131 期、金粉小讲堂 65 期、金属加工快讯 36 期、加工真奇妙 762 期，总观看量超 1000 万人次。

（二）加强视频类平台内容建设，促进科技期刊学术与品牌传播

有些期刊在发展中，注重利用期刊所在单位优质学术资源和人才资源，搭建学术教育平台和学术传播平台，这类平台的内容可持续、反复在线提供服务，其累积的资源不断发挥效能，提升了期刊的内容传播、文章引用和品牌价值。

以中华医学会杂志社搭建的学术教育平台和传播平台为例。远程继续医学教育是基于信息化平台建设的一种新型医学教育形式，新医改政策下远程医学在现代医学人才继续教育模式创新中发挥着重要的角色与作用。国家卫生健康委办公厅 2019 年发布的《关于落实为基层减负措施改进继续医学教育有关工作的通知》提出："加快推动远程继续医学教育""将优质继续医学教育面授项目逐步制作为远程继续医学教育课件，采用慕课、微课、远程视频等'互联网+'方式，供医务人员线上学习"。《国家中长期教育改革和发展规划纲要（2010－2020 年）》的公开征求意见稿提出："构建灵活开放的终身教育体系""大力发展现代远程教育，建设以卫星、电视和互联网等为载体的远程开放继续教育及公共服务平台，为学习者提供方便、灵活、个性化的学习条件""搭建终身学习'立交桥'"。为了充分发挥中华医学会及杂志社丰富继续教育资源和培训经验的优势，提供更加多元化的医学知识服务，杂志社 2020 年按照"远程继续医学教育机构申报标准（试行）"的具体

要求，搭建了"中华医学远程继续教育"平台。平台的主要定位是建设适用于专科和基层教育发展的医学知识平台；满足医生在本专业领域内持续不断学习的需求，促进医生成长成才，提升医疗水平，促进基层服务能力和诊疗水平的提升；面向各级医疗机构、医生提供学术教育服务。

目前，该平台已完成 1.0 版本建设，正加快对平台 2.0 的设计开发和功能完善工作；2021 年共获批了 31 个 2022 年国家级远程医学教育项目，覆盖 12 个学科，学习视频 224 个；已完成"乳腺学"精品课程体系设计和 74 节课程的录制上线；整合发布 226 场会议直播及回放信息，方便用户随时浏览、学习，吸引了大批量读者常驻，并以此为中华医学期刊网平台带来可观流量，该类继续教育平台的崭新内容建设与视频传播客观上更满足读者所需，增进了用户黏性，并逐渐展现出其强社交属性特色，对期刊品牌影响力建设起到反哺和支撑作用。

（三）高质量音视频内容结合线下推广，助力期刊全方位传播

线上线下推广各具优势，网络端的期刊内容传播可持久在线，随时可被搜索发现。线下推广，专家现场解说更有当面交流互动的优势。两者对期刊的传播力和影响力都有重要的提升作用，辅助期刊加强专家社区建设、读者社群服务，助力期刊多维度高质量发展。

例：《电化学能源评论（英文）》（*Electrochemical Energy Reviews，EER*）视频宣传与线下推广结合模式

为扩大 EER 影响力，特别是在电化学和能源领域的影响力，EER 主编、执行主编、编委团队以及编辑部在宣传工作方面均作出了不懈努力。EER 的论文一经上线发表，即开始全方位宣传，其中长摘要宣传是重点。EER 作为一本英文综述类期刊，单篇文章的体量非常大。为避免读者望而却步，也为更好地引起读者兴趣，杂志邀请每篇论文的作者撰写中英文版论文长摘要宣传稿（论文作者全为外国学者的只撰写英文版宣传稿）。宣传稿篇幅不长但突出亮点。作者提供的论文长摘要宣传稿在经过专业编辑加工整理和严格"三审三校一读"后，在 EER 官方媒体平台发布：中文版的发布于 EER 中文官网、微信公众号、微博、科学网博客；英文版的

发布于 *EER* Facebook 和 Twitter。除了论文长摘要宣传，*EER* 选择将部分论文制作成视频论文，将图文形式的论文可视化、动态化、趣味化，更能抓住读者眼球，引起读者兴趣。*EER* 重视传统的线下推广活动，参与组织期刊峰会或参加相关学术会议是重要途径。

传统上，专家进行学术交流依赖期刊和学术会议，科普传播也限于报纸或电视等媒体。新媒体的出现，给音视频学术传播、科普创作带来了无限的想象和实施空间。一些期刊和技术公司开展合作，以短视频和音频的形式做成音视频摘要，推广文章。例如，《中华医学杂志（英文版）》（*Chinese Medical Journal*）建设播客栏目，以主持人和作者在 20 分钟内的问答形式介绍 *CMJ* 出版物的亮点，形成合集（https://journals. lww.com/cmj/pages/podcastepisodes.aspx?podcastid=1），供读者下载。有些期刊借助成熟的工具，如借助 Aminer 的 AI 秒读，自行制作一些音视频内容开展传播。这些传播形式，配以图片或演示动画，使专业领域的读者更容易理解，也使得科学内容更容易被公众了解。

《机器智能研究（英文）》（*Machine Intelligence Research, MIR*）在制作宣传短视频时，坚持专业性与科普性密切结合的原则，推出"90 s 解读 AI"系列短视频。其视频脚本源自高质量约稿论文，在历经科普化改写、审核等流程后，以推文的形式首发于微信，此后再经过大众化改写，将推文进行碎片化处理，保留可视化内容，浓缩至 500 字以内的短视频脚本。随后，再基于脚本寻找与内容高度契合的公开发布广告和宣传片的图片及视频素材，内容、场景符合大众审美，再结合真人配音进行片段化剪辑。该种兼顾专业性和科普性的视频发布后取得了很好的传播效果，促进了论文内容的全面传播。

特色化音视频推广有助于科技期刊的高质量传播。在中国特色世界一流科技期刊的建设进程中，科技期刊除了保证连续出版高质量作品外，还要努力创新宣传模式，结合新兴多媒体技术，争取以更生动、更便捷的方式向读者呈现高质量作品，为社会文明发展贡献一份力量。

（四）以视频和音频代替传统论文展现方式报道专业领域研究

鉴于视听化表达和文章引用之间存在相关性，21 世纪伊始，科技期刊就出现允许乃至鼓励作者以视频形式对论文内容进行补充说明以增强传播效果的案例。2006 年，《视频实验杂志》（*Journal of Visualized Experiments，JoVE*）的创立更是推出了科技期刊全新的基于视频和音频的出版方式，丰富的音视频出版不但可全面展现生物学、医学、化学、物理等学科领域的研究过程与成果，更能有效地传递知识，尤其是复杂的实验操作、手术路径均可通过实际视频展现或以三维动画的方式模拟，这是纸版期刊无法达到的。中国科技期刊出版机构也在这方面进行了尝试。

例：中华医学会杂志社视频期刊出版探索

2018 年 12 月 14 日，中华医学会杂志社第一本视频杂志——《中华心血管病杂志（网络版）》（http://cvjc.org.cn）正式发布。《中华心血管病杂志（网络版）》是一本致力于以视频和音频的方式展现专业领域研究的学术期刊，使得实验研究、手术操作更生动、可视化，能更有效地传递知识，读者可通过 PC 端和手机移动端阅读。该刊以从事心血管病及相关领域的预防、医疗、科研工作者为读者对象，报道心血管病学领域领先的科研成果和临床心血管内科、外科诊疗经验，技术创新，以及基础研究。2022 年开辟了新的栏目"操作规范"，该栏目系统介绍心血管临床操作技术的最新研究进展，并借助文字与多媒体结合的方式，图文并茂地介绍常用技术的规范化操作，以便于同行学习和掌握。目前已发表至第五卷，共发表经同行评议的 129 篇视频论文[14]。

（五）音频出版推助科技期刊融合创新

得到、喜马拉雅等平台通过将纸版图书和音频一体化的形式，促进了图书市场的高速增长。在科技期刊融合发展时代，音频形式也开始被广泛利用。例如，有的独立平台采用音频形式提供专业化服务，还有利用音频助力科技期刊影响力提升等新型出版传播的探索。

1. 应用音频推广的独立平台服务

独立平台服务，其建设可以调研不同领域期刊的需求最大公约数，通过模式化的设计，提供模块化服务。其优势在于能够持续进行技术研发和投入，保障系统持续优化迭代，但在个性化需求方面响应模式和效率略显不足。

例：开放科学计划（open science identity，OSID）

OSID 是由中国编辑学会出版融合编辑专业委员会、国家新闻出版署出版融合发展（武汉）重点实验室发起，面向学术期刊行业的一项开放科学公益计划，应用"现代纸书"模式，借助 SAYS (scientist at your system) 系统工具，以全媒体思维打造"现代纸刊"，推动期刊轻量化转型，整合运用平台资源，实现对编辑、作者的有效激励，提升期刊社的社会和经济效益，为读者用户提供精准知识服务，促进基于单篇论文的学术交流与评价体系建立，全方位、全流程、多维度为期刊增值，最大化提升期刊影响力，促进期刊实现融合创新发展。以全媒体思维打造"现代纸刊"，通过语音介绍、问答、读者圈、专题、读书卡片、教育表格等形式，在呈现期刊论文成果的同时，提供与期刊文章相关的附加服务与资源。OSID 驱动精准内容生产，增进编辑、作者、读者交互融合，建立自有公共知识资源库，促进开放科学出版和学术成果公共利益最大化实现，助推期刊融合轻量化转型，促进打造一批学术质量高、社会效益显著、具有国际影响力和传播力的品牌期刊，探索期刊出版融合发展新路径。其功能主要包括如下三点。①语音介绍论文：科研作者录制一段与研究成果相关的语音，介绍论文写作动机和背景，使读者可以快速知晓文章的研究目的和研究方法，以及主要研究成果等。②作者在线问答：开放科学（资源服务）标识码成为即时通信入口，使读者与作者可以通过文字、语音等形式进行在线问答交流。③学术交流圈：参与 OSID 的科研专家、作者、读者可通过开放科学（资源服务）标识码进行在线学术交流，加强互动，形成自己所在科研领域的交互圈层。例如，《科技进步与对策》《电讯技术》等杂志，编辑为每篇论文设置语音主题，要求作者对论文做进一步的语音解说，从而增加论文的可读性，提高文章质量与影响力[15]。

OSID 目前有 1900 多家期刊单位参与，期刊覆盖医学、工程、农业、社科经管等各个学科领域，已在不同程度开展 OSID 运营工作。合计已有 20 万余篇论文转型成开放科学（资源服务）码论文，超 13 万名学者参与。OSID 以二维码为入口，提供丰富的线上扩展功能，包括作者对论文背景的语音介绍、论文研究中开放内容与数据、作者与读者的交互问答、学术圈等多种实用功能，为每篇论文提供专属的开放科学（资源服务）码，使得读者和作者获得与业界同行开展交流的渠道。作者可在码内对论文作者、研究背景、学术价值等问题进行语音阐述，也可上传论文的补充性数据与材料（图片或视频），使论文成果更加立体化展现，增强论文质量，提升论文的阅读量、下载量和引用率，扩大论文和作者的影响力。

2. 以音频传播科技期刊

《中国科学：地球科学》在地球科学界历史悠久，声誉颇高。该刊基于其官方微信号"中国科学地球科学"进行了音频宣传的工作实践，自 2021 年起，推出"听文献"栏目，音频制作采用 AI 技术，推出"短音频+图文"和"长音频"模式推文。结果显示，带有音频的推文比不含音频推文的宣传结果要好，长音频较短音频更受欢迎，这些都充分说明音频宣传形式更加吸引"听众"，有助于科技期刊的宣传。

虽然音频技术因其节约时间、便于阅读且制作技术成熟、耗费较低等，更易被科技期刊广泛应用于传播领域。但音频很难应用于图表、公式等内容，具有一定的局限性。因此，科技期刊应广泛借助图文、音视频等不同形式的优势，展开多元化、全方向的融合创新，不断拓宽科技期刊发展的新模式。

二、中国数据出版及数据存储平台案例剖析

科学数据作为新时代重要的生产要素和战略资产，驱动了科学创新发展、重大科技成果产出。而在开放科学的过程中，科学数据的地位也在悄然改变：其不再仅是学术论文的附属物，而成为科研的基础产出。科学数据的开放共享需要以数据仓储库为平台，从而实现其有效管理、公开共享、规范引用和出版传播。为完善科技资源共享服务体系，推动科技资源向社会开放共享，我国于 2019 年成立了 20 个国家级科学数据中心，助力推进相关领域科学数据向国家平台汇聚，完善科学数据存储、管理和安全所需基础设施。

尽管数据出版和数据仓储近年来已成为科技期刊出版的新型范式，但面对开放科学和数字融合出版的新形势及新需求，我国科技期刊数据出版、数据仓储的数量和质量与国家科学研究的水平相距甚远，服务能力相对不足，竞争力与国际相比尚

有差距。因此，构建不同领域、不同要求的期刊数据出版、期刊数据仓储，是推进中国科技期刊业发展的重要基础设施之一。

作为中国数据出版的先行者，全球变化科学研究数据出版系统（中英文）于2014 年 6 月创建，由三项基础设施构成，包括：全球变化知识与数据枢纽、全球变化数据仓储（中英文）、全球变化数据学报（中英文）。《全球变化数据学报（中英文）》2017 年创刊，《全球变化数据仓储电子杂志（中英文）》2020 年 6 月创刊，由中国科学院主管，中国科学院地理科学与资源研究所、中国地理学会共同主办，由《全球变化数据学报（中英文）》编辑部出版和发行，以全球变化科学研究内容相关的数字化实体数据集为核心内容，月度出版[16]。截至 2022 年 10 月 24 日，全球变化科学研究数据出版系统共出版数据集 61 期，出版数据集 1102 个，访问人数 8 871 504 次，数据用户数（IP）97 043 个。

《中国科学数据（中英文网络版）》是目前中国唯一的专门面向多学科领域科学数据出版的学术期刊，也是国家网络连续型出版物的首批试点之一，国内外公开发行，季刊，中英文网络在线出版，中国科学引文数据库（CSCD）来源期刊。《中国科学数据（中英文网络版）》编辑部获第五届中国出版政府奖"先进出版单位奖"。期刊致力于科学数据的开放、共享和引用，推进科学数据的长期保存与数据资产管理，探索科学数据工作的有效评价机制，推动数据科学的发展，促进科学数据的可发现、可访问、可互操作、可重用。期刊重点关注各学科研究领域的基础数据及数据产品，优先出版数据论文，兼录高质量的数据科学相关评述型论文、数据标准规范以及数据观点论文。《中国科学数据（中英文网络版）》所收录的科学数据论文结合传统期刊论文内容和结构化描述模式，是对具有科学价值的某类或某个数据集进行规范化描述所形成的科学研究论文，遵循 Creative Commons Attribution 4.0 International License（CC BY 4.0）协议在线发表，能够使数据更具发现性、引用性、解释性和重用性。数据论文应当提供数据集的描述细节，包括数据收集和加工处理方法、数据质量评估和验证的方法、便于理解和使用数据的相关信息等，但不包含新的科学假设。完整的数据论文出版应包括数据论文和对应数据集两部分，二者通过数字对象唯一标识符（DOI）实现一致性关联，经同行专家评议保障数据的高质量与可读性[17]。截至 2022 年 10 月，《中国科学数据（中英文网络版）》在线发布数据论文 568 篇，出版专题 26 期，关联出版数据总量 11TB。

在科学信任度日渐重要的现代社会，可复制性对提升科学研究结果的可信度至关重要，为遵守 FAIR 原则（Findable、Accessible、Interoperable、Reusable）的承诺，众多国内外科技期刊近年来要求已发论文中作为结果的所有基础数据都应公开并即时可用，这些数据大多选择存储于外部公共存储库中。此外，随着我国数据期刊的发展，中国的数据存储平台也在同步建设和发展。科学数据银行（Science Data Bank，ScienceDB）是由中国科学院计算机网络信息中心自主研发的致力于打造科学数据长期共享与出版的国际化通用存储库，面向国际学术界、学术期刊和出版商等提供数据出版和获取服务。ScienceDB 致力于出版符合主流数据标准或惯例的高质量科学数据，旨在促进科学数据的 FAIR 原则，提升科研数据成果的价值，积极开展与国际高端学术品牌的交流合作，推动我国数据共享文化氛围的良性发展[18]。

ScienceDB 一直大力推动其在学术期刊、科学数据中心、重大科研项目、科研机构、高校、科研个人等方向的应用。截至目前，ScienceDB 已被 Springer Nature、Elsevier、Cell Press 和美国地球物理学会（AGU）旗下期刊收录到其推荐的通用型数据存储库名单；获得 Web of Science 的 Data Citation Index 收录认证、Google Dataset Search 收录索引；成为 Nature、Elsevier 等出版商旗下 6000 余本国际期刊推荐的数据存储库。

三、"科创中国"案例成果数据库建设剖析

2021 年起，中国科学技术协会打造"科创中国"服务平台，积极搭建产学研融合桥梁，组织动员广大科技工作者解难题、促转化、助创业，增进各类创新资源协同互动，为加快建设现代产业体系、推动高质量发展作出贡献；并以"科创中国"案例库建设项目为依托，不断增强"科创中国"平台服务科技工作者成长、服务创新成果快速转化、支撑人才评价机制改革的作用。

（一）中国临床案例成果数据库

2018 年 7 月，中共中央办公厅、国务院办公厅发布《关于深化项目评审、人

才评价、机构评估改革的意见》后，相关部门按照《科技部　教育部　人力资源和社会保障部　中科院　工程院关于开展清理"唯论文、唯职称、唯学历、唯奖项"专项行动的通知》，在高校、科研机构间展开"破四唯"行动，社会各界持续破除人才评价、使用、激励等方面的体制机制障碍，努力构筑以创新价值、能力、贡献为导向的人才评价体系。为实现优质医学临床病例资源的共享使用，推动建立基于实绩、贡献的临床医生多元评价制度，破解医学领域论文学术不端多发问题，中国科学技术协会于 2018 年提出"临床案例代表作"方案，鼓励临床医务工作者将诊疗经验总结为规范化的病例报告，提炼实践经验，提升临床诊疗水平。中国科学技术协会委托专家资源丰富、办刊实力雄厚的中华医学会开发建设"中国临床案例成果数据库"，并给予支持和资助。中华医学会杂志社创建了新型病例采编发一体化平台——中国临床案例成果数据库（Chinese Medical Care Repository，CMCR）。2020年 9 月 9 日，李克强总理在国务院常务会议上强调推进突出临床实践的职称评价。2020 年 11 月 20 日，人力资源和社会保障部、国家卫生健康委共同研究起草了《关于深化卫生专业技术人员职称制度改革的指导意见（征求意见稿）》。2021 年 8月 4 日，人力资源和社会保障部、国家卫生健康委、国家中医药管理局发布的《关于深化卫生专业技术人员职称制度改革的指导意见》中明确提出："实行成果代表作制度。临床病案、手术视频、护理案例、流行病学调查报告、应急处置情况报告、论文、卫生标准、技术规范、科普作品、技术专利、科研成果转化等均可作为业绩成果代表作参加评审。"以此作为衡量医生临床水平的标准之一。依照评价改革的政策导向，CMCR 提供基于临床病例研究成果的评价服务是对现有临床医生评价体系的补充，为医疗机构多元化人才评价（特别是基层临床医生评价）提供支撑，同时面向医务工作者提供在线病案学习服务[19]。

　　除传统出版业务外，国际出版机构多有数据库和评价体系建设的实践。为高标准建设 CMCR，切实发挥数据库汇聚高质量病例资料、支撑医生临床诊疗的重要作用，中华医学会杂志社充分考虑各类相关标准、资源、系统和服务体系，整体架构涉及稿件管理系统、数字出版系统、数字加工体系、资源管理系统、知识管理与服务系统、资源分布系列、用户管理系统和经营管理系统。多系统协作、多维度融合进行了 1 年时间开发建设，集临床病例采集、评审、编辑、生产、数字加工、存储、知识标引、网络发布、科研评价和知识服务于一体的 CMCR 于 2019 年正式上线。CMCR 在实际运营中加强管理和支持，编制病例入库标准、建立质量控制体系、持续丰富内容资源[20]。截至 2022 年 10 月 18 日，中国临床案例成果数据库收录总机构数 3803 个，作者数 72 499 人，病例报告 100 122 篇，基层病例报告 1410 篇，总阅读数 13 016 254 次，总下载数 1 010 460 次。

（二）中国中医药临床案例成果数据库

中国科学技术协会以支撑服务临床医生评价改革（人才评价）为目标，委托中华中医药学会开发建设中国中医药临床案例成果数据库。

中国中医药临床案例成果数据库项目致力于普及推广中医中药知识：建成高水平的经典案例平台，供临床医师学习使用，促进中医药传承发展；沉淀名医名家精华：收集整理国医大师、院士、全国名中医的经典案例入库，沉淀名医名家案例精华[21]。

中国中医药临床案例成果数据库已完成系统 1.0 版本建设。该数据库组建了由 40 余位国医大师、院士担任的案例库高级学术顾问团队；组建了包括全国名中医、杰青、长江学者、学会主委等在内知名专家 160 余人的专家委员会；公开征集了 240 余名覆盖 22 个专业的审稿专家团队；组建了覆盖系统建设、期刊编辑、人才工作改革方面的工作组 10 余人。构建完善的评审制度，包括完善《投稿须知》《案例写作模板》《版权声明》《专家委员会管理办法》《审稿专家管理办法》《审稿专家工作要点及流程》《百问百答》等文件。学会与科协联合发文开展了 2022 年度优秀中医药临床案例成果征集遴选活动，并公开和定向征集"中国中医药临床案例成果数据库"罕见病案例。案例征集面向学会各分支机构、全国医药高等院校及知名三甲医院。

（三）科研仪器案例库

为贯彻习近平总书记在两院院士大会和中国科学技术协会第十次全国代表大会上的重要讲话精神，积极构建以创新价值、能力、贡献为导向的科技人才评价体系。中国科学技术协会以推动实验技术人员评价改革为目标，于 2021 年牵头建设了数字化出版流程和知识服务系统——科研仪器案例成果数据库（以下简称"科研仪器案例库"）。作为"科创中国"数字平台案例库建设项目之一，科研仪器案例库具备案例采编、标引标记、元数据处理等功能，为实验室技术人员多元评价提供有效参考和实施工具，为广大科研工作者提供科研仪器案例报告免费发表和开放获取服务。

科研仪器案例库由北京航空航天大学和中国仪器仪表学会联合建设，其中北京航空航天大学负责系统建设和运维，中国仪器仪表学会负责内容建设。2021 年完成了案例库系统的搭建，2022 年开展案例库内容建设和系统完善。

"2022 年度优秀科研仪器案例征集遴选活动"面向全国实验技术人员征集科研仪器应用和实验室建设管理相关案例，涵盖科研仪器应用、实验技术和方法开发、标准规范研制、科研仪器维修维护、科研仪器升级改造、科研仪器整机研发与关键零部件研发、科研仪器验证评价与可靠性评价、专业技术培训、专业化实验室建设和改造、科研仪器设备管理研究、实验室安全与质量控制体系等 11 个主题，旨在征集对科研仪器应用研发和实验室建设等具有指导和借鉴意义的案例，同时通过收录的案例反映实验技术人员解决专业问题的实绩、贡献、能力，为后续推动案例库在实验技术人员职称评价中的应用奠定基础。

截至目前，科研仪器案例库已收录案例千余篇目，案例来源于两个途径，其一是公开征集原创案例；其二是与第三方期刊合作，通过授权导入主题相关的论文，案例覆盖仪器应用领域包括信息技术、智能制造、生物医药、新材料、工业互联网、新能源、食品农产品、环境保护等。案例库收录五十余篇专业技术培训的视频，直观展示了仪器的基本操作、功能挖掘，以及针对性的新功能开发等多方面的内容。

四、新的产业形态以及传播手段对期刊生态带来的影响

新形态数字产品及服务带给科技期刊的，是媒体传播形态的变革，它们共同织就了传播的天网，跨越了时空乃至知识储备的阻碍，让更多人群得以了解、深入学习及掌握利用科技；更深入地展望，它们给科技期刊产业带来的是对成熟化的科技

期刊评价体系的全面冲击；是全新的商业模式，是盈利、营销乃至投融资等方向的创新思考；是头部集中、产业重塑。

以往，科技期刊主要通过两个指标来衡量已发表研究成果的影响力：引用量和读者数量（下载量）。泛在数字化网络传播时代，出版机构积极寻找新形式来评价已发表研究成果的学术影响力。例如，Altmetrics 通过社交媒体的提及数、引用量和文章下载量来分析论文的影响力数据。作为衡量标准，量化指标提供了关于研究如何以及在哪里被分享和讨论，由谁分享和讨论的证据。很多学术期刊和出版平台已经直接与 Altmetrics 对接，可以直接观测到发表的每篇文章的 Altmetric 指数的变化。但与此同时，我们也需要对这种量化的分数加以客观评价：语言是否是影响其分数的因素，承载内容的期刊平台是否影响其传播效率、阅读量的真实性如何甄别。更关键的是，中国科技期刊界尚未出现衡量社交媒体影响力的相关评价。相当长一段时间以来，科技期刊的盈利模式通常靠版面费、发行、广告乃至品牌衍生品（合订本、光盘、数据库、会展等）进行运作，纸质阅读的下滑一再造成行业传统收入的沉沙折戟。但近年来，随着科技期刊在各种新媒体形态中的全面出击，相关产业界开始逐步正视期刊的前景，一种内容前沿活泼、形式多样新颖、运营全面突出的科技期刊，既是行业细分垂直人群的聚集地，又可聚拢大批的科技爱好者和终端使用者；这里，是一个小而美的重度细分市场，是有着精准用户画像和良好用户黏性的生态圈，非常适宜重度锁定构建生态营销。未来，随着音视频、数字技术等周边产业的全面成熟，更加边际化的制作成本及人员团队，将助力科技期刊走向更远，音视频封面、定制化广告、定向人员推广乃至从标准化产品转至个性化服务等，科技期刊界面临的最大挑战是商业思维模式的全新转变，是对自身资源的全面盘点和服务输出能力的准确评估和恰当使用。

新形态数字产品及服务带给科技期刊及其产业格局的影响深远。当期刊不再受版面、出版模式约束时，巨型期刊、平台出版期刊、数据出版期刊、音视频期刊乃至人才评价体系变革或将对诸多以版面费为主要收入来源的中国科技期刊带来山崩海啸式的冲击，读者、客户的分配关系将重新厘定，固化的行业将强势洗牌，新锐势力逐步展现前景。

社会形态演进、技术发展总是在推进科技期刊出版的变化，2021 年被认为是"元宇宙"元年，随着 5G、数字孪生、虚拟现实、人工智能、大数据的融合发展，未来的出版和传播形态会有更大的颠覆式变化。自 2022 年 11 月 OpenAI 公司推出聊天机器人 ChatGPT 以来，学术界乃至全社会都在对这项颠覆性的技术进行热烈讨论，该技术在信息搜索和分析领域展现了巨大的潜力。随着技术的发展和期刊实践的融合，更多、更新、更丰富的期刊出版和传播形态将不断显现。科技期刊界应当欣赏变化、尊重变化并主动拥抱变化，在变化中保持专注和聚焦，迎接挑战，寻求机遇，紧跟时代，利用新技术实现最好的发展。

参考文献

[1] 赵霞, 池营营, 武晓芳, 等. 基于 CiteSpace 的科技期刊选题策划工作模式构建与探索[J]. 中国科技期刊研究, 2020, 31(4): 419-424.

[2] 赵巍, 付辉, 王海娟. 疫情期间学术论文的优先出版与质量控制的探索与实践[J]. 编辑学报, 2020, 32(4): 418-421.

[3] 张莹, 白雨虹. 新时代科技期刊品牌化、集群化发展探讨——以 Light 品牌期刊集群为例[J]. 出版广角, 2022, (19): 25-30.

[4] 尹欢, 孔敏, 张彤, 等. 英文学术期刊学术社区的探索与思考——以《园艺研究》为例[J]. 中国科技期刊研究, 2021, 32(8): 1040-1048.

[5] 张元钊. 数字化转型加速学术期刊高质量发展[N].中国社会科学报, 2022-02-22, 006

[6] 北京玛格泰克科技发展有限公司 [EB/OL]. [2022-12-30]. https://www.magtech.com.cn/CN/model/index.shtml.

[7] 北京勤云科技发展有限公司[EB/OL]. [2022-12-30]. http://www.e-tiller.com/et/home.

[8] 北京仁和汇智信息技术有限公司[EB/OL]. [2022-12-30]. https://www.rhhz.net/.

[9] 北京北大方正电子有限公司[EB/OL]. [2022-12-30]. http://www.founder.com.cn/.

[10] 中国知网[EB/OL]. [2022-12-30]. https://www.cnki.net/.

[11] 善锋软件[EB/OL]. [2022-12-30]. http://www.sfsoftware.cn/.

[12] 郭小敏, 徐学友. 科技学术期刊的短视频平台运营现状分析及策略探讨[J]. 编辑学报, 2022, 34(4): 443-448.

[13] 栗延文, 蒋亚宝, 韩景春. 科技期刊媒体融合发展的探索与实践: 以《金属加工》杂志社为例

[J]. 编辑学报, 2022, 34(2): 131-137.

[14] 刘冰, 史红, 常青云. 医学视频期刊出版探索及视频科技期刊发展面临的相关问题[J]. 编辑学报, 2020, 32(5): 549-554.

[15] 陈晓峰, 刘永坚, 施其明, 等. 基于现代纸书模式的科技期刊数字化转型研究[J]. 科技与出版, 2018, 37(8): 75-79.

[16] 刘闯. 《全球变化数据仓储电子杂志（中英文）》发刊词[J]. 全球变化数据学报, 2020, 4(2): 101-109. DOI: 10.3974/geodp.2020.02.01.

[17] 孔丽华, 习妍, 姜璐璐. 科技期刊关联数据开放共享及出版政策研究[J]. 中国科技期刊研究, 2022, 33(2): 192-199.

[18] 科学数据银行[EB/OL]. [2022-10-24]. http://www.cnic.cas.cn/jgsz/kyywbm/dsjjsyyyfzb/ccgc/202106/t20210629_6119437.html.

[19] 刘冰, 沈锡宾, 魏均民, 等. 中国临床案例成果数据库建设与运营实践[J]. 编辑学报, 2022, 34(4): 438-442, 448.

[20] 李静, 田启航, 张瑜杰, 等. 加强临床案例库建设促进人才评价制度改革[J]. 编辑学报, 2022, 34(5): 538-542.

[21] 库宇, 刘德文, 郭璟, 等. 关于中医药科技期刊分级目录制定工作的实践与探索[J]. 编辑学报, 2019, 31(6): 634-637.

第四章　中国科技期刊出版运营与传播产业形态①

数字经济视域下，出版运营与传播产业的兴盛是中国科技期刊可持续发展的最佳动力。本章紧紧围绕科技期刊出版与传播，深入探讨期刊国际贸易形态、期刊传播与增值服务平台的发展现状，以及在此过程中涉及的运营模式、版权合作、资本运作等。本章通过对典型案例进行调研和经验总结，阐述了数字经济环境下，出版产业链下游——出版、传播、发行等环节的新型融合发展方式，描绘了新的产业形态，并分析了与传统出版的差异以及新技术的影响。

第一节　科技期刊传播与增值服务平台发展现状

一、传播类平台数据库技术特点及服务模式

（一）传播类平台数据库现状及特点

20 世纪 80 年代前，印本一直是科技期刊内容的单一载体和传播模式。随着数字信息技术日新月异的发展，科技期刊的传播介质在纸质媒介、电子媒介的融合发展中发生了很大变化，新媒体的数字化、互动化和个性化定制等突出特点在对传统期刊行业带来巨大冲击和挑战的同时，也带来了难得的发展空间，越来越多的出版

---

① 第四章执笔：刘冰、孙红梅、赵晓曼、秦切、黄小娟、刘培一、杨涛、谭京晶、顾立平、李海博、万益嘉、谢艳丽、孙明、赵慧君、任舒翼。

传播平台及数据库建成并投入使用，如中国知网、万方数据库（Wanfang Data）、维普资讯（VIP）、科学出版社的 SciEngine、中国激光杂志社的 Researching、高等教育社的 Frontiers Journals、中华医学会的中华医学期刊网等。

过去很长一段时间，大部分科技期刊采取与数据库网络运营商合作的形式，依托数字化、智能化代理平台及文件格式，将特定资源内容数字化、智能化出版。结构化数据技术突破了现有科技期刊电子版具体内容的局限，更好地展示专业学科相关信息，借助多种特定形式进行转换阅读，促进二次生产和多品类发布，进一步提高了世界领先科学信息传播的速度和效率，提升了科学研究水平[1]。科技期刊的数字化、智能化，改变了现有电子版文字工具的单一呈现方式，结合显示图像、声音、动画等特定的多媒体播放形式，逐步形成了相关信息、多元的素材载体，不仅丰富了科技期刊的主要表现形式，降低了读者的接受门槛，提升了科技期刊信息资源共享工作效率，而且进一步提升了科技期刊的传播影响力。

数字化、智能化的科技期刊与电子版科技期刊相比的优势之一在于公司服务的交互性和个性化程度强。中国科技期刊的具体内容为更多读者所接触、获取和共同选用，有利于进一步提升我国科技期刊的巨大影响力。科技期刊数据库的海量内容，方便快捷的搜索功能，强大的 URI 链接功能等，提升了读者的阅读体验，优化了科技期刊读者服务的水平。在相关信息和无线通信技术快速发展的背景下，互联网和移动互联网已成为一种传播方式，借助数据库代理平台，中文科技期刊能够节省互联网运营、网站推广等产品成本，共享市场资源。此外，借助数据库出版，科技期刊也改进了利润最大化的方法，有利于进一步提高其经济效益和社会效益[2]。在科技期刊数字化出版环境下，编辑工作的核心价值和业务运作将被赋予新的深刻内涵。编辑借助数字信息技术，进一步缩短学术出版的二次周期，进一步提高工作效率，降低制作成本，方便新闻文章的信息化管理，有利于科技期刊资源的保存和检索。

传播技术、商业模式和期刊功能是能否实现科技期刊可持续发展的三个基本要素。科技期刊实现传播功能，离不开传播载体和传播技术手段。传播技术的重大变革为期刊功能发展提供保障，对期刊传播产生深远影响。在此前提下，实现科技期刊的更多功能，还要有可持续的期刊形态和商业模式[3]。

（二）传播类平台期刊形态及商业模式

印刷时代，科技期刊功能逐渐发展成熟，从通信汇编发展成科技期刊体系。科技期刊出版形态和商业模式缓慢进化，科技期刊功能不再是单一的传播和优先发现权认证，逐渐延伸出包括科学评价、存档等在内的多种功能。

从商业模式来看，1665～1945 年，学会、大学等科学团体创建，科技期刊出版主体逐渐囊括学（协）会、大学出版社、商业集团等多种类型。从期刊生存方式来看，在这 280 年的时间里，科技期刊形态逐渐形成较稳定的结构，从最初单一的研究论文逐渐发展到论文、综述、通信、评论等多种形式，文章类型的多样化促进了不同类型学科信息的有效传播。

第二次世界大战结束前，科技期刊形态基本形成，包括以墨纸为基础的纸本印刷、期刊类型、参考文献体系等。这一时期，印刷工艺和产品分销的成本相对较高，期刊功能拓展以信息交流为主，评价功能并不占主导地位，受限于学术社团和高校出版潜力，其商业模式无法支撑科技期刊大规模出版发行和传播。第二次世界大战后，世界上许多国家加大了对研发和生产的投入，科学研究领域投入的资金越来越多，网络信息技术快速发展和不断涌现的新兴学科使期刊数量爆炸式增长。从出版形态和商业模式来看，一些中小型学会和大学出版机构不具备足够的资源和能力，难以满足科技期刊在创办新刊、印刷出版和全球发行等方面的发展需求。许多商业出版社看到了科技期刊业所蕴含的商机和学会出版能力的不足，依托自身的原始资本和专业化运营管理能力，逐渐接管了学会和高校的部分期刊，提供出版、发行等多方面的服务。

网络技术的出现，进一步降低了期刊学术出版的一些可变成本，在某种程度上，一旦期刊访问数据库和相关网站建成，出版产品的成本将接近于零。虽然搭建平台的投入很大，但解决了产品发行的成本问题，这给一些商业出版集团带来了丰厚的利润回报。在这一发展时期，计算机网络技术的应用普遍体现在科技期刊的生产加工销售和传播技术上，科技期刊基本实现纸本期刊的数字化和传播的网络化。印刷时代以整本期刊为发行单位，而数字网络时代出现了数据库打包销售和单篇文章销售的模式。在商业模式方面，由于数字网络技术刚出现时具有一定的技术和资本门槛，大型商业出版集团占得了先机，迅速占领了大部分科技期刊市场，传统的订阅模式在数字网络时代也渐渐显现出难以为继的危机[3]。

随着时间的推移，开放获取（open access，OA）不断发展，全球进入 OA 快速发展期，期刊传播模式产生显著变化。"研究者（作者）—出版者—图书馆—研究者（读者）"[4]的传统学术传播过程缩短并扩大了知识传播渠道，在 OA 期刊的基础上汇聚形成了相关资源平台或数据库[5]，如以 COAJ、Socolar 为代表的 OA 资源检索和全文链接服务平台，以 BMC、Springer Open、PLoS 为代表的出版商自建平台和以 DOAJ 为代表的索引来自世界各地的各种开放获取期刊的复合型平台。另外，在搜索引擎和名录等层级的渠道中，OA 期刊除借助谷歌、微软等通用搜索引擎和谷歌学术搜索、微软学术搜索等学术搜索引擎进行传播外，还可以通过 OA 专用搜索引擎实现传播，如密歇根大学图书馆开发的 OAIster 可以实现对开放访问、数字化和主要来源资料的集成化检索。

二、国外科技期刊数据库传播维度分析

国外科技期刊数据库主要有 WoS 数据库、Scopus 数据库、Science Direct 数据库、施普林格•自然（Springer Nature）数据库、Science Online 数据库、约翰•威立（Wiley）数据库、泰勒•弗朗西斯（Taylor & Francis）期刊数据库、DOAJ、PLoS 等。其中，DOAJ 和 PLoS 为开放获取数据库。随着科技的快速发展，科学传播渠道日益增多，传播范围也不断扩大。国外科技期刊数据库的传播渠道主要涵盖线下渠道和线上渠道。线下渠道包括各类全球分支机构、全球营销人员等，线上渠道主要是根据互联网和移动终端设备的网络平台[6]。

在线下传播渠道方面，爱思唯尔、施普林格•自然、泰勒•弗朗西斯等出版集团在全球设立了分支机构和办事处，逐步形成了覆盖全球的综合性学术信息采集网络和媒体产品销售网络。在线上传播渠道方面，一是多媒体化推送，如在 Twitter、Facebook、LinkedIn、YouTube、Instagram 等社交平台均可找到施普林格•自然的相

关期刊、书籍及产品。另外，与施普林格•自然合作推送新闻的媒体网站多达 100家，其中包含英国广播公司（BBC）、《经济学人》、《纽约时报》和著名的科学博客。除此之外，施普林格•自然还与 Google Scholar 构建了合作关系，将相关新闻推送至谷歌等搜索引擎、报纸和科技网站[7]。二是个性化的传播渠道。平台借助算法，根据科研人员的个人兴趣，从海量文章中量身推荐原创科研论文，帮助科研人员应对大量和快速发表的研究成果的挑战，及时掌握所在领域的最新进展。例如，施普林格•自然新推出"为你推荐"服务，在不限出版商的情况下，从 6500 多万篇文章中推荐科研人员感兴趣的论文。

国际科技期刊数据库除了打造全球性的学术传播平台外，还注重把握科研人员的需求，参与科研人员的工作流程，参与论文创作和发表的各个环节，全面提供各种工具（平台），促进出版与科学传播的融合。

结合增值服务的不同功能，国际科技期刊数据库的增值服务可归纳为六种模式[8]。

（一）以提供解决方案为特征的定制服务

随着自然语言处理和机器学习技术的发展，科技期刊的语义分析和结构化分析成为可能，促使科技期刊出版商向解决方案提供商转型，为读者、作者和其他用户提供定制化服务。在数字出版领域，知识服务化趋势已成为业界共识。这种定制服务的实现需要存储标准化的、关联的"信息"（涵盖数据、文档、图片、音频、视频、程序等资源），经过计算机快速读取和加工处理后，产生最终决策方案供用户参考。

爱思唯尔的医学信息平台 ClinicalKey 拥有全球最大的医学信息资源库，涵盖所有医学专科。该项目将"智能内容"引入临床领域，支持语义检索；BMJ 临床实践更新诊断、预后、治疗和预防的分步指导信息，内容根据循证医学方法和专家意见整合，帮助用户实施最佳临床实践。Iris.ai 支持用户从一篇论文出发，参考整合计算机提取的关键词、上下文同义词和上位词进行"指纹"表征，再参考结合指纹匹配 OA 论文，能够支持各个研究领域的知识组合。Dimensions 是一个相互关联的知识研究系统，支持现有"知识"的重组。Escalex、CORE、Delta Think、Journal

Guide、CHORUS 从不同角度收集整合资源，提供全面个性化的知识服务。

（二）以支撑学术交流为特征的辅助工具

科技期刊知识服务生态是一个庞大的系统，其中各个环节都应当考虑整体需求，各个环节的需求也越来越专业化与规范化，大量支撑学术交流的辅助工具应运而生。科技期刊领域也积极开发和推广这些辅助工具，优化科研成果的发表流程，让科研人员能够专注于自己最重要的工作——"科研"本身。这些辅助工具起到了宣传和推广的作用，促进了该领域的标准化、为增值服务奠定了基础。这些工具依据出版顺序可分为三类：出版前的协作与标准化工具，如 ACS ChemWorx、Overleaf、Edifix、Mendeley 参考文献管理或协作写作和出版系统；发表后共享复用工具，如 RightFind XML for Mining、Code Ocean、Annotation for Transparent Inquiry、Research Data Support Service 等，分别从 XML 文本挖掘、代码共享复用、"注释"与链接数据和数据引用等方面支持论文碎片化元素的再利用；此外，同行评审认证平台 Publons，能够对审稿人在同行评议中的工作进行认证和评价，并予以相应的记录。

（三）以促进交流共享为特征的虚拟社区

新一代科研人员的生活和科研都在互联网环境中进行，他们更喜欢在虚拟社区平台上进行交流。伴随这一特点，科技期刊出版领域也涌现出具备科研属性的社交平台，吸引科研人员通过网络平台来开展科研合作、推广科研成果。

这些虚拟社区从不同方面满足了科研人员的交流需求：论文发表前的指导和交流，如自然大师课堂（Nature Masterclasses）为科研人员予以定制化培训，帮助他们更高效地撰写和发表科研论文；AuthorAID 对低收入和中等收入国家的研究人员在论文写作和发表方面予以支持、指导、资源和培训；新的论文评审模式，如 Frontiers，由科研人员操作，评审的目标是与科学家（作者）共同提高文章质量。平台支持作者与同行相互间的网络交流，论文发表后的分享和推广，如 Kudos 支持作者搜索关键词或 DOI 号认领作品，也能够借助输入 ORCID 号关联导入信息到 Kudos 账号，推荐推广有助于进一步提升发表文章的知名度和影响力。

（四）以丰富论文内容为特征的文章呈现形式

在数字时代，论文核心内容的格式仍然与印刷论文相同，但网页上呈现的内容已经远远超过了纸质论文的篇幅。英国皇家化学会（RSC）提出"让科学变得生动"说明了这一趋势。借助结构化、碎片化、数字化、文本挖掘与关联、语义增强、附加扩展信息等方式来揭示和丰富文章的内容，使学术文章的呈现更加专业、丰富、生动，更加通俗易懂。在论文内容呈现方面，Article of the Future 和 eLife Lens 再次定义了文章格式和 Web 视图的内容，RSC Rich HTML 将语义元素引入文章内容，能够识别文章中的化合物、化学概念和相关数据。在论文内容推广方面，各方关注的重点是论文摘要。图文摘要在纸质和电子期刊中得到普及，视频摘要和动画摘要是从中衍生出来的新的推广方式。此外，《自然》（*Nature*）、《科学》（*Science*）、《细胞》（*Cell*）等知名期刊都推出了"概要"推广。"概要"的核心是充分考虑社交媒体的传播特性，强调内容的精细化和表达的通俗化，应用当代社交媒体充分广泛传播研究成果。

（五）以适应网络环境为特征的存取分享

论文的首发权和时效性是科学家非常关心的问题。为适应新节奏，出版界使用网络预出版等方式减少论文的发表时滞，但仍然不能满足网络时代信息交流的需求，于是"网络世界"中论文的存取和共享也在悄然发生变化。在论文登记存储方面，预印本网站发展迅速，更多学科开始构建预印本网站（如 arXiv、BioRxiv、ChemRxiv），或提交并存储在合适的第三方公共存储库（如 Figshare、Dryad），数据期刊有自建数据库（如 Ecology Archive、Giga DB）。在论文的合法共享方面，施普林格•自然 Shared It 为作者和订阅者创建了一个合法、免费、具有版本记录的成果共享方式；出版商和图书馆能够在 IP Intrusion Database 交换信息，并能够实时收到盗用威胁的警报。

（六）以评估期刊发文为特征的分析工具

期刊评价的传统基本指标，如影响因子、引用半衰期、即年指数、H 指数和 G

指数等，已不能全方位评价期刊在数字环境下的学术影响力。因此，出现了根据社交网络分析和描述学术成果的新指标，如 Altmetrics。Mendeley 单篇论文阅读统计（Reader Counts）能够实时反映文章在科学界的学术影响力，填补了自论文发表至被引信息公布之间的空白；F1000 评价体系以事后评议方式为科研人员选择生物科学与医学领域的重要论文。另外，科技期刊还借助分析工具对学术内容进行评价，将科技期刊采编过程中形成的数据反馈到期刊办刊决策过程中，使期刊出版和管理成为闭环。例如，Impact Vizor 可视化分析工具，从引用和文章选用情况来评估学术内容的影响力。

知网、万方、维普等数字出版商在国内学术期刊网络平台建设方面具备很大的优势，但在全球传播渠道方面与国外大型出版集团相比仍存在劣势。知网的传播渠道主要覆盖 CNKI Journal Translation Project、Academic Focus、全球学术快报 APP 等平台[6]，与国外相比，对研究者的服务不够深入。

数字环境下，我国部分优秀科技期刊和学科期刊群积极适应和充分融入数字化环境，开展多种增值服务，取得了一定的成效。例如，中国激光杂志社开发的中国光学期刊网、中国科学院兰州文献情报中心搭建的资源环境科技期刊群平台和中国科学院植物研究所开发的整合生物学期刊网等[9]。但与国外科技期刊数据库提供的增值服务相比，我国科技期刊开展增值服务还需要载体更加多元、刊载内容分析更加深入、展现形式更加多样化。

三、中国科技期刊网络传播与增值服务提升措施

（一）科技期刊网络化以及数字化传播的目的

随着互联网数字信息技术的迅速发展，科技期刊网络化以及数字化出版成为期刊发展的必然趋势。网络化和数字化具备：①传播的数字化和智能化；②传播沟通的互动性强；③传播的快捷性；④超大容量的相关信息；⑤智能检索的便利和快捷；⑥媒体的综合性；⑦传播的开放性等特征。这些特征是科技期刊传播和发展的有益补充和延伸。

科技期刊的增值服务是指以用户需求为中心，以数字化技术为基础，对特定内容资源进行加工重组，为用户提供超过传统纸质期刊服务的个性化需求，其内容更丰富、表现形式更多样[10]。科技期刊开展增值服务具有两个特点：一是能够使用户最大化地利用内容资源；二是开展增值服务能满足用户个性化需求。科技期刊网络传播以及数字化技术为科技期刊的增值服务提供了土壤和快捷的途径。网络及数字化平台作为最有效、最便捷的信息传播方式是科技期刊生存发展的最佳选择，同时也是期刊实现增值服务重要的手段。

（二）中国科技期刊网络化以及数字化传播的主要问题

国际上科技期刊网络化以及数字化传播主要体现在：会充分考虑用户在任何时间、任何地点阅读的个性化需求。传播内容主要包括文章的音频输出，如研究者阐述论文观点相关的音频采访，期刊内容的音频总结，以及通过交互式图片展现论文的观点，以幻灯片形式播放每期重要论文的相关内容。这些做法使用户阅读体验得到充分优化。同时，期刊还加强个性化定制推送服务，提供 RSS 订阅服务。订阅项目主要包括：最新一期目录、优先出版论文、特定专业论文、浏览最多的论文、被引用最多的论文等。提供 Email Alert 邮件提醒服务，提醒主要内容包括最新一期目次、优先出版论文、特定专业论文更新等。

目前，国内科技期刊的互联网传播和增值服务还不能满足用户的需求。表现为：①大多数国内科技期刊提供的具体内容较少，表现形式贫乏；②用户可能需要阅读与自己专业或兴趣相关的个性化内容，但大多数科技期刊都提供无差异的服务；③用户的阅读习惯发生了变化，但大多数科技期刊没有开发出适合移动终端设备以及与文件格式相匹配的具体内容；④用户的阅读模式已经从单向到多向互动阅读转变，但很多科技期刊并没有为用户提供互动交流的平台。

（三）中国科技期刊增值服务提升的途径

科技期刊的数字化增值服务基于用户需要，更好地为用户提供定制化服务。纸质期刊页面有限，不能承载很多图片，更不能承载音频、视频；而借助网络以及数字化技术可以进一步深度挖掘科研成果背后的细节和信息，从而更好地服务用户以及更好地传播内容资源。科技期刊的专业性，使其增值服务具有专业性强的特点。一般情况下，科技期刊的用户群也比较固定，因此在进行科技期刊的增值服务设计过程中，应该对核心用户的需求和情况进行详细的调查和了解，从而更好地掌握市场动向。总体而言，现有条件下，国内科技期刊加强出版内容传播、开展增值服务的提升措施主要包括：①期刊编辑部与中国知网、万方数据、维普等数据库进行合作，将纸质印刷版内容进行数据转换，提供期刊增值服务；②期刊编辑部通过自建网站，将纸质印刷版内容同期上网或优先出版；③打造多人交流的网络出版平台。以上措施增强内容传播的同时，增值服务还需要结合相关技术和工具提升论文的被发现能力、论文的使用数据、论文的音视频摘要展现等方面的信息。

1. 与数据库合作，增强二次传播

科技期刊具有学术性强，信息量大的特点，借助与数据库进行合作来提升文献的增值服务是国内很多科技期刊的首选渠道。目前，数据库厂商与期刊单位双方的常规合作模式是：期刊单位按时给数据库厂商提供期刊当期内容资料，数据库厂商利用期刊内容资料编辑整合入库上网。多数的数据库平台会提供强大的文献发布与检索功能，以及多种其他服务，如支持手机下载和手机在线阅读功能，使得文献资源得到深入发掘，传播覆盖面显著拓宽[11]。数据库厂商还通过首发平台系统实现论文的快速发表，缩短了发表时滞，期刊论文影响渠道被大大拓展，为期刊发表的文章被大量引用提供了更多的可能性。

2. 期刊社（编辑部）自建网站，印本和数字版本内容同步或优先上网

有条件的期刊社（编辑部）可自建网站，印本和数字版本内容同步或数字版本优先上网，提升传播效率。可以利用期刊自己的网站加强搜索功能、增大信息量的同时，改变传统的以刊为单元的服务，开辟新的以篇章、知识单元或者主题为单元的服务分类，把分散在不同类型、不同栏目中的某学科、某专业国内外的相关文献信息资料，按照新的服务分类进行归类、深度挖掘，形成综述、研究报告、专题报告或是制作成专题数据库提供给网站用户。在这个信息爆炸的年代，那些单一、分散的信息内容已经不再能激发读者的兴趣，只有把这些零散的信息资源最大限度地整合，继而进行深度加工处理，使之有序化、系统化、专业化，才能真正地满足读者的需求[12]。

3. 打造多人交流的网络出版平台

通过开设网络论坛、微博客、微信等面向读者和作者的多人交流平台，由网站编辑设定主题，或围绕某一技术等展开讨论，或充分探讨某期文章的优劣、所研究技术的弊端、产品的应用等，或深挖同行关心的热点。结合国际新闻热点与本期刊的科技类别，对过去的经验、当今亟须解决的问题，以及未来的发展方向等进行多向交流，在将科技知识大众化的同时，也吸引了越来越多的人加入到本专业领域的学习研究和探讨中。例如，《航空学报》借助专业力量建设论坛[13]，形成期刊自己的交流平台，聚集人气。编辑们将工作中的实践经验分享在论坛版块中，读者、作者也将他们得到的信息或遇到的问题及时反馈给编辑部。在网络论坛形成一定规模的基础上，开设特色分论坛，如"名家有言""读者声音""专家点评"，吸引权威专家、知名学者和网民留言，交流讨论争议性话题，记录大家的不同观点。交互式平台的建立，将读者、作者、审稿人以及编辑汇集一堂。一方面，"头脑风暴"式的讨论，能产生诸多新见解，提出有价值的质疑和思路，分论坛按内容详细的分类，可以让讨论内容自动成为一个专栏，这些都是期刊网站的原创信息，编辑可以从中直接约稿，形成评论性文章。另一方面，以杂志名称命名定期讨论，会形成一定的品牌，扩大科技期刊的影响力，也将为期刊吸引到大批高质量的稿源，同时也将为研究者们提供更多更广阔的研究思路与方向，为读者提供更多不同层面的专业知识。而且，这样的讨论可以由冠名单位和支持单位出资，以及植入包括视频广告在内的各种广告进行创收[14]。

4. 为科研团队提供面向开放科学的全科研流程一站式科研服务

科技期刊服务的上下游用户，包括作者、读者，都涵盖专业领域的科研团队和科研人员，通过为科研团队和科研人员提供面向开放科学的全科研流程一站式科研服务等增值服务，可以帮助科技期刊构建专业领域学术生态，增强与科研团队和人员的黏性。例如，中图公司旗下的中图科信数智技术(北京)有限公司（简称中图科信），于 2022 年 6 月发布的 DataDimension（DataD）一站式科研服务平台，围绕全科研流程链条提供增值服务。主要体现在：通过 AI 算法对科研文献数据进行识别、拆解，将碎片化的信息关联、重构，实现个人、团队或机构的知识网络构建，并针对信息高效检索、知识发现、知识管理、量化分析、学术发表、研究团队实时协作和管理等多个科研场景提供一站式解决方案，可为科研工作者提供定制化服务，构建智能化、价值化的全链条科研数据服务生态。

5. 其他

通过期刊的影响力以及专家资源，提供情报、咨询服务，举办各种专题展会，直播、开展科研成果评测、培训，结合新媒体加强内容服务等，也是科技期刊增值服务的重要方式和途径。同时，微信、电子书等移动终端的兴起，为科技期刊的大范围传播提供了有利条件，可以将每一期期刊的题名、摘要，以及科技期刊网络版文章的链接，免费发送给微博客、微信、论坛等互动平台上对本期刊感兴趣的用户；免费发给电子书、平板电脑、手机等移动终端上对本期刊内容感兴趣的用户，此举可带来网站的点击率增加，带动期刊的阅读量、论文引用率，进而增强网站和期刊的影响力。例如，《航空学报》积极利用微信公众号和视频号增强传播服务，截至目前，微信公众号关注人数 29 999 人，每月发布推送 20 次以上，以学术论文推广、会议资讯、人才推荐、写作指导为主要内容，篇均阅读量在 3000 次左右。自 2022 年 7 月视频号开通 4 个月以来，每个月坚持两场直播。目前，平均每场直播的观看量近万次，带来了较大的流量，为期刊提供其他增值服务打下了良好的基础。

第二节　中国科技期刊的国际传播

科技期刊的出版和传播交流方式正在发生着巨大改变，基于文献基础数据的一次平台开发和基于知识服务的二次平台开发是各出版集团的业务重心所在。开放获取和预印本模式的出现与快速发展改变了知识获取和学术交流的传统模式，从纸质版、电子版到网络版、移动终端等多种载体并存的科技期刊传播格局形成，科技期刊走上了融合发展的道路。

一、基于国际数字平台的传播

（一）英文期刊稿源组织和论文质量提升的国际化路径

1. 争取国际高质量稿源，提升整体论文质量

中国科技期刊要坚持走国际化道路，不仅要让自己的期刊走出去，还要通过准确的定位、品牌化的建立，以及举办高质量的国际学术会议等举措让国外优秀的稿源流进来。开拓国际传播渠道，加强国际运营团队建设，提升期刊优质内容在国际上的显示度，使得优质的期刊内容得到国际读者及研究者广泛认可，树立中国科技期刊的自主品牌，推动期刊可持续发展，实现期刊国际化发展目标。

《光：科学与应用（英文）》（*Light: Science & Applications*，*Light*）是由中国科学院长春光学精密机械与物理研究所主办、与施普林格•自然合作出版的完全同行评议、完全开放获取的英文版国际光学期刊。*Light* 通过在线上线下建立全球化的宣传网络，搭建其国际推广渠道。在线下，*Light* 在 11 个国家建立了 18 个区域办公室，以此为触角进行期刊深度推广；同时 *Light* 每年依据聚焦学科方向遴选 30～50 个线下会议，进行展位、报告或现场宣传推广。*Light* 与 IEEE 等国际大型学术组织具有长期合作基础，在国际作者群体中具有较深厚的根基。为了进一步吸引国际顶尖稿源，*Light* 打造了高影响力的系列国际学术活动，包括：光学大会（Light Conference）系列国际大会、Light Online Talks、全球光学未来之星评选等，以此从杰出科学家、知名科学家、青年科学家三个圈层入手，发掘最新、最前沿的顶尖学术成果。

《细胞研究（英文版）》（*Cell Research*）自 2012 年起，陆续在国际著名的生物医学系列会议高登研究会议（Gordon Research Conferences）、Keystone Symposia、冷泉港亚洲会议（Cold Spring Harbor Asia）、美国细胞生物学年会等会议上进行宣传，同时针对热门研究领域的权威会议进行宣传，如国际干细胞协会的年会、国际核糖核酸协会（RNA Society）的年会等。期刊通过吸引欧美科学家的优秀稿件，真正成为一种国际一流刊物。

《国家科学评论（英文版）》（*National Science Review*，*NSR*）于 2014 年 3

月正式面世。*NSR* 面向全球选题组稿，发表了各类文章，组织了 30 余个专题，访谈了百余位科学大师和科技管理者，围绕国家科技政策与前沿热点论题开展了 30 余场论坛，充分体现了 *NSR* 全方位、多角度的期刊定位。

《研究（英文）》（*Research*）定位为高水平、国际化、综合性、大型 OA 科技期刊，通过承接中国科学技术协会的重点任务，如"世界科技发展论坛中的人类社会发展十大科学问题发布活动""世界科技期刊论坛"分会场等拓宽国际视野、打造国际科技朋友圈。该刊还定期举办线上形式的"主编格致国际论坛"，邀请国内外专家进行学术报告，通过专家力量，提升稿源质量，进一步拓宽期刊的学术影响力。

2. 设立丰富多样栏目，提高信息量和可读性

随着互联网的发展，多元化的新型社交媒体被越来越多地应用于学术交流和推广活动中。各大出版商深入运用这些社交媒体平台，使出版内容可以得到更多的关注和迅速传播。社交媒体平台的推广模式已日渐成为提升学术影响力和传播力的新途径。

《光：科学与应用（英文）》通过 Twitter、Facebook、微信、微博、科学网、EurekAlert！、Phys.org 等国内外社交和科技媒体以及职业新闻记者的多角度挖掘解析，进行多维度新闻宣传。

《细胞研究（英文版）》2022 年 3 月 1 日，通过国际知名机构查尔斯沃思（Charlesworth）在中国境外提供的本地化营销和社交媒体服务（包括 Twitter 和 Facebook），发布了论文、影响因子、编辑招聘等信息，有力提高了期刊在全球科学界的热度。

《国家科学评论（英文版）》设立了社论、访谈和论坛等新闻类栏目，深入客观地报道中外科技政策及专家学者的观点与感悟。此外，该刊在 2021 年开设了新闻报道栏目，以更加生动灵活的方式报道科学事件。

科学合作期刊计划（Science Partner Journal，SPJ）团队每年为《研究（英文）》定制海外的宣传推广计划，包括会议、邮件宣传、网站建设等。每年在 12 个左右的海外线下会议上进行期刊的宣传展示；向美国、欧洲、日本、韩国等国家和地区科学家每年发送约 4 万封的期刊宣传和约稿邮件；2022 年网站下载量为 66.5 万篇次，其中，35%的下载量来自中国，14%的下载量来自美国，其余来自国外 215 个国家和地区。

3. 组建国际化编委，扩大国际影响力

我国英文科技期刊要提升国际影响力，必须组建国际化的编委会，原因是编委会及主编在策划选题、同行评议等质量把控环节中起着关键性作用。

《光：科学与应用（英文）》《国家科学评论（英文版）》《研究（英文）》都是借助自身组建的国际编委的经验和影响力，帮助期刊围绕期刊建设、组稿约稿、专刊规划、宣传推广、学术交流等方面与国际接轨，而《细胞研究（英文版）》多次利用国际编委会设立对标国际的优秀论文奖，进而提高期刊的各项学术指标和传播范围，扩大国际影响力。

（二）中文期刊编委会和编辑部的国际化举措

1. 文章内容双语呈现

为方便国际读者阅读和了解文章的主要研究成果，近年来，中文期刊发布的论文内容一直重视英文摘要，内容比中文摘要更详细具体，所有论文在原有英文信息（标题、作者、单位、摘要、关键词、作者简介）基础上，又增补英文图题图注、表题表注、中文参考文献等的对应英文，同时鼓励期刊撰写英文长摘要。国外同行可以从 SCI 等摘要索引数据库阅读中文期刊文章的英文长摘要内容，吸引读者点击原文链接。

《科学通报》《物理学报》等中文期刊为了适应刊物国际化发展的需求，从 2015 年开始对已发表文章的题目、作者、图表和中文参考文献等信息增加了英文对照信息。《科学通报》自 2016 年以来，每篇长文章都刊发一页的英文长摘要，进一步方便国外读者理解论文信息；《中国科学院院刊》2021 年所有发表的论文在原有英文信息（标题、作者、单位、摘要、关键词、作者简介）基础上，增加了英文长摘要，又增补英文图题图注、表题表注、中文参考文献等的对应英文翻译。《分析化学》2006 年与爱思唯尔合作，对优秀稿件采用双语出版，实现了中文科技期刊双语出版，从而吸引了更多优秀的论文，鼓励更多的科技工作者将优秀科技成果首发在中文科技期刊上，使撰写的研究成果也能被国外科研同行第一时间看到，促进了国际学术交流。

2. 期刊官网国际化

在互联网高速发展的今天，网站是期刊展示的窗口，官网逐渐趋于国际化，内容充实、特色鲜明的官方网站将对期刊工作和发展有很大作用。有效的期刊英文官网及主页是加入国际知名数据库的必备条件。

《中国科学院院刊》2021 年与爱思唯尔合作建立了自己的英文官网，截至 2022 年 12 月底，来自 151 个国家和地区的 1717 个机构的用户下载量达 41 440 次[15]，成为国内中文科技期刊国际影响力提升的典型案例，英文官网得到广泛关注。

《物理学报》2020 年 1 月完成期刊官网升级，网页页面更国际化，可以友好地分享到 LinkedIn、Twitter 等平台，并实现录用即发表，文章 24 小时内上网且注册 DOI，同时期刊官网同步发布和更新生产系统文章数据。2020 年 1 月至 2023 年 2 月，网站文章点击量达到 3200 万次以上，PDF 下载量达到 85 万次以上。

《西北工业大学学报》自 2018 年起与法国 EDP 出版社（Edition Diffusion Press Sciences SA，EDP Sciences）合作，搭建了期刊国际网站，实现了中文期刊在国际网站上的即时阅览及下载，推进了期刊的国际化进程。2020 年，在双方的共同推动下，《西北工业大学学报》正式被 DOAJ 收录，扩展了国际传播新渠道。2021 年 9 月，《西北工业大学学报》国际网站的单月下载量破万次，国际影响力显著提升。

3. 借助第三方数据库，向国际读者推送论文

中文期刊刊载的论文被国外数据库出版平台收录，对中文期刊的国际传播有着关键性的作用，同时也是论文作者的迫切需求。实现 OA 出版，并对期刊每篇论文进行 DOI 注册，可以使得无中文输入法的国际读者更容易定位该期刊的论文。

《科学通报》近年来国内外影响力不断提升，2016 年被 EI 数据库收录，2017 年被 Scopus 数据库收录，2019 年被 ESCI 数据库收录。2022 年 Scopus 数据库发布的 CiteScore 为 1.9，位列 120 种综合性期刊的第 38 位。2023 年的即时数值已经上升到 2.4。

《物理学报》2017 年 9 月与 Trend MD 合作，跨平台推荐期刊文章，重点推送亮点文章、热点专题文章、高下载量和高被引文章等。2022 年，该刊文章被推送到 4411 本顶尖或知名期刊的相关文章电子版页面上，被推送篇次总计超过 1000 万次，其中被推向顶级期刊 *Science*、*Science Advances* 和 *International Journal of Modern Physics B* 分别高达约 223 万篇次、119 万篇次和 10 万篇次。2020 年 10 月，《物理学报》成为 CrossRef 会员，并补注了所有过刊文章 DOI 数据，便于引导其他期刊读者通过 CrossRef 数据库访问。据 CrossRef 反馈数据显示，平均每月解析链接数量近 10 万，提高了期刊的显示度和可获取性。

《中国科学院院刊》从 2022 年开始，在 Web of Science、Scopus 两大国际科学论文检索数据库中均可被检索到，且该刊多年前就被日本科学技术振兴机构（JST）等国际数据库收录，目前还在申请 DOAJ 等相关数据库。

《分析化学》2021 年与科学出版社 SciEngine 全流程数字出版传播平台全面合作，充分利用该学术平台和海内外社交媒体（中科出版），通过多语种报道进行宣传推广，不断增强期刊的国际话语权。截至 2022 年年底，《分析化学》累计发表英文版论文 1400 余篇。2006 年以来，SCI 被引频次最高的 20 篇论文中，英译稿有 15 篇。爱思唯尔年下载量从 40 000 次提高到了 70 000 次。

（三）依托海外知名数据库的国际传播

中国英文科技期刊在提升我国科技成果的显示度和国际影响力，增加我国国际学术话语权方面发挥着重要作用。随着科技期刊国际化的加速，科技期刊数字化的进程加速了我国科技期刊与国外出版商的合作[16]，中国借助国际知名的出版社数字平台、索引数据库、学术社交媒体进行广泛的学术传播，通过调研分析这些传播数据，我们可从中窥见中国期刊的国际传播影响力。

1. 中国期刊在国际出版平台的传播数据分析

（1）爱思唯尔（Elsevier）

爱思唯尔是一家现代出版企业，向全球教育、科学技术与医学领域提供 20 000 余种产品。其产品和服务主要分为三类：期刊和图书、数据库和工具、面向机构的数据分析和营销服务。Science Direct 数据库是爱思唯尔的同行评议学术文献平台，收录 2500 多种期刊和 40 000 多部图书，其中收录中国期刊 138 种。

根据 Science Direct 数据库公开信息，该平台公布了期刊对作者相关服务信息及近 5 年论文被各国下载情况，创刊不足 5 年的只公布被下载次数。我们检索获得 1422 种科技期刊（其中含中国期刊 38 种）近 5 年下载次数。中国期刊在 Science Direct 平台近 5 年共下载 3394.83 万次，折合年均下载 678.97 万次，占该平台期刊下载总次数的 1.21%。中国科技期刊在该平台平均每年刊均下载约 17.87 万次。

根据 Science Direct 公开信息获得 34 种中国科技期刊近 5 年被各国读者使用情况。下载中国科技期刊频次最多的前 5 个国家见表 4-1。

表 4-1　爱思唯尔 Science Direct 出版 34 种中国科技期刊近 5 年下载情况　（单位：万次）

国别	5 年总下载频次	刊均 5 年下载频次	刊均每年下载频次
中国	1653.27	48.63	9.73
美国	376.97	11.09	2.22
印度	180.44	5.31	1.06
英国	137.73	4.05	0.81
韩国	136.26	4.01	0.80

（2）施普林格•自然（Springer Nature）

施普林格•自然是目前自然科学、工程技术和医学（STM）领域全球最大的图书和学术期刊出版社之一。SpringerLink 是施普林格•自然旗下的学术期刊及电子图书在线数据库系统，出版期刊 2900 余种。根据 SpringerLink 期刊主页信息，SpringerLink 公布了 1876 种科技期刊在 2021 年的下载量，其中 126 种中国期刊中 105 种公布了在该平台的下载次数，共计 1248.97 万次，占该平台 2021 文章下载总次数的 3.01%，刊均下载次数为 11.89 万次。

（3）泰勒•弗朗西斯（Taylor & Francis）

泰勒•弗朗西斯是 Informa 旗下的学术出版部门，于 1798 年在英国成立，致力于提供高质量的学术出版，是目前世界上最大的学术出版集团之一。Taylor & Francis 集团旗下有一系列出版商，包括 Routledge、CRC Press、F1000、Taylor & Francis 和 Dove Medical Press，每年出版 2700 余种期刊，7000 多本新书，共有 16 万册专业图书在售。

根据 Taylor & Francis 的公开数据，共获得 1069 种科技期刊 2021 年下载或浏览频次（每年 2 月更新上一年度的数据），共计 13 618.60 万次，刊均 12.74 万次，其中有中国科技期刊 4 种，使用次数为 38 万次，刊均 9.5 万次。

2. 中国期刊在国际索引数据库的传播数据分析

根据 Web of Science 数据库平台检索，获得 WoS 收录中国期刊 309 种，2020 年发表文献（Article+Review）3.66 万篇，被引频次为 41.93 万次，近 180 天使用量为 20.42 万次，自 2013 年使用量为 121.11 万次；2021 年发表文献（Article+Review）4.17 万篇，被引频次为 29.93 万次，近 180 天使用量为 31.73 万次，自 2013 年使用量为 149.30 万次；2022 年发表文献（Article+Review）4.50 万篇，被引频次为 11.76 万次，近 180 天使用量为 54.82 万次，自 2013 年使用量为 104.77 万次。

中国期刊 2020～2022 年发表的文献共被 210 个国家及地区引用，引用次数 113.52 万篇次（表 4-2），美国学者引用次数 8.58 万篇次，印度学者引用次数 4.27 万篇次，德国学者引用次数 2.69 万篇次，英国学者引用次数 2.59 万篇次。

3. 中国期刊国际文献替代计量学数据分析

Altmetric Explorer 是 Altmetric LLP（https://www.altmetric.com/）开发的替代计量工具，集数据库检索、数据展示和数据服务于一体。Altmetric LLP 是一家总部位于英国伦敦的公司，由 Euan Adie 创立于 2011 年，是 Digital Science 旗下的产品之一。

Altmetric Explorer 旨在追踪和分析学术文献的在线活动状况，通过提取单篇学术论文在不同社交网络和在线媒体上被提及的次数，综合这些数据来计算

表 4-2　中国期刊 2020～2022 年发表文献被各国学者引用情况

序号	学者机构所属国家及地区	分年引用次数/篇次			
		2020～2022 年	2020 年	2021 年	2022 年
1	中国	550 526	266 594	203 527	80 405
2	美国	85 775	50 489	26 790	8 496
3	印度	42 683	24 651	13 277	4 755
4	德国	26 875	15 057	8 985	2 833
5	英国	25 883	15 036	8 155	2 692
6	澳大利亚	24 287	13 119	8 230	2 938
7	韩国	23 741	12 267	8 305	3 169
8	意大利	21 403	12 847	6 334	2 222
9	伊朗	20 045	11 792	6 075	2 178
10	日本	17 351	9 540	5 802	2 009
11	加拿大	17 275	9 759	5 634	1 882
12	沙特阿拉伯	17 008	8 841	5 671	2 496
13	西班牙	15 441	8 894	4 885	1 662
14	法国	14 286	8 337	4 556	1 393
15	俄罗斯	12 244	6 511	4 278	1 455
16	巴基斯坦	11 364	6 197	3 743	1424
17	土耳其	10 585	6 541	2 960	1 084
18	巴西	10 484	6 543	2 999	942
19	埃及	9 820	5 309	3 190	1 321
20	新加坡	9 360	4 806	3 293	1 261

学术论文的影响力。Altmetric Explore 从不同的维度展示学术成果的被关注度，分别是：Highlights（亮点）、Research Outputs（研究成果）、TimeLine（时间线）、Demographics（地域分析）、Mentions（提及）、Mention Sources（提及来源）、Journals（期刊）。

根据 Altmetric Explorer 平台检索，有 309 种中国科技期刊在 2021 年被各国学者提及了 25.65 万次，刊均使用量为 830.21 次，其中 Twitter Mentions 平台的使用量最多，为 21.64 万次，占比为 84.37%。各类型来源使用量见表 4-3。

表 4-3　中国科技期刊 2021 年被各类渠道传播情况

序号	类型	使用次数/次	刊均使用次数/次	占比/%
1	推特	216 428	700.41	84.37
2	新闻	16 241	52.56	6.33
3	专利	9 853	31.89	3.84
4	脸书	4 084	13.22	1.59
5	维基百科	3 826	12.38	1.49
6	博客	2 846	9.21	1.11
7	Google+	885	2.86	0.34
8	视频	837	2.71	0.33
9	政策文件	673	2.18	0.26
10	Reddit 网站	557	1.80	0.22
11	F1000	100	0.32	0.04
12	同行评议	86	0.28	0.03
13	微博	80	0.26	0.03
14	Q&A 论坛	39	0.13	0.02

二、基于进出口贸易的国际传播

中国加入世界贸易组织之后，文化交流国际化的趋势不断增强，期刊业的发展已成为中国出版蓝图的一个重要课题，期刊贸易的发展空间逐步扩大，迎来机遇的同时也面临着挑战。伴随着中国步入世界期刊大国行列，期刊业的国际贸易日益凸显国际化和效益化，已成为中国期刊业发展进程中颇受关注的课题之一。

（一）近 5 年中国科技期刊出口情况

据 2017～2021 年《全国新闻出版业基本情况》统计，全国出版物进出口经营单位累计出口期刊情况如下。

2017 年期刊出口 335.19 万册、504.37 万美元，与上年相比，数量增长 26.16%，金额增长 13.65%。2018 年期刊出口 325.23 万册、595.54 万美元，与上年相比，数量降低 2.97%，金额增长 18.08%。2019 年期刊出口 294.87 万册、516.34 万美元，与上年相比，数量降低 9.33%，金额降低 13.30%。2020 年期刊出口 248.60 万册、

437.80 万美元，与上年相比，数量降低 15.69%，金额降低 15.21%。2021 年期刊出口 141.10 万册、326.26 万美元，与上年相比，数量降低 43.24%，金额降低 25.48%。

（二）中国科技期刊出口和国际交换渠道

通过网络文献和数据库的文献调研及综述，中国科技期刊出口和国际交换渠道主要集中在中国图书进出口（集团）有限公司（以下简称"中图公司"）和中国国际图书贸易集团（以下简称"国图公司"）两大图书进出口贸易机构，此外，如北京中科进出口有限责任公司、北京报刊发行局、中国教育图书进出口有限公司、北京市图书进出口有限公司等机构主要致力于进口业务。因此，以下主要以中图公司和国图公司为例，进行中国期刊"走出去"的模式及渠道研究。

1. 造船出海，建设全球资源服务平台体系

全球资源服务平台体系的建设，主要是通过聚拢海量的知识资源，打通"走出去"数字通道，保证内容全部来自出版机构正版授权，保证版权贸易出口，既能大量满足普通读者阅读需要，又能满足国内外学术科研机构研究需要。中图公司中国电子书库数字资源一站式服务平台和国图公司的"华文捷通"平台是两个机构的线上出版服务贸易出口和数字产品销售的主要渠道。

"中国电子书库"，英文名称"China E-Book Hub"，是由中图公司自主研发的外向型中国电子出版物数字平台，收录中国正版电子图书、期刊 36 万余种，有声书逾千部，书库下分学术、民国、地方志、法律、有声书等 7 个子库及各类专业数据库产品。内容涉及大陆及港澳台地区 550 余家出版机构，品种涵盖中图分类法各个类别，书库更新快、时效性强、内容权威，专业性与学术性突出。平台现已落地美国哈佛大学燕京图书馆、美国斯坦福大学图书馆、德国国立图书馆等超过 60 家海外高校图书馆和文化机构。

国图公司围绕加快对外文化贸易发展和"中国文化走出去"，打造了"中国文化产品跨境电商外贸出口服务平台"——"华文捷通"平台，该平台通过为广大出口电商提供开放式出口数字出版物商品预归类大数据库，使出口电商可以将出口的数字出版物清单快速转换成海关认可的商品 H.S 编码归类，完成规范申报准备工

作，从而加快纸质及数字版的图书及期刊的快速国际化传播。

2. 打造中国出版业界的会展平台

图书展览在推动学术发展、促进学术交流、深化课题研究等方面发挥了日益重要的作用。参加国际化、高端化的图书展览，也是学术资源迈向世界的必由之路。随着我国科研产出的增长，学术品牌也在积极谋求向外发展，展会的国际影响力是学术资源对外传播的渠道之一。

北京国际图书博览会（Beijing International Book Fair，BIBF）是由中图公司创办和承办的出版业界的会展平台，1986～2021 年，已成功举办 28 届，每年吸引来自 90 多个国家和地区的 2500 多家海内外出版企业参展，展示 30 万余种出版物。BIBF 已经跃居世界第二大书展，成为国际出版文化交流的重要窗口和颇具影响力的国际书业盛会，组织中国逾百家出版单位在 40 多个国家和地区参加了上千次书展，得到了业界的广泛认可，为国内出版单位搭建了重要的"走出去"平台。

3. 借船出海，带动纸质出版物的出口

中图公司代理的中国出版物以"中国书架"等方式，进入了国际主流发行渠道。此前，中国出版对外贸易总公司（现为中图公司分支机构）还与新加坡大众书局合资成立香港现代大众有限公司，进入其在东南亚的 200 多家连锁书店。

2011 年，国图公司与亚马逊图书建立图书往来合作，联合开辟"中国书店"版块。此次协作在五大洲、27 个国家展销几十余万册中国精品图书，引起了海外市场的热烈反响和广泛关注。国图以亚马逊"中国书店"为运营模板，与国内出版机构建立全方位合作机制，联合推动中国出版物"走出去"。2020 年国图成为海外图书馆馆藏中国书刊文献的最大供货商，还成功举办了中国出版界和欧美东亚图书馆座谈会，11 家欧美一流大学的东亚图书馆和数十家中国出版社、文化机构参会，同时就中外图书馆馆藏出版合作等项目达成意向，实现了"请进来"助力中国出版物"走出去"的目的。

三、基于中国数字平台的国际传播

通过网络文献和数据库的文献调研及综述，从事国际传播业务的国内数字平台包括中国知网、万方数据、维普资讯、超星等。中国知网将打造全球超大规模知识传播平台和数字网络化研究与学习平台，下面以中国知网为例来阐述基于国内数字平台的国际传播。

中国知网自建立之初就开始国内与海外双向市场的推广。随着全球互联网技术的蓬勃发展，中国知网转向网络服务，推出大规模、系统化集成整合中国学术期刊的"CNKI 数字图书馆"，面向国际市场，将中文与外文各学科、各类型出版物的数据进行深度整合，实现中外文的学术精准搜索，交流传播中国学术成果。打造属于中国自己的国际学术传播平台。为了进一步提升国际影响力，让"中国学术"更多传播到世界各地，中国知网专门设置团队负责全球尤其是"一带一路"沿线重点国家和地区的传播事项，主要形式包含参加专业学术会议、平台推广、组织高端论坛以及网络直播公益讲堂等，助力全世界的科研创新。

中国知网对中国期刊的传播主要包括通过数据库的传统传播和通过嵌入技术平台的文献传播服务。

（一）通过数据库的传统传播

通过数据库的传统传播是指以大规模文献整合平台为特点的系列全文文献性数据库，包含学术期刊、学位论文、报纸、会议论文、年鉴、工具书、专利、标准、科技成果等。各类产品以不同的形式和独立子平台向用户服务，同时各类产品也通过知识关联技术、跨库检索技术向用户提供整合后的跨库检索服务。2021 年底知网新上线了全文的实时机器翻译，能够满足国际用户的科研创新、教学、日常学习阅读等方面的需求。中文期刊双语翻译全文数据库（Journal Translation Project）则精选优秀中文期刊上的优秀论文，进行全文翻译编校并碎片化加工整合，是一款面向海外用户的推广传播中文期刊学术成果的精品数据库。

此外，研发各类面向垂直领域的特色专题数据库。例如，面向经济、社会层面统计分析的"经济社会统计数据库"；面向艺术鉴赏研究领域的"中国艺术库"；

面向研究拓展阅读的"中国典藏图书库";面向全英文用户的 Academic Reference;面向中医师研究诊疗的"针灸视频库",以及"中医药知识资源库"等。

(二)嵌入技术平台的文献传播服务

中国知网自有知识管理及出版的相关技术进行封装或基于 CNKI 大规模知识信息内容而进一步发掘的适合海外市场的软件类产品,如面向 E-learning 方面需求的"研学平台",面向小组研究学习的项目管理和协同平台"OKMS",面向期刊出版社编辑出版流程管理的"腾云出版平台",面向档案数字化需求的"智能图文"整体解决方案等。

以上服务方案均可运用于世界各国高校、科研机构、企业的内外部文档以及信息的整合与使用,也可运用于区域间或全国性的知识整合平台服务需求。知识整合后能够大大促进传播效率,激发再创新。数字化、结构化的信息也能够利用文本挖掘、知识图谱等技术实现对信息的"再生"。

(三)国际传播与影响力

通过中国知网平台的国际传播,为中国期刊带来了广泛的国际影响力和国际声誉。根据中国知网中心网站下载数据统计,中国知网收录的 4660 种科技期刊在海外下载频次达到 206.04 万次,总浏览 5258.53 万次。其中,261 种英文科技期刊总下载 0.79 万次,总浏览 127.31 万次。

四、中国科技期刊国际传播的发展建议

(一)顺应国际开放科学态势,加快开放出版

随着开放科学的不断推进,以及欧盟、美国等地区 OA 政策的制定,越来越多的传统学术期刊转化为 OA 期刊。一些出版商、学协会建设了 OA 期刊出版平台,以论文为核心通过互联网在线出版期刊;OA 期刊也尝试提升和改进同行评议模式,包括开放评议、透明评议等;同时这些 OA 出版平台还将利用互联网出版的优势,通过发布新闻稿件、网络博客和社交媒体等渠道宣传推广期刊论文。因此,开放出

版与传播逐步成为科技期刊的传播趋势。

中国科技期刊开放出版虽然起步较晚，但通过近些年政策的引导取得了长足的进步。科技期刊及论文的开放出版，有助于中国科技期刊的国际化传播，为全世界读者提供免费、知识碎片化阅读，提高中国科技期刊在世界范围的可见度与影响力。

开放出版是全球科技期刊出版的重要模式与发展方向，也是我国科技期刊国际传播的重要途径。欧盟提出"OA2020"，欧洲 11 个国家将主要的科研经费用在了联合签署论文开放获取的 Plan S，要求必须将大部分的研究成果发表在开放期刊或是开放平台上[17]，便于更多的读者免费分享传播。我国科技期刊应顺应国际出版开放获取的态势，从国家宏观政策方面，围绕机构监管、资金支持、科研成果发布、学术体系创新等，加快我国科技期刊开放获取的基础建设，学习借鉴国际知名开放获取平台的成功经验，搭建国家级的自主创建开放获取出版平台，推动国内开放获取的长远发展，向全球展示我国的科研成果和文化传统。

（二）拓展灵活多样的出版物出口政策及渠道

多年来，我国在科技期刊进出口方面，主要以进口为主，尤其是科技期刊和数据库的进出口很不平衡，不符合我国作为世界科技大国的称号，为此，我们必须强化期刊"走出去"政策及渠道的支持，畅通灵活的出版物"走出去"通道。

一是制定鼓励科技期刊出口的政策。据调查，2012～2022 年，我国在科技期刊税收方面共出台了 2 个通知，《关于延续宣传文化增值税和营业税优惠政策的通知》（财税〔2013〕87 号）和《关于延续宣传文化增值税优惠政策的通知》（财税〔2018〕53 号），对期刊在出版环节执行增值税先征后退 100%或 50%的优惠政策，但对期刊出口方面没有明确的针对性税收政策，而欧洲等出版强国对期刊出口却有免收增值税的条款[18]，我国应大力支持科技期刊出口的税收减免政策，扩大期刊出口，增强科技期刊国家影响力。

二是建立多元化的出口渠道。我国主力的科技期刊进出口公司，虽然加强了与国外科技期刊运营商及代理商的合作，但并没有降低我国科技期刊的出口门槛和出口屏障。国内期刊进出口公司应举办或参加国际书展，开办国际书展平台，扩大科技期刊出口贸易的区域，鼓励科技期刊运营机构积极参与到书展的国际交流中，利用国际贸易手段增加我国科技期刊的曝光率，将我国的科技期刊更有效地传播出去[19]，与国外的图书馆建立长期稳定的期刊交换关系，使我国大多数的科技期刊内容成为国外数据库、图书馆的重要的书展及纸质的馆藏内容，通过科技成果展示及知识服务开辟更多的途径推动我国科技期刊"走出去"。

（三）打造中国自主知识产权的国际化数字传播平台

近年来，随着中国科技期刊国际影响力的不断提升，我国的中文期刊及英文期刊都有了很大的提升，虽然大多数的英文期刊还是选择与知名的国外期刊出版商合作[20]，以"借船出海"的方式，提升处于发展阶段的英文期刊，借助国际出版商的知名度来快速打开我国英文科技期刊的出版与传播路径。为维护我国的科研成果和信息安全，中国亟须打造具有自主知识产权的数字出版平台，以推动科技期刊的国际化出版和传播。

目前，科技期刊是"借船出海"还是"造船出海"，成为中国期刊界在国际传播中两种不同的声音。期刊在国际传播中，"借船出海"发展明显受制于人，"造船出海"必是长久之计。我国科技期刊大都通过"借船出海"方式进行国际发布和传播，对外依赖度非常高，建议我国科技期刊集群基于"元数据"和"知识重组"，自主搭建一站式数字平台，承接自身的内容生产[21]。科学出版社自主研发的SciEngine 全流程数字出版平台，成为以构建国家高端科研论文和科技信息高端交流平台为目标，贯通论文投审、论文结构化生产、数据仓储、资源发布、学术提升、国际化推广及科学评价等全链条的期刊数字出版与知识服务平台。SciEngine 平台成功打造了数字出版一站式全流程服务平台，为科技期刊集群化平台发展提供了可行路径，助推期刊内容高速传播和准确推送[22]。因此，依托自主开发的一站式数字平台"造船出海"，是中国科技期刊下一步发展的重中之重。

（四）鼓励多模式创办英文期刊，提升国际话语权

当前，英语依然是国际通用语言，在英文科技期刊上发表论文，更有利于我国科研成果的国际性传播，有利于科研人员之间的交流，更能提升我国科技期刊的国际话语权，创办高起点、高水平、空白学科领域和新兴学科领域的英文科技期刊，

实现英文期刊引领的同时，借助科研院所、高校以及企业的相关优势领域及学科，主办或合作创办高质量的英文科技期刊，可为我国科技期刊国际化和期刊"走出去"创造更好的环境与条件，可将我国的学术成果以世界性语言在全球范围内传播和展示。

第三节　中国科技期刊运营模式分析

科技期刊运营模式是指期刊根据自身的办刊宗旨，为实现相应目标、价值取向和定位，所采取的用以获得经济效益及社会效益的经营形式。科技期刊运营主要分为"运"和"营"两部分。其中"运"是指从稿件采编到期刊出版的全部流程，而"营"则指期刊经营。经营离不开市场，因此，科技期刊运营是要以用户需求和效益为目标，运用市场机制、采取一些市场化或非市场化手段开展一系列的期刊生产[23]。随着互联网技术不断进步，在数字化全流程出版和媒体融合的大背景下，科技期刊的经营模式日益丰富。科技期刊需顺应时代发展趋势，构建全新的运营模式和运行机制。

一、中国科技期刊主要盈利模式分析

目前，根据办刊经费来源，国内科技期刊主要可以分为自主经营、财政拨款或基金项目支持、提供增值服务等运营模式。

（一）自主经营

自主经营是指科技期刊以自身经营资源、经营资本和经营能力为依托，实施自主运作，即期刊拥有独立的财务自主权。目前，我国实现完全独立自主经营的期刊数量不多，全国 5000 余种科技期刊只有不到 1/5 实现了自主经营。就调研情况来看，自主经营又分为单一期刊形式和杂志社形式两种不同经营情况。

1. 单一期刊自主经营

单独一本刊物的自主经营成本主要包括人员工资、办公和出版成本，主要的收

入则由发行收入、广告收入、新媒体收入和版权收入组成。在这种运营模式下，期刊往往需要建立一套完整的运营系统。其中任何一个出版环节出现纰漏都会导致期刊运营难以顺利完成。虽然单刊自主经营模式具有经营效率高、可控制性强的特点，但由于规模不大，资金有限，再加上期刊编辑人员的压力大，负责的工作杂乱，往往很难投入更多精力和资金全面提升期刊影响力，发展相对缓慢。

2. 杂志社形式自主经营

杂志社形式的自主经营，往往依托于主办或主管单位，能够有效整合期刊出版资源，高效推进科技期刊的规模化出版和集约化经营，与单刊自主经营相比具有明显优势。在杂志社内部，一些发展良好的科技期刊通过发挥龙头作用，牵头进行期刊联合，从社内不同期刊间的竞争转向合作，从而形成合力。例如，通过出版单位体制改革成立的中国激光杂志社，由于拥有财政自主性，且进一步融合了社会资源，对杂志社的运营模式进行了大胆的改革，建立了数字化出版公共平台并实行集约化管理，既实现了杂志社的社会效益，又保障了经济效益。通过杂志社形式联合运营，人员分工明确，期刊运营效率得到极大提高。

（二）财政拨款或基金项目支持

财政拨款的运营模式是指科技期刊依托于主办、协办单位进行运营的模式，两者属于行政隶属关系。然而，由于主办单位有事业单位、企业单位之分，每一本科技期刊其具体的情况又各不相同。在主办、协办单位为事业单位的情况下，科技期刊人员工资、运作成本往往由主办单位支持，不必面对太大的财政压力。不过由于主办、协办单位能为期刊发展提供的办刊经费有限，期刊发展相对缓慢。当主办、协办单位为企业单位时，企业对期刊的支持程度则直接影响期刊各方面的发展。如果企业十分注重旗下期刊的发展，从期刊创立之初到成长期都给予较大的人力和财力支持，加之企业在管理上往往比较灵活，能够给期刊提供良好的发展空间。例如，作为"国家科技期刊出版基地"的中国科技出版传媒股份有限公司年出版期刊300余种，其中英文期刊70种，被SCI收录45种，被EI收录51种。由《中国科学》杂志社有限责任公司、北京中科期刊出版有限公司、北京科爱森蓝文化传播有限公司、《科学世界》杂志社有限责任公司、《中国国家旅游》杂志社等几家子公司专门从事期刊出版业务，旗下期刊在公司大力扶持下发展十分迅猛。

基金项目支持也是近年来我国科技期刊办刊环境得以不断改善的重要支持来源。目前，从国家部委到科研院所，出台了一系列支持国内科技期刊发展的重要政策，国家财政对期刊的投入力度也大幅增加。2006 年至今，中国科协先后实施或牵头实施了"中国科协精品科技期刊工程""中国科技期刊国际影响力提升计划""中国科技期刊登峰行动计划"等重大项目，为推动中国科技期刊的健康可持续发展发挥了重要的引领作用。2019 年，中国科协、财政部、教育部、科学技术部、国家新闻出版署、中国科学院、中国工程院联合实施了"中国科技期刊卓越行动计划"，对 300 余种科技期刊提供资金支持。卓越行动计划为推动我国科技期刊高质量发展，帮助期刊突破当前发展的瓶颈，加快建设世界一流科技期刊，夯实进军世界科技强国的科技与文化基础发挥了重要作用。对于一部分自主经营自由度较高的科技期刊来说，在得到政府拨款之后能迅速开展实施各项举措，推动期刊快速发展。不过，就我国现有 5000 余种科技期刊来说，获得国家级专项经费支持的科技期刊数量不足 5%，获得行业及地方专项经费支持的科技期刊不足 4%。基金支持范围还比较小，单刊支持力度多在 50 万元以下[24]。

（三）提供增值服务

对于科技期刊来说，讨论其市场化程度，首先要发现其盈利点。作为科技期刊，除了发行纸版、刊登广告外，更应重视对期刊附加值的开发。通过推出更多的学术服务产品，提升科技期刊附加值，从而达到理想的盈利目标。随着科技期刊数字化发展的不断加快，用以满足目标客户价值需求的期刊产品也逐渐丰富和多元化。

市场运营的增值开发主要包括品牌营销和 O2O 离线商务模式两个方面[23]。其中品牌营销是期刊市场运营中的高级营销方式，优秀的品牌科技期刊可以通过延伸效益获得收益，如通过发行全年合订本、抽印本，出版增刊或特刊、组织学术会议或培训班、开展咨询服务、与企业对接及开展新产品推介会等方式实现收益，这些附加和衍生运营能带来较高的市场效益。而 O2O 离线商务模式则是互联网技术高速发展下的新兴产物，通过线上与读者、作者联系互动，带动线下活动的开展。例如，定期组织主题沙龙、研讨会、讲座等活动，将读者、作者、编委、审稿人密切联系起来，从而赋予科技期刊全新的内涵。根据 2022 年检数据统计，我国期刊 2021 年经营总收入为 73.69 亿元，其中项目活动收入总计 8.24 亿元，占 11.18%，而其他收入则占 45.59%。可见科技期刊通过拓展相关增值服务，取得了显著的经济效益。

二、科技期刊的运营路径与模式

信息技术的发展以及"互联网+"时代的到来使得互联网成为现代化和大众化的重要信息载体和传播工具。近年来，全新互联网技术的应用使得传统出版行业逐步进入数字时代。在数据浪潮的冲击下，作者创作、投稿、审稿、出版、传播，甚至交流活动都可以在网络平台上展开，与之相应的，科技期刊的出版形式、阅读方式、传播手段乃至运营模式等方面已经或正在发生深刻的变化[25]，由单纯以纸质媒介为载体，逐渐向多元介质载体转化。

（一）科技期刊运营路径

关注科技期刊发展的全新技术和未来趋势，不难发现继数字化出版和融媒体出版之后，人工智能技术正在加速进入出版行业，已开始应用于出版知识服务，同时，虚拟现实、增强现实、混合现实、大数据以及 5G 网络等技术也必将会越来越广泛地融合到学术交流和出版之中[26]。运用互联网思维对传统出版行业进行改造，将出版业的传播理念、内容、样式建构于互联网平台之上，使科技期刊出版和发行的各个环节跟得上信息革命和信息技术进步[21]。相对技术和内容来说，期刊运营可以将它们的服务对象推向新的高度。目前，为了顺应互联网发展的趋势，国内大部分科技期刊已经充分认识到在办刊过程中开展互联网运营的重要性，走上了科技期刊运营转型发展之路。目前，科技期刊运营的路径主要包括以全流程数字出版为基础的多媒体或全媒体化路径和以结构优化为基础的集群化路径。

1. 多媒体或全媒体化路径

随着我国经济的飞速发展，科研水平大幅提升，科研队伍不断壮大，学术论文发表需求巨大。数字化出版可以有效提高论文发表时效，提升科研信息的传播效率。因而，顺应数字化发展潮流，结合新媒体优势，利用先进的数字技术进行资源整合和内容重构，开发不同于传统出版运营模式的全流程数字出版运营模式，已成为科技期刊发展的重要方向。在传统科技期刊与数字化融合共存并共赢的运营模式里，期刊既要寻找数字化发展时代全新的生存方式，又要建立高效的信息传播与互动平台，推动数字期刊的移动化和内容服务的互动化，从而实现盈利模式的多样化。科技期刊充分发挥传统内容生产优势，利用长期积累下来的品牌和公信力优势，依托互联网技术进行期刊内容重构，通过互联网等全新渠道进行发布，并将信息发布速度和广度加以结合，实现全媒体生产、全介质传播、全方位经营。可以说媒体或全媒体化路径整合出版产业链中各个环节，综合运用多种媒介和终端，并通过文字、图像、声音等多种元素，全方位、立体化地为内容提供商、期刊编辑、编委会、审稿人、作者、读者、机构用户以及广告商等主体之间开展有效协作打开方便之门，使得传统科技期刊可以进入数字出版价值链的终端，从而极大提升了科技期刊的核心竞争力[27]。

2. 集群化路径

近年来，为了解决国内科技期刊发展平台滞后，期刊平台相对弱小和分散等问题，国内多家出版单位通过组建科技期刊集群或出版集团等不同形式，尝试改变传统的单刊运营模式，以实现出版方式的集群化和规模化。目前，中国科技期刊集群模式主要分为依托商业出版机构集群、高校期刊集群、学会或协会集群、学科集群[28]。随着市场不断发展及竞争的逐渐加剧，中国科技期刊逐步从分散经营走向规模化、集约化经营，其中以商业出版机构为主导的期刊集群发展最为耀眼。中国科技期刊正在探索由出版企业介入办刊模式，通过引入企业力量协同办刊，推动产学研深度合作，实现可持续发展。例如，北京科爱森蓝文化传播有限公司致力于为中国英文科技期刊提供高水平、国际化编辑出版服务，为科技期刊和科研机构提供评价服务，以及利用爱思唯尔和科学出版社品牌创办高水平的英文期刊。2021 年，高等教育出版社与 Wiley 签订战略合作协议，双方将以此为起点，在学术期刊出版及科研服务、数字化领域进行深入合作，共同打造具有世界影响力的高质量英文学术期刊集群。中国部分高校对所属期刊实行集中统一管理，形成高校期刊集群模式，如清华大学出版社期刊中心、上海大学期刊社、浙江大学期刊中心等。学会（协会）出版机构在期刊集群化建设方面发挥主导作用，中华医学会期刊集群是学会或协会集群的代表。国内多家科技期刊，如中华医学会期刊集群、中国地理资源期刊集群等，是以学科为基础进行集群化发展，依托集群优势不断加强数据库建设，利用先进的数字技术不断深层次地开发具有自身特点的在线出版服务平台，为科研人员提供多元化的知识服务，实现由传统纸质出版向富媒体出版、由文献生产者向学科与社会集成型知识服务提供平台的转型。

（二）科技期刊运营模式

国外很多经营成功的科技期刊，往往奉行三次售卖理论，将期刊产业运营细分为销售内容、受众、品牌资源三个阶段。也就是说在三次售卖理论中，第一次销售凭借的是期刊本身刊登的内容来吸引读者，通过期刊的发行来获得收入，这次售卖与期刊的内容质量有着直接的关系。第二次销售则通过高质量的期刊赢得大量读者群体，从而吸引广告商，通过刊登广告获取广告收入。第三次销售是利用期刊的品牌资源举办各类会议活动，开发衍生产品，开展培训活动等，通过出售期刊的品牌资源获得收入。美国的两大科技期刊——《科学》和《美国医学会杂志》就是按照这种"内容+广告+品牌与资源"模式运营的典型成功案例[29]。从期刊盈利模式来看，国内一部分科技期刊不仅在努力扩大发行量，同时也在不断拓宽广告收入和开发期刊品牌资源收入，然而还有不少期刊对于其期刊品牌等方面没有进行充分地利用和挖掘。在与新媒体融合的探索中，多数科技期刊往往只是把新媒体作为一种宣传渠道，并没有真正形成有效的融合盈利模式。因此，国内科技期刊在与新媒体的融合中，可以积极地借鉴这一发展模式，在内容、服务以及品牌建设方面进行深度开发，打造全新的运营模式。

1. 新媒体+内容

科技期刊发展的核心始终是高质量的内容。在高速发展的信息时代如何精准而高效地向目标读者群体提供期刊内容，帮助读者迅速获取并理解科技信息，进而将其转化成知识运用到实际工作生活中去，是科技期刊在与新媒体融合中需要认真考虑的问题。

首先，科技期刊可以利用新媒体对内容进行加工与再造。例如，在微信、微博、推特等自媒体平台上，科技期刊可以将期刊论文浓缩成几句标题式的语句，搭配一张突出显示论文创新内容的图片，使读者能够快速了解并接收信息；还可以将期刊发表的论文内容进行整合，通过图文结合等相对科普性和趣味性的方式传递给读者，使传播内容既保持期刊品牌的权威性，又凸显短小精悍和及时性的特点。在期刊的门户网站上，科技期刊可以利用网站信息承载量大、适用多媒体的特征，通过增加音频、视频、图片和超链接等多媒体内容，扩大网站传播的信息量，弥补纸版版面和篇幅的不足，还可以利用新媒体技术对期刊的内容深度加工，转化成知识服务，为用户提供专业咨询和知识问答服务。

其次，科技期刊可以利用新媒体对内容进行拆解重构，以适应数字时代人们碎片化的阅读习惯。例如，科技期刊可以将文章拆分成包括摘要、关键词、正文、图表、著录信息和引文等不同的部分。这样既方便用户进行检索，也便于用户根据自身需求选择性下载或保存相关信息。

再次，科技期刊可以利用新媒体信息量大、传播范围广的特点，对刊载内容进行主题重组，将多篇主题相似的文章聚合形成虚拟专刊。例如，将相同主题的论文、行业新闻、学术会议和国内外相关行业的重大事件等囊括在一起，从而形成专题。通过对该专题进行多角度、深层次的解读，发挥信息集聚优势，提高信息传播效率，从而提高读者满意度，增加读者黏性。

总之，在与新媒体融合的过程中，科技期刊应始终将刊物内容建设放在首位，努力推出具有原创性的高水平成果，并根据新媒体的特点和读者阅读偏好对内容进行重新整合和多级加工，使期刊内容充分适应新媒体的传播特点。

2. 新媒体+服务

随着数字出版的迅猛发展，科技工作者查阅文献的方式发生了巨大变化。同时，科技期刊纸本印刷量逐年下降，使得科技期刊的印刷与发行陷入两难境地。与传统文献获取方式相比，数字化出版使资源获取更容易实现，网络首发则帮助作者和读者提高了资源获取的效率。同时，多渠道的数字化发行还可以有效提升期刊的学术影响力。纸版发行与数字发行相比，传播能力及影响力均无法与数字出版抗衡。因此，科技期刊在发行服务上可以充分利用新媒体平台对期刊纸版内容进行宣传与推广，通过开设网上销售渠道，满足不同读者需要。科技期刊不仅可以和期刊数字化集成平台进行合作，如中国知网、万方和维普等商业数据库出版商，对期刊的信息网络传播权进行多次售卖，而且可以在期刊门户网站、微信公众号和期刊 APP 等新媒体平台上提供数字化版本，将整合与加工后的期刊内容在新媒体平台上二次传播，满足读者个性化阅读需求，由此获得一定的收入。科技期刊还可以向知识服务发展，利用丰富的学术资源和新媒体技术为用户搭建知识服务平台，将期刊论文、行业信息、学术活动和热点新闻融入平台，为用户提供付费的专业咨询和知识服务；也可以与知识服务平台合作，将期刊论文制作成可以方便用户接收和了解的视频和音频等进行传播。

因此，在大数据技术助力出版的互联网时代，通过加强技术驱动实现出版流程优化升级，建立有针对性的读者或作者发行数据库，依托新媒体平台，切实服务作者读者，才能不断拓宽科技期刊盈利渠道。

3. 新媒体+品牌

科技期刊的品牌延伸手段主要有重印、合订本销售、增刊或特刊销售、专题培训服务、新产品推介会、咨询服务、举办展览活动、组织学术会议、开发文创产品以及教育产品等[30]，这些盈利手段都可以通过新媒体更好地实现。例如，科技期刊出版重印或合订本、增刊或特刊的电子版，可以通过新媒体进行传播；利用新媒体制作专题培训视频，并在网站或自媒体平台上进行传播；可以开通网上咨询服务通道，为专家和用户搭建无障碍沟通平台；还可以利用新媒体进行用户意见和需求的征集，从而为举办展览活动，开发文创产品、图书和教育产品提供选题创意，并利用网站、微信和微博等进行一系列的宣传，树立品牌形象。科技期刊品牌培植过程中除了广泛宣传和提供有价值的增值服务外，还需要培养用户的忠实度。科技期刊可以利用新媒体增强与用户的互动，建立有效的用户数据库，然后不断地通过新媒体为用户精准地推荐其感兴趣的内容、产品和服务外；也可以利用新媒体建立用户网络社区，通过凝聚用户，实现用户的社群化运作，并在此基础上，最终实现用户变现。

总之，在新媒体环境下，科技期刊需要与时俱进，改变传统的发展模式，充分发挥新媒体的优势和特点，积极找寻媒体融合的最佳结合点，促进传统媒体和新媒体的深度融合，从而探索新的发展模式，寻求新的突破，更好地发挥传播科技信息和促进科技发展的作用，不断拓展自身发展空间，增强盈利能力，并最终实现社会效益和经济效益的双赢。

三、科技期刊运营模式实例探究

（一）学术期刊

学术期刊是科研工作者展示科研成果的窗口和开展学术交流的平台，也是知识传播和文化传承的载体。作为专业性较强的媒体，学术期刊的作者、读者群本来就较为集中、小众，发行量也不大。因而，在互联网技术飞速发展的大环境下，如何围绕期刊本身，建立一套可持续发展的市场运营模式，是学术期刊编辑应该积极思考的问题。

《植物学报（英文版）》（*Journal of Integrative Plant Biology*，*JIPB*）：创刊于 1952 年，由中国科学院植物研究所和中国植物学会主办。该刊于 1998 年被 SCI 数据库收录。2002 年改为全英文出版（*Acta Botanica Sinica*）。2005 年由 *Acta Botanica Sinica* 更名为 *Journal of Integrative Plant Biology*，并与国际出版集团约翰·威立合作出版，走上了国际化发展道路，进入优秀专业期刊行列。作为一本有着 70 年历史的老牌学术期刊，随着国际影响力不断提高，*JIPB* 也开创了适合自身的运营模式。

第一，*JIPB* 的重大改革之一是率先实施专家办刊，学术把关完全由一线科学家负责。为进一步提高稿件质量，主编全程参与初审，严格控制送审稿件质量。送审稿件实行责任编委负责制、主编终审制、优质稿件快速发表制及保密与回避制度，对稿件学术质量和编校质量层层把关。经过不断完善，目前 *JIPB* 拥有高效的审稿和出版流程，新收到稿件 24 小时内反馈是否送审，接受稿件 48 小时内上线发表。对高质量、有竞争性的文章，提供快审通道，3～5 天给出终审决定。通过优化审理流程，严控稿件质量，提供快捷高效服务。

第二，*JIPB* 积极学习借鉴国际著名期刊出版模式，采用国际化运营方式。早在 2005 年，*JIPB* 就与国际知名出版商约翰•威立集团建立了长期合作关系，这使 *JIPB* 的出版流程更加专业化、标准化和国际化。2009 年以来，*JIPB* 始终奉行编委团队国际化原则，由专业的国际化编委指定相关领域的审稿专家，严格实施同行评议。同时，率先将学术不端检测系统 CrossCheck 嵌于稿件系统内，从源头上预防学术不端行为。此外，还与美国 Plant Editor 专业公司建立合作关系，全力发展新媒体平台。2019 年 *JIPB* 与 Plant Editor 合作建立海外工作站，开通 Twitter 账号，2020 年末开通 Facebook 账号，及时发布最新接受文章及期刊重要信息，与海外作者、读者进行实时互动，拓宽期刊的国际影响力。为了顺应数字时代，*JIPB* 积极开展数字出版与传播平台的整合建设，打造期刊自有网站，充分利用自媒体平台，开辟全媒体宣传推广模式等新举措，不断扩大期刊的影响力。为了更好地服务国内作者和读者，*JIPB* 进一步完善微信公众号功能，及时推送最新录用文章，并配发中文介绍，帮助读者深入了解每篇文章的研究内容。期刊公众号与主流学术网站及本领域知名公众号密切联系，将刊发内容广泛转载，方便用户阅读、交流，随时了解期刊动态；还通过微信平台组织优秀论文有奖评选、抽奖赠刊等活动，吸引大量读者关注。总之，*JIPB* 多管齐下，通过全方位宣传，提升期刊国际知名度。

第三，*JIPB* 积极拓宽经营渠道。期刊运营主要来自各级出版类基金项目资助，与约翰•威立出版集团合作经营，收入主要包括期刊版面费和广告收入。2009 年至 2022 年，为促进学术交流，*JIPB* 连续举办品牌会议"国际整合植物生物学会议"，邀请国内外著名高校和科研院所的专家、学者参加会议，每届会议人数约 400 人。2009～2016 年，*JIPB* 发挥期刊品牌效应，组织了多次科学论文写作培训班，邀请国际知名学者为国内青年研究人员讲授论文写作技巧等，有效推动了国内植物科学发展，扩大了期刊的影响力，取得了良好的社会效益与经济效益。

总之，在互联网和新媒体的大环境下，科技期刊只有通过持续的内容建设，坚持内容为王，努力提升期刊学术影响力；借助新媒体手段和平台，不断扩大传播渠道；通过各种学术会议、展览展示、周边服务等拓展经营；通过打造"内容+新媒体+拓展活动"的联动平台，促进社会效益与经济效益同步发展，才能更好地生存和发展，继而更好地服务于创新型国家的建设。

（二）科普期刊

随着互联网技术的发展，在移动终端上的电子化阅读方式逐渐取代传统的纸版阅读，导致传统纸质刊物的读者流失严重，从而对科普期刊的发展产生了十分不利的影响。在短视频、微博等新媒体方式不断涌现的时候，科普期刊转型发展困难重重。不过，也有一些科普期刊通过探索融合发展的创新之路，转型成功。《农村新技术》杂志正是其中的佼佼者。

由广西科技厅主管、广西科技情报研究所主办的《农村新技术》创刊于 1983年，是一本综合性农业科普期刊。为了顺应时代发展，杂志积极发展新媒体，探索期刊融合发展道路，并取得了一定的成效。2011 年创建了"农村新技术"网站，成为杂志开展数字出版和传播的重要平台，目前网站实现了信息传播、期刊形象展示等功能。为更好地服务读者，《农村新技术》搭建了 QQ、短信等互动平台。2014年，《农村新技术》杂志筹划建立了微信公众平台，通过编辑、推送期刊电子微刊，开展互动活动等，平台关注人数不断上升。如今，微信公众平台的影响力逐渐加大，成为打造期刊品牌的重要平台[31]。

为了提高期刊核心竞争力，实现品牌影响力，《农村新技术》树立"内容为王"的理念，强化内容定位，狠抓内容创新。在融媒体环境下，《农村新技术》紧跟时代步伐，分析用户需求，对科普内容进行深加工，用文字、图片、语音、视频等方式吸引读者眼球，跨媒体、跨平台、跨渠道进行传播，增强读者体验感，构建适合读者与受众的"期刊+网站+微信公众号+短信平台"的立体化科普传播模式。同时，深入探索交互性更强的科普传播模式，融入今日头条、趣头条、百家号等社群媒体平台，形成交互式科普传播平台，极大地促进了科普信息的快速传播，提高了科普传播的效果和科普传播平台的影响力。开设《乡村音画》栏目，读者用手机扫描简介文字后面的二维码即可收看相应的视频，动态化地展现科普内容，深受读者喜爱。跨媒体、跨平台、跨渠道传播这一创新模式大大提高了《农村新技术》的品牌知名度。

　　《农村新技术》杂志通过提升刊物影响力，实现品牌延伸。近年来，《农村新技术》杂志通过在纸媒、网站、微信公众平台、自媒体平台等进行"三农"信息和技术报道，取得了较好的社会效益。同时积极面向市场，开展期刊经营的衍生服务，积极创新新媒体经营服务方式，多渠道扩大微信公众平台、头条号等新媒体的经营收入。通过开展技术培训活动，采用举办培训班、现场培训、远程教育、专家指导等方式，强化对各类农业创业主体的培训，获得较好的社会效益和经济效益。

　　在打造媒体融合的商业运营模式方面，《农村新技术》尝试了以下几个卓有成效的做法：一是期刊内容的联合销售。除了销售传统的纸质期刊以外，《农村新技术》还在微信等新平台上售卖期刊电子版，增加内容收入。二是全网联动的广告经营。期刊广告是期刊社的主要盈利手段，然而随着新媒体发展，纸媒的广告量不断下跌，广告效益不断下滑。为此，杂志从客户广告效益考虑，采用全网联动宣传，在纸质媒体与新媒体联合刊登，提高广告宣传效果。三是多渠道宣传经营项目，增加收益。编辑部每年都经营着多个农业技术培训项目和销售各种农业书籍、光盘，对此，在纸媒刊登宣传的基础上，杂志社还通过网站、微信等新媒体进行宣传和销售[31]。

　　总之，面对新媒体竞争的挑战，《农村新技术》转变办刊理念，在坚持办刊宗旨不变的前提下，努力打造特色的栏目，为读者提供优质、丰富、实用的文章内容。通过整合资源，不断丰富服务方式、方法，为读者、项目客户提供更多有价值的服务，探索媒体融合发展的有效途径，开辟出更多适合自身的多媒体商业运作方式，进而打造媒体融合的盈利模式，不断延伸《农村新技术》杂志的品牌边界，实现期刊的转型升级。

（三）学术期刊集群

　　集群化是国际学术期刊的发展趋势之一，也是近年来国内学术期刊行业致力于探索和实践的热点。根据刊群管理主体的不同，目前国内学术期刊的集群模式主要可以分为出版单位集群、学科集群、行政力量集群和互联网传播集群等。国内的一些期刊集群经过十余年发展已经颇具规模，在学术水平、管理水平、经济效益和社会影响力等方面积累了丰富的经验，取得了显著成绩。清华大学出版社期刊中心正是其中的杰出代表。

清华大学出版社期刊中心成立于 2011 年 3 月。作为"出版单位"，清华大学出版社在敏锐洞察国际学术期刊出版发展趋势的基础上，始终秉承把社会效益放在首位的宗旨，致力于学术期刊集群化建设，走内涵式发展道路。期刊中心历经十余年发展，出版期刊种类从成立之初的 8 种发展到如今的 44 种，包括 29 种英文刊和 15 种中文刊；既有老刊也有新刊，既有科技类期刊，也有社科类期刊，还有一些具有鲜明行业特色的期刊，集群化建设成效显著。

从办刊模式来看，除《鸟类学研究（英文）》《中医科学杂志（英文）》《石油科学通报》《分布式能源》外，其他期刊均由清华大学主管或主办，具有鲜明的大学出版社期刊群的特色。期刊中心于 2012 年成立了综合业务室，定位是期刊管理、期刊出版业务办理、行政办公、营销推广、人力管理等，加强与出版社、清华大学以及上级主管部门的联系与协调，发挥上传下达、统一协调管理的作用。通过对各刊行政、财务、营销、人力工作的统一管理，在新刊申办、期刊年检、开展对外合作等业务领域逐渐摸索出一套系统化的流程。随着期刊数量增多、出版业务类型多样化，期刊中心正在进一步改进流程管理，将印前、发行、稿件文档、学术指标跟踪、编校质量审读、公章使用等业务进行集中统一、归口管理，以便资料备份、长期保存，提高集约化管理水平[32]。

目前集群内大部分期刊都建有自己的网站和投审稿平台，并与国内外大型文献数据库合作进行期刊推广。在此基础上，期刊中心建立了自己的门户网站，开通微信公众号，建设统一的期刊宣传和发布平台，树立清华大学学术期刊的品牌，充分发挥大学出版社学术期刊集群建设的独特优势。通过建立自主发布平台，实现期刊业务全数字化的同时，期刊中心致力于开展刊群数字化档案库建设，优化排版与标引等生产流程，完善期刊网站的营销发布功能，推动中文资源国际化，实现学术期刊全流程、全方位网络出版。清华大学出版社期刊中心建立英文期刊发布平台，以解决中国期刊国际化的瓶颈问题，一方面开放合作，另一方面积极开拓，不断扩大读者范围，开拓更多被找到、被利用的机会[32]。

清华大学出版社的期刊集群化建设实践，充分说明学术期刊集群建设在办刊资源共享、人员共用、集中管理、统一制度建设、统一宣传发布平台建设等方面具有的普遍优势。期刊集群化发展有利于集沟通业界、服务学界、开展科研于一身，形成了"产学研"一体化的优势，使集群内期刊建设的内容更为丰富多元[32]。伴随着激烈的市场竞争和国际竞争，单刊的力量往往难以形成规模优势，"抱团取暖"是市场竞争的需要，更是期刊业自身发展的需要[28]。集群化、集约化是期刊发展的趋势和方向，也是自身发展壮大、谋求进一步发展的必然要求，"单刊作战"永远都是小打小闹，只有走集群化、集约化发展之路，才能提高期刊的议价能力、谈判能力和整体实力，实行"编营分离"的集约化发展模式是在期刊体制改革大环境下易于推广且有利于期刊集群化建设的有效途径之一。

第四节　科技期刊版权合作机制

从制度经济学角度来看，社会由各个组织构成，包括公私部门在内，各组织之间具有不同程度的合作与竞争关系，各组织内部个体间存在员工和企业主、员工和员工以及企业主和投资者等关系，这些长期或短期的组成关系，在现代社会中，具体在"法律"制度下，依托"合同"以及"契约"予以确立。在企业层面，各主体间关系的确立通常以合同为依据，表现为合同签订双方就某类行为达成一致意见后共同签署的合同或协议等。这些合同需在不违背相关国家法律法规的基础上生效。同时行业内部的行会行规予以辅助，具体表现为行业内达成的共同商业伦理界限以及行业自发形成的信用评估等，这种伦理和信用机制在一定程度上也为企业间的关系起到规范作用，在面对合同摩擦时具有一定的平衡润滑效果。

本节探讨科技期刊版权合作机制，从关系角度首要明晰科技期刊产业链中各参与主体之间存在的关系，探究这些主体在合作竞争时具体在著作权内容上进行了怎样的转移和变化，由此厘清科技期刊上中下游间的版权合作方式及特点，为我国完善科技期刊版权合作机制提供可参考的对比分析框架和建议。

本节应用案例次级资料分析法，从能够反映和表现机构组织间关系的具体性商业合同文本入手，调研整理若干国内外科技期刊版权协议，除去具体数字和名称后，提炼总结用以分析科技期刊产业链著作权转移的关系框架，通过具体分析其中三类参与主体间的合作关系（作者与科技期刊、科技期刊与数字平台，数字平台与图书馆），梳理科技期刊版权合作模式的逻辑特点。此外，本节也对数字经济下科技期刊版权合作出现的新模式（开放获取、预印本、数据出版）的定义和内涵进行剖析，分析整理现有典型案例，为我国科技期刊版权合作机制的完善提供建议和参考。

一、科技期刊版权合作主体关系

科技期刊产业内部，科技期刊产业链中的各主体间的关系具体体现在商业合同中，形成了针对科技期刊的版权权利的转移。

从供需关系上看，科技期刊作为一种流通中的产品，在市场机制的背景下，其背后所具有的版权成为实际上的价值所在。这与著作权包含的财产权在经济视角下有所对应。从利益团体上看，科技期刊产业上下游的各参与主体，均对科技期刊具有一定的版权转移关系，这种关系表现为主体对于期刊生产、流通和再利用环节功能的不同，也表现为科技期刊在不同主体中的作用。图 4-1 表现的是科技期刊产业中各主体的对应关系。

图 4-1　科技期刊版权合作主体关系

科技期刊产业中与科技期刊著作权转移存在直接关系的主体有作者、出版商、科研教育机构以及集成商等,与之存在间接关系的主体有版权组织、图书馆、读者、国家和区域级数字平台等。如图 4-1 所示,期刊与这些主体分别存在一定程度的著作权转移。在供应链的上游,作者作为期刊论文的第一生产者,在与科技期刊实现出版的过程中,存在着著作权的转移;单本科技期刊在面临期刊集团化,或者是与国际大型出版商合作时,著作权发生第二次的转移;在供应链中游,期刊与数字平台进行相关传播和信息服务协议签订时,面临第三次的著作权转移问题;在供应链下游,当数字平台面向分散的图书馆群体和国家级集成平台时,面临第四次的著作权转移。此外,随着开放科学的发展,国际版权组织提倡的知识开放和共享的协议于第五次影响科技期刊著作权的转移。

二、我国科技期刊与数字平台的版权合作模式

(一)与科技期刊有关的著作权权利

知识产权依领域划分,可分为著作权、商标以及专利。由于科技期刊大多涉及作者的文字作品,即科研论文,因此科技期刊与数字平台间的权利主要集中于著作权。根据《中华人民共和国著作权法(2020 修正)》中第 10 条的权利界定,科技期刊所涉及的著作权权利主要有以下 10 条(表 4-4),其余条目更多与音视频作品有关,目前与科技期刊关联较小。

表 4-4　与科技期刊相关的著作权法内容

著作权第 10 条部分内容	具体阐释[33]
(一)发表权	决定其作品是否公之于众
(二)署名权	表明作者身份,在作品上署名的权利
(三)修改权	修改或者授权他人修改作品的权利
(四)保护作品完整权	保护作品不受歪曲、篡改的权利
(五)复制权	以印刷、复印、拓印、录音、录像、翻录、翻拍、数字化等方式将作品制作一份或者多份的权利
(六)发行权	以出售或者赠与方式向公众提供作品的原件或者复制件的权利
(十二)信息网络传播权	以有线或者无线方式向公众提供,使公众可以在其选定的时间和地点获得作品的权利
(十四)改编权	改变作品,创作出具有独创性的新作品的权利
(十五)翻译权	将作品从一种语言文字转换成另一种语言文字的权利
(十六)汇编权	将作品或者作品的片段通过选择或者编排,汇集成新作品的权利

（二）科技期刊供应链各主体间权利转让

通过分析脱敏后的合同信息，总结出三类关系间的合作模式。表 4-5 是作者和科技期刊、科技期刊和数字平台、数字平台和图书馆（及其用户）的合作模式中著作权转让和保留情况。

表 4-5　根据合同的分析所折射出的权利

合同的甲方乙方的类型	转让的权利	保留的权利
作者和科技期刊的合作模式	1.复制权 2.发行权 3.信息网络传播权 4.改编权 5.翻译权 6.汇编权	1.署名权（精神权利） 2.复制权：作者可用于个人目的（教学、科研等）复制论文 3.修改权：作者可用于个人文集出版时修改使用论文 4.开放获取：作者可将接受的手稿发布在机构知识库 5.其他：职务作品范围内论文可在业务领域使用
科技期刊和数字平台的合作模式	1.复制权 2.发行权 3.信息网络传播权 4.改编权 5.翻译权 6.汇编权	根据合同细节进行不同权利的保留和划分；根据市场运行机制，可分为： 1.刊物隶属一个系列，即出版社 2.出版社与刊物隶属一个代理商，即集成商或者版权代理机构全权代表 3.出版集团
数字平台和图书馆（及其用户）的合作模式	馆际互借和合理使用权利	1.修改权 2.复制权 3.翻译权 4.改编权 5.开放获取相关权利

（三）作者和科技期刊的合作模式

科技期刊与作者的合作处于期刊产业链的上游，即生产端。科技期刊通过提供编辑出版服务，与作者之间建立内容生产的合作。在作者与期刊签署的著作权协议中，作者享有的精神权利，如署名权，不会被转移，仍归属于作者，而著作权中的财产权则通常在版权协议中转让给出版社，即科技期刊出版单位。此外，有些科技期刊还会要求作者转让改编权，具体许可行为体现为更改、调整现有作品，不限制在此基础上创造衍生作品的权利。图 4-2 展示了作者和科技期刊的合作模式中相关权利情况。

图 4-2　作者和科技期刊的合作模式

（四）科技期刊与数字平台的合作模式

科技期刊与数字平台的合作处于期刊产业链的中游，即传播发行端。数字平台通过提供广泛传播和信息服务，与科技期刊建立内容和传播之间的合作，主要合作方式是通过签订版权许可协议，完成相关著作权的转移。科技期刊与数字平台就版权进行的合作机制中，涉及的著作权条目主要有复制权、修改权、发行权、信息网络传播权、改编权、翻译权和汇编权。其中，数字平台较为强调汇编权的重要性，即允许将科技期刊中的单篇文献编入数据库，使其能以数据库的形式向外发布。这一著作权条目的声明是科技期刊与数字平台的权利转移核心。由此，科技期刊产品才能够通过二次组织后以数据库的形式予以出售。图4-3 展示了科技期刊和数字平台的合作模式中相关权利情况。

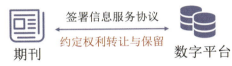

图4-3　科技期刊和数字平台的合作模式

（五）数字平台和图书馆（及其用户）的合作模式

数字平台和图书馆的合作处于期刊产业链的下游，即分发端。图书馆通过购买等手段获取到数字平台集成后的数据库资源，从而实现图书馆内部群体对数据库的使用权限。图书馆的使用范围（空间和时间）依据协议条款而有所区别，但大致上，在使用人群上限制为图书馆内部或所属机构的科研人员、教职工、工作人员等。在数据库订阅模式下，数字平台限制图书馆将购买的数据库资源免费开放和分发至图书馆以外的用户群体。

在许可权利的使用对象方面，数字平台与图书馆约定的许可协议通常包含两部分：图书馆的行为许可以及图书馆授权用户的行为许可。图书馆在与数字平台签订相关协议时需同时满足以上两部分的协议需求，并在日后的产品使用上加以规范和约束。图4-4 描述了数字平台与图书馆交易过程中各权利许可情况。

权利许可
- 授权用户使用产品
- 依"馆际互借"向其他图书馆递送资源内容
- 应用文本与数据挖掘服务

- 访问使用相关产品
- 出于个人学术目的（非商业）保存和分享部分内容资源
- 出于学术和教学面对在其他站点添加内容链接

权利限制
- 删改、翻译或制作演绎作品
- 大规模复制保存资源内容
- 大规模爬取产品元数据及内容资源

- 删改、翻译或制作演绎作品
- 大规模复制保存资源内容
- 大规模爬取产品元数据及内容资源
- 在社交网络发布内容资源

图4-4　数字平台和图书馆的合作模式

（六）中外科技期刊主体版权合同的比较

国内期刊及数字平台与国外的期刊和数字平台，在签订商业合同时存在一定差异。表4-6表现的是根据国外和国内同类型主体间协议合同的比较情况。在作者与科技期刊的合作模式中，作者具有的人身权利（署名权等）始终不可更改，一直归属于原作者本身，其他权利以及合同双方的约定情况则进行了不同程度的转换。国外期刊的合同约定已涉及元数据使用等权利，我国科技期刊较少对论文产生的数据类信息的使用权利进行界定。而在科技期刊与数字平台的合作中，相较于国外数字平台，国内数字平台较为强调汇编权的转让，这与国内数字平台的盈利模式有关。最后，在数字平台与图书馆的合作模式中，国内数字平台强调图书馆具有"订阅"的权利，国外数字平台更加强调"使用"的权利。

表4-6　国内外同类型主体间协议合同的比较分析

合同的甲方乙方的类型	特点
作者和科技期刊的合作模式	相同：保留给作者人身权，转让给期刊财产权 差异：国内期刊以著作权具体条目作为协议主要内容；国外期刊以许可行为作为协议主要内容，并涉及我国著作权中未提到的元数据等权利
科技期刊和数字平台的合作模式	相同：转让给数字平台网络信息传播权 差异：国内数字平台强调复制权、改编权及汇编权的转让，国外数字平台未强调
数字平台和图书馆的合作模式	相同：国内强调的是"订阅"概念，但是也非所有权，而是"合理的使用"，采用技术手段限制下载 差异：国外强调的是平台的使用权利，即阅读权。例如，在什么IP范围内，每次并发用户数是多少等

注："合理的使用"不是 fair use 而是 reasonable use 的含义。

三、数字经济下科技期刊版权合作的新模式

（一）开放获取

从开放获取视角出发理解数字经济下的科技期刊版权合作，需首先明确订阅期刊及其销售模式。订阅期刊是基于传统订阅模式运营的期刊，所出版的论文等研究成果不实施开放获取，仅向付费订阅用户开放。有关其销售模式，《中国科技期刊发展蓝皮书（2021）》在描述科技论文开放获取的标的物时指出，如果将科技期刊作为一种商品（good）的生产和交易形式，其标的物（subject matter）为论文（article），但论文本身还包括文本（text）、图表（graph and table）、元数据（metadata）及参考线索（list of reference）等[34]。

"众多元素构成论文，众多论文构成期刊，众多期刊构成交易对象（target），交易对象通过套餐组合（portfolio）形成采购对象（purchase object）。文本、图表、元数据都可作为一种数字对象（digital object），但是唯有它们成为采购对象才能进行交易。这是出版市场的交易逻辑，与科技事业的生产逻辑并不相同，然而科技期刊需要将它们一致化。"由此可知，与科技期刊交易相关的产品具有四个层次，见表4-7。按照细粒度由高到低（聚合度由低到高）排序，四个层次依次为Item、Journal、Target、Package。

表 4-7　数据产品的四个层次

层次	说明
Package	打包不同类别的连续出版物，用于捆绑销售
Target	某一类别的连续出版物，如经管类
Journal	期刊等连续出版物
Item	连续出版物中的单篇论文

为将出版市场的交易逻辑与科技事业的生产逻辑一致化，所采取的做法一般有两个方向：其一，对内细分（segment）期刊的论文要素，使之能够服务科研生产力；其二，把科研过程商品化（commercialize），将论文发表之前各个阶段的版本予以区隔和保存，并且标注权利主体和交换形式[34]。期刊论文的不同版本见表4-8。

表 4-8　期刊论文的不同版本

版本	说明
预印本（pre-print）	尚未正式受到同行评审的稿件，通过发布得以接收来自同行反馈。在预印本平台上，未经完整的同行评审，具有优先发表的特点。可以进行开放同行评审
后印本（post-print）	经过同行评审或者开放同行评审的稿件，可能部分修正或者还未更改，不是最终的定稿
被接受的作者手稿（accepted author manuscript, AAM）	已经被出版商接收，用于出版的稿件版本（录用稿）
最终论文审定稿（final-peer reviewed manuscript, PRM）	经作者多次修改，在发表前，形成的对论文内容进行最终修订的版本。其实质性内容与发表的内容无异。该版本通常会带有作者、题名、期刊（可能有卷期号或页码）
最终出版论文（final-published article, FPA）	出版社出版的版本，也是其他科研人员，在论文引用时的版本。通常会标注作者、题名、期刊卷期号、页码等信息。可能具有数字资源唯一标示符，如 DOI 号
作为最终存储记录的版本（version of record, VOR）	经过同行评审和出版商处理稿件的最后版本。通常是具有完整的元数据内容、数字资源唯一标示符。是一个作为档案实体的存在

　　随着开放科学运动的开展，开放获取期刊作为金色开放获取道路逐渐发展起来。开放获取（open access, OA）一词于 2002 年由德国马普学会在布达佩斯召开的研讨会上首次提出，会后发布的《布达佩斯开放获取倡议》（the Budapest Open Access Initiative, BOAI）界定了开放获取的含义：开放获取是指同行评审后的研究文献在互联网上免费可用，允许任何用户阅读、下载、复制、分发、打印、搜索或链接至这些文章的全文，以及为建立索引而爬取、将其作为数据进行软件传递或出于其他合法目的使用[35]。

　　同时，该倡议提出了实现开放获取的两种策略：自存储以及开放获取期刊。自存储即绿色开放获取（绿色 OA），是指在科研论文发表后，将其稿件的版本存储至机构知识库中（institutional repository），供读者免费获取；开放获取期刊即金色开放获取（金色 OA），是指科研论文在出版后，立即提供给所有读者免费获取，一般需要作者支付开放获取论文处理费（article processing charge, APC）。开放获取期刊有多种情况，区分各种情况的依据在于时滞期和版本，实质上是版权。表 4-9 为订阅期刊与开放获取期刊在时滞期、权利两个方面的比较，图 4-5 为论文出版过程中与开放获取相关的不同版本。

表 4-9 订阅期刊与开放获取期刊的核心权利比较

核心权利	订阅期刊	开放获取期刊
时滞期	无时滞期	金色 OA：无时滞期 绿色 OA：分两种情况 A. STEM：6 个月以内 B. SS&HS&A：6～12 个月
版本	所拥有的其他 4 个版本	金色 OA：最终出版论文（FPA） 绿色 OA：最终论文审定稿（PRM）

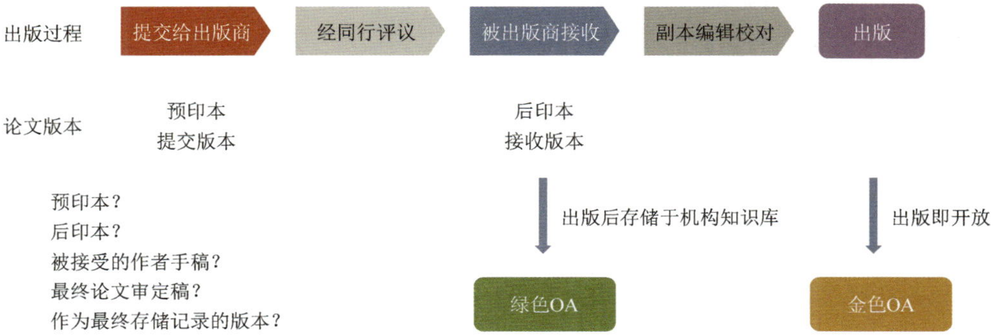

图 4-5 与开放获取相关的论文版本

为建立数字经济下科技期刊版权合作的新模式，订阅期刊需与开放获取共生发展，主要有以下三种方式。

1. 订阅期刊转变为完全开放获取期刊（full OA）

1）期刊：实现网络化、数字化和开放化。①网络化，由网站公布机器可读的论文元数据内容；②数字化，提供线上投稿、审稿、发表、发布；③开放化，提供 PDF、XML 等人类可读与机器可用的格式。

2）集成商：提供购买方（图书馆）方案，如钻石开放获取，即图书馆支付一定经费后，在一定时间如 1～3 年内，该机构的作者，即图书馆的服务对象，可以不用支付论文版面费；又如，"阅读与出版"协议，即图书馆支付一定经费后，能给读者提供该系列期刊的论文阅读权，以及读者作为作者在投稿时，无需支付任何费用。

3）团购模式：各国资助机构各自投入适当比例的经费，选择部分优质期刊成为开放获取期刊（优质期刊的选择由集成商、国际出版商、主要资助机构、占总额资金比例较大的少数资助机构等共同决定）。

2. 订阅期刊转变为混合开放获取期刊（hybrid OA）

1）期刊：向作者提供开放获取选项，提供透明可监督的 OA 论文处理费。

2）图书馆：提供开放获取期刊的"推荐名单"（即白名单）供作者参考。

3）作者：从科研项目经费或者资助机构获得补助，支付 OA 论文处理费，使其所发表论文立即开放获取。

3. 订阅期刊主动支持绿色开放获取道路（机构知识库）

1）无需任何改变，只要不反对作者将论文最终审定稿上传至所属机构的开放获取知识库，并在约定的时滞期后予以开放共享。

2）在国家级数字出版平台的支持下，同意有条件地推送期刊论文的元数据给该平台建立知识元库。该知识元库支持不同版本的比对和各种权利管理，如推送给机构知识库联盟以及国内集成商，与国外集成商进行合作等；此外，可生成和分析图书馆用户使用统计数据，并反馈给科技期刊。

3）解决国际出版集团与国际科研资助机构有关时滞期的矛盾（前者要求 STEM 的时滞期在 24 个月以上，SS 的时滞期在 36 个月以上，后者则要求 6 个月和 12 个月以内）。根据中国科学院和国家自然科学基金委员会的开放获取政策声明，本土期刊支持时滞期应当在 12 个月以内[36, 37]。

（二）预印本

学术出版发展至今，还产生了一种预印本模式（pre-print）。预印本是指科研工作者的研究成果还未在正式出版物上发表，而出于和同行交流目的自愿先在学术会议上或通过互联网发布的科研论文、科技报告等论文[38]。

从科技期刊注册、审核、传播、保存科研成果的学术交流功能出发，预印本与期刊出版的区别见表 4-10。

表 4-10　期刊出版与预印本的学术交流功能比较

学术交流功能	期刊出版	预印本
注册	正式出版之后	正式出版之前
审核	严格的同行评审	粗略的形式审查
保存	作为最终存储记录的版本（VOR）	各种修改版本
传播	权威和引证的	抢先和快速的

有关预印本平台的版权关系处理，可从其定义、版本、版本权利、生产主体、交易主体以及稿件的下一去向进行分析，结果如表 4-11 所示。

表 4-11　期刊出版与预印本的版权关系

分析维度	期刊出版	预印本
定义	出版（publish）	发布（publish） 贴文（post）
版本	出版稿	预印本稿
版本权利	版式权	无
生产主体	科技期刊	预印本平台
交易主体	数字出版平台 1.期刊网站 2.集成商 3.国际出版集团	预印本平台
稿件的下一去向	机构知识库 1.开放获取期刊保存最终出版稿 2.订阅期刊保存最终审定稿	科技期刊 1.与预印本合作的期刊是正式投稿 2.未被期刊认可的预印本论文投稿会被视为一稿多投

与传统的科技期刊论文相比，预印本具有发表速度快、有利于修改完善等优势，推动了学术交流过程。因此，自首个预印本平台 arXiv 发布至今，各领域的预印本平台被陆续构建和推出，如国际知名预印本平台 bioRxiv 和 ChemRxiv，以及中国首家科技论文预发布平台 ChinaXiv。经过调研和案例分析，这几家平台的主管/托管机构以及部分合作对象和期刊见表 4-12。

在国外，大多数科研人员和出版社比较清楚的是，预印本与科技期刊论文的版本不同，学术交流功能不同。在 2012 年 10 月举办的中国开放获取推介周上，arXiv 成立了中国 arXiv 服务工作组。自此，arXiv 便致力于推广其平台及理念，以及建设 ChinaXiv 的各项工作。由于新的事物容易为人们所误解，因此 ChinaXiv 特别与科技期刊出版界进行多次沟通，目前已争取到《图书情报工作》《生态学报》等 90 多家合作期刊。科研人员可以先将论文发表在 ChinaXiv 上接受同行评议，再将论文投稿至科技期刊，最后通过数字平台发布正式版本。这一严谨流程并不代表重复投稿或一稿多投，反而彰显了更为严谨、有效、普惠的知识传播。例如，存在于 ChinaXiv、机构知识库、期刊出版社等的不同版本体现了数据多样性[39]。

表 4-12　国内外预印本平台的案例比较

预印本平台	主管/托管机构	合作对象（部分）	合作期刊（部分）
arXiv	美国康奈尔大学	美国物理学会、美国计算机视觉基金会、美国麻省理工学院（MIT）等	*Journal of Chemical & Engineering Data* 等
bioRxiv	美国冷泉港实验室	-	*Scienc*、*Biochemical Journal*、*Frontiers in Genetics* 等
ChemRxiv	美国化学学会（ACS）、中国化学学会（CCS）、日本化学学会（CSJ）、德国化学学会（GDCh）、英国皇家化学学会（RCS）		*ACS Catalysis*、*Chemical Reviews*、*Chinese Chemical Letters*、化学学报等
ChinaXiv	中国科学院文献情报中心	中国科学院心理所、中西医结合护理杂志社等	图书情报工作、心理学报等

（三）数据出版

除开放获取和预印本外，数字经济下科技期刊版权合作的第三种新模式为数据出版（data publishing）。数据出版是指通过一定的公共机制发布科研数据集，使公众根据一定规则可以发现、获取、评价和应用这些数据集[40]。相应地，数据论文（data paper）是出版有关数据集的描述性文章[41]，数据期刊（data publishing journal）则是出版这些数据论文的期刊，即以数据为主的期刊。全球绝大多数数据期刊都在近五年或近十年内创办，同时都遵循开放获取原则[42]，数据论文与数据期刊通常提供相关数据的存储与访问等支持服务[34]。

通过总结大致特征，可将以数据为主的期刊与传统以文献为主的期刊加以对比，分析见表 4-13。

表 4-13　文献为主与数据为主的期刊比较

对比维度	文献为主	数据为主
一般称谓	科技期刊	数据期刊
开放获取	订阅期刊：不实施开放获取 混合开放获取期刊：需要支付费用才会将论文开放获取 开放获取期刊：论文出版之时立即开放获取	几乎全部开放获取
科学意义	提供思想 提供思想和证据	提供证据 提供证据和方法
对"数据"的定义	1. 论文中的统计数字及相关图表 2. 支撑论文论点的研究数据，通常作为论文附加材料，在期刊网站上或只有评审人可读可用	1. 第一种分类： （1）出版数据集 （2）出版描述数据来源和处理过程的数据论文 （3）出版支撑科技期刊论文论点的数据 2. 第二种分类： （1）原始数据（一般出版其目录、制作方法或仪器参数） （2）衍生数据（一般出版时要标注原始数据来源及处理过程，如是否来自多个数据源的整合与抽取） （3）研究数据（一般类似科技论文的方式，说明重要数据，即证据的产生、用途和内容） 3. 第三种分类： 数据多样性，即格式、版本、学科的不同处理和管理方式
对"文献"的定义	1. 出版物，包括纸本和电子两种形态 2. 档案、灰色文献等非出版物	作为"文本"类型的数据
文献知识库	机构知识库	数据论文应当存储的第二备份位置
数据知识库	1. 支撑论文论点的研究数据的数据集存放位置； 2. 所指涉的"对象"不一定是开放获取的	1. 存放具体"数据"的位置； 2. 所指涉的"对象"必须是开放获取的

自《布达佩斯开放获取倡议》（BOAI）于 2002 年首次发布以来，其指导委员会又多次基于过去的经验，根据最初的原则、所处状况以及来自世界各地和各学术领域的科研工作者的意见，发布了新的建议。其中包括 2012 年 9 月发布的十周年倡议[43]和 2022 年 3 月发布的二十周年倡议[44]。根据声明，该倡议依然致力于 2002 年最初倡议中阐明的原则。OA 的历史仍在继续，如 OA 文献总量的增长、原生 OA 的新研究的比例的增加、OA 知识库数量的增加、OA 期刊数量的增加、转换成 OA 的非 OA 期刊数量的增加以及 OA 预印本的使用和接受度的增加。表 4-14 中简要对比了 BOAI 几次倡议中涉及的有关科学出版物开放获取的阐释。

表 4-14　BOAI 涉及到的科学出版物开放获取的阐释

BOAI 版本	科学出版物的阐释
BOAI （2002）	从开放获取的角度看待科技期刊，应当让所有人能够便利共享 1. 机构知识库； 2. 试验性质的开放获取出版资助； （1）作者投稿开放获取期刊的 APC 资助或折扣； （2）发展开放获取期刊本身的资金资助
BOAI10 （2012）	从开放出版角度看待论文的各种格式，阅读不仅是内容上的人类可读、元数据的机器可读，还要机器可用，以进行语义挖掘和本体关联。BOAI 认为"OA 知识库应提供免费可用的工具来将以 PDF 格式存储的文献转换成机器可读的格式（如 XML）"
BOAI15 （2017）	用数据思维看待期刊论文，可用文本挖掘和数据科学方法产生新的数据集，例如数据论文、科技论文和科学材料
BOAI20 （2022）	作为全球开放科学运动的重要组成部分和基石 1. 更改金色 OA 为钻石 OA； 2. 明确反对阅读&订阅合同； 3. 继续支持绿色 OA（仍然作为科技期刊，特别是本土科技期刊应当支持开放获取的重要举措）

四、我国科技期刊版权合作机制的完善建议

（一）完善上下游供应链的合作关系

建议完善科技期刊产业上下游供应链合作关系。在产业链中，作者、期刊、出版商、数字平台、科研机构等主体均参与到科技期刊产业中，共同组合成相对完整的上下游供应链。我国科技期刊在自身质量控制、编辑水平不断优化的同时，应重视期刊产业供应链各个位置的占点，拓宽产业供应链的长度与深度。此外，可加强各主体间的合作关系，弱化产业链上下游间的竞争关系。例如，科技期刊与数字平台的版权合作模式，可从单一的权利转让转变为权利合作，同时考虑其他主体共同参与进去的版权合作机制。而单一期刊由于体量问题，在与各主体谈判时存在弱势现象，因此科技期刊可考虑从多主体合作的视角，拓展期刊的版权合作方式。

（二）补足我国合作机制中的权利界定

建议补足我国科技期刊产业各主体间版权合作中权利的界定。目前就对比分析的情况看，我国科技期刊版权协议中也包含著作权具体条目内容，但相对缺乏合同双方对权利具体表现行为的约定。我国科技期刊产业链各参与主体可依据最新修订的著作权法，对期刊版权协议进行细化和完善，可对目前出现的新的学术交流传播

方式进行关注，并将其纳入版权协议中，如开放获取和开放科学中关于论文的绿色开放获取存储权利和数据共享权利等。这在我国的科技期刊版权合作机制上还很少体现。

（三）从版权方面进行订阅期刊与开放获取期刊的权利管理

推动科技期刊的产权化发展，可以科技期刊产业链作为期刊权利的分析框架，理解科技期刊产业中存在的不同类型产品及其相互关系和交易模式。产权一般是指合法财产的所有权，这种所有权表现为对财产的占有、使用、收益和处分。在数字经济的视角下，文献数据是一种生产要素，科技期刊的运营则是一种数据原料的生产过程。关键在于接下来的产品加工，以及产品与产品之间的供应链结构关系。这种供应链应当反哺科技期刊，使之健康发展。同时，科技期刊可积极创新业务，尝试从科技期刊孵化新型数据产品[45]。

界定在不同阶段进行数据处理的过程，可能面临经济权利的取舍问题，带来经济利益的消长。法律文本与科技期刊实践的相互印证是一项重要的跨学科工程，从法律文本方面的考虑必然结合科技期刊界的工作实践，二者不可分割。

在此基础之上，可完善版权协议的内容和格式，规范版权协议的签署程序；加强版权伦理建设，切实维护各利益相关方的合法权益；树立版权保护意识，积极开展版权的合理开发和利用。这些举措均有利于在法定权限范围内实现信息资源的交互共享，同时助推开放获取及开放科学的深入发展。

随着科技期刊与国内和国际数据库开展形式多样的合作，科技期刊产业链上的主体也相应增多。在合作过程中，应注意避免与作者版权协议、与期刊数据库出版者版权协议在内容上的冲突，可进行双重审查和友好衔接，避免侵权风险。

（四）从版权方面进行出版平台和预印本平台的优势互补

关注国际出版集团、数据库集成商等利益相关者对开放获取、预印本平台的政策变化，进一步厘清作者、平台、读者、科技期刊等主体的权责利益关系，避免因概念不清、政策不明等问题引起侵权纠纷。制定并推出更为完善的预印本权益政策，有利于规范预印本学术交流的参与者行为，切实保障各方权益。

　　由于预印本是在正式出版之前经过粗略的形式审查后保存的作者手稿，不具有期刊出版的版式权，因此作者可能重复上传多个修改版本。从数据思维出发，系统性地处理预印本平台的版权问题，有助于合理规避"一稿多投""重复发表"等风险。

　　以合理明确划分各利益相关方权益为前提，积极支持和推进预印本平台建设，扩大预印本应用与深入合作。预印本具有发表速度快、有利于修改完善等优势，而科技期刊能够通过同行评审、编辑校对等手段保障出版质量。由此看来，二者可在推动学术交流方面深入合作，形成优势互补。此外，推进双方合作既有利于科技期刊发现高质量稿源，又有利于预印本平台为用户提供更便捷的投稿服务[46]。

（五）从版权方面进行文献出版与数据出版的融合

　　数据出版除了在保护作者知识产权、确保数据质量和长期保存数据方面具有增值作用外，还能提高数据自身的影响力[47]。从版权方面考虑，数字经济下科技期刊进行文献出版与数据出版的关联融合，需进一步完善科学数据出版过程中的机制、规范和引用标准等，确保数据出版也遵循完整的出版规范和流程，妥善处理数据资源的版权保护等问题。

　　数据出版工作的开展最终要真正实现数据的深度挖掘和广泛共享。对此，科技期刊可积极探索科学数据出版的新模式，从而更好地适应开放科学时代数据出版和论文出版相互促进的趋势。例如，与数据中心、数据平台开展深入合作，充分利用其数据管理的经验、技术、软件工具等，为数据出版工作的开展提供数据存储、数据安全等技术方面的保障。同时，发挥科技期刊在科技成果认定、知识产权保护方面的优势，共同探索建立科学高效的新型数据出版系统。如此，既能促进科学数据的交流、传播与利用，也有利于合理应对科学数据的知识产权保护问题。

第五节　科技期刊资本合作机制

　　在《中国科技期刊产业发展报告（2021）》中，把科技期刊产业定义为围绕科技期刊的所有经济活动的总和，包含科技期刊从内容组织、编辑加工、出版发行、市场营销、传播应用到综合管理与服务等各个分工不同但又利益相互关联的行业所组成的业态总集合。既然是具备经济功能的产业活动，就应符合产业化的一般规律。任何一个产业的发展都离不开资本的助推，从工业社会到信息化社会，资本越来越显示出推动产业和经济发展的重要性，资本市场也成为衡量产业经济发展的晴雨表，以及资金融通与交易的主要场所。形成产业的一个重要条件就是要具备一定的规模，而资本无疑是形成规模化和产业化非常重要的推手。

研究科技期刊的资本运作与产业发展离不开新闻出版行业的整体环境。根据国家新闻出版署近十年来发布的《新闻出版产业分析报告》中的数据，我国新闻出版业总收入从 2010 年的 1.27 万亿元增长到 2016 年的 2.36 万亿元，达到高点，从 2017 年开始下降，2021 年为 1.86 万亿元[48]。行业总产值在 GDP 的占比从 3%以上，下滑至 2021 年的 1.62%。中国证监会公开信息显示，目前属于新闻出版业的 A 股上市公司有 28 家，2021 年底总市值为 0.22 万亿元，占 A 股总市值的 0.22%，净利润为 144.07 亿元。而在 10 年前的 2010 年，A 股上市的新闻出版业的公司有 9 家，总市值 0.078 万亿元，净利润 17.91 亿元，占 A 股总市值 0.29%。10 年来新闻出版行业上市公司尽管从数量上和市值上有一定增长，但占总市值的比重在下降，从整个资本市场来看还相对滞后。无论是从产业规模还是资本市场规模来看，新闻出版业离出版强国的要求还有较大距离[49]。

我国科技期刊大部分隶属于高等院校、科研机构以及学术社团，自身多处于散、小、弱的状态。截至 2021 年年底，我国科技期刊总量为 5125 种，分布在 4427 个出版单位中，极为分散。平均每个出版单位出版期刊 1.16 种，单刊编辑部作为出版单位的就有 3496 个，出版科技期刊数量 10 种及以上的出版单位仅有 10 个。2021 年我国科技期刊总收入为 73.69 亿元，而国际学术出版集团爱思唯尔在 2021 年的营业收入为 26.49 亿英镑，相当于人民币 200 亿元以上，相对来说，我国科技期刊产业明显规模偏小，实力偏弱，离规模化的差距较大。

由于我国科技期刊的准入与变更存在较高的政策壁垒，因此在投融资和所有权交易方面还存在很多制约因素，无论是相关政策限制，还是自身条件实力，科技期刊的资本运作还处于比较初级的状况，远不到资本推动产业发展的阶段。目前在我国的资本市场中，还没有出现以科技期刊业务为主体的上市公司，在为数不多的出版类上市公司中，科技期刊只是其主营业务的一种补充。

科技期刊要进一步实现规模化、产业化和国际化，需要资本力量的助推，或者说二者互为作用，规模化、产业化需要资本的推动，而资本作用的发挥也依赖于产业规模的提升。因此有必要研究目前中国科技期刊资本合作现状，并对政策环境、市场机制进行分析，来探讨资本合作促进科技期刊产业化的有效路径。

一、中国科技期刊资本合作现状

（一）出版行业资本合作相关政策要求

到目前为止，关于资本进入出版业的相关政策文件主要有国务院《关于非公有资本进入文化产业的若干决定》（国发〔2005〕10 号）、新闻出版总署《关于支持民间资本参与出版经营活动的实施细则》（新出政发〔2012〕5 号）、国家新闻出版广电总局办公厅关于印发《出版单位变更资本结构审批办法（试行）》的通知（新广出办发〔2014〕40 号）。

《关于非公有资本进入文化产业的若干决定》的第五条明确规定：非公有资本可以投资参股下列领域国有文化企业：出版物印刷、发行，新闻出版单位的广告、发行，广播电台和电视台的音乐、科技、体育、娱乐方面的节目制作，电影制作发行放映。上述文化企业国有资本必须控股 51% 以上。

《关于支持民间资本参与出版经营活动的实施细则》第四条：支持民间资本在党报党刊出版单位实行采编与经营"两分开"后，在报刊出版单位国有资本控股51% 以上的前提下，投资参股报刊出版单位的发行、广告等业务，提高市场占有率。

《出版单位变更资本结构审批办法（试行）》规定非国有资本投资出版单位变更资本结构需要前置审批。

除以上相关意见及办法，2021 年 10 月，国家发展改革委就《市场准入负面清单（2021 年版）》向社会公开征求意见。清单包含以下内容：①非公有资本不得从事新闻采编播发业务；②非公有资本不得投资设立和经营新闻机构，包括但不限于通讯社、报刊出版单位、广播电视播出机构、广播电视站以及互联网新闻信息采编发布服务机构等；③非公有资本不得经营新闻机构的版面、频率、频道、栏目、公众账号等。

梳理上述相关政策规定，以及出版行政主管部门的审批实际，关于期刊单位进行资本合作的原则与要求主要有以下几个方面。

1）期刊出版属于意识形态舆论阵地，应牢牢掌握内容的政治方向、舆论导向和价值取向，在编辑出版环节必须保证国有资本主导权。

2）社会资本可以进入期刊的经营环节，如发行、广告等经营领域，但不能直接经营版面、栏目等。

3）和社会资本合资设立公司开展经营性业务，国有资本应控股51%以上。

我国科技期刊出版单位大部分都是以编辑部形式存在，本身并不是市场主体，依托主办单位的支持来生存，"小、散、弱"是一种普遍性状况。因此，在这样的政策环境下，较少有科技期刊能采用资本合作来促进发展。

（二）我国科技期刊进行资本合作的实际情况与案例研究

尽管科技期刊领域资本合作并不普遍，但一些有规模的科技期刊出版企业仍然勇开先河，出于国际化、规模化、业务发展的需要，在资本合作方面做了很多有益的探索，并卓有成效。在此选取五家资本合作案例，分别覆盖学术类、技术类与科普类期刊，力图全面客观展现我国科技期刊资本合作现状。

1. 北京科爱森蓝文化传播有限公司——中外合资案例

北京科爱森蓝文化传播有限公司（以下简称"科爱"）是科学出版社与爱思唯尔共同出资成立的一家合资公司（科学出版社占股 51%，爱思唯尔占股 49%），于 2007 年正式注册。成立之初的科爱以图书业务为主，2013 年 7 月科爱公司由图书业务转向期刊业务，以便更好地利用科学出版社和爱思唯尔在期刊出版领域的优势，以适应全球出版市场的变化。

转型后科爱的业务主要集中在三个版块：一是搭建中国科技期刊"走出去"平

台，为中国英文科技期刊提供国际化编辑出版服务；二是充分利用爱思唯尔的国际化平台，按照国际化办刊模式自行创办高水平的开放获取英文科技期刊，推动中国优秀科技成果"走出去"；三是利用爱思唯尔的平台工具 Scopus 和 SciVal 等，为科技期刊和科研机构提供专业的评价与数据分析等服务。目前，科爱公司已成为中国领先的期刊出版服务提供商之一。截至 2022 年 9 月，科爱提供出版服务的英文科技期刊有 94 种，自行创办的英文科技期刊有 42 种，涵盖了医学、生命科学和地球科学等多个学科领域。出版合作的学术期刊中很多已成为具有国际影响力的高水平期刊，其中合作期刊中被 SCI（科学引文索引）收录的共 20 种（影响因子均位于 Q1 区和 Q2 区），被 ESCI（新兴资源引文索引）收录的 12 种，被 Scopus（全球最大的文摘和引文数据库）收录的 90 种，被 PubMed（医学文献检索系统）收录的 9 种；自主创办期刊中被 SCI 收录的 2 种，被 ESCI 收录的 3 种，被 Biosis Preview（生物学文献数据库）收录的 3 种，被 Scopus 收录的 22 种，被 PubMed 收录的 4 种。在产业化方面，科爱公司已实现年经营收入 3000 万元以上，具备一定的盈利能力。

2. 收购法国 EDP 出版社——跨国并购案例

国际化战略一直是科学出版社的核心战略之一。近年来，科学出版社努力构建从版权、产品、渠道、人才到资本的"五位一体"走出去布局，打造国际化的出版传播平台，提升国际传播力和影响力。

2019 年 11 月，科学出版社在先后创办美国纽约公司和日本东京公司的基础上，又完成了对法国 EDP 出版社全部股权的并购交割。这是中国科技出版机构历史以来首次对西方国家出版机构完成并购，为科学出版社提升国际化程度、推动世界一流科技期刊建设奠定了坚实的一步。

EDP 出版社是一所历史悠久的规模较大的出版机构，创建于 1920 年，首创团队为居里夫人等诺贝尔奖获得者，目前出版科技期刊 70 多种。此次收购是科学出版社在实现上市后开展的第一次跨境资本运作。科学出版社通过对 EDP 出版社的并购实现了从"借船出海""造船出海"，到"买船出海"的跨越式发展，加速了从"走出去"向"走进去"的跨越式转型，对快速提升科学出版社国际影响力和市场竞争力起到了积极作用。

科学出版社认为，并购交割完成对于海外并购工作而言只是万里长征迈出第一步，海外并购的目的是整合协同发展，是为科研人员提供高质量的内容服务，因此后续的整合工作则成为重要命题。基于此，科学出版社采取了一系列措施来保证内容与品牌协同发展。

首先，科学出版社根据 EDP 出版社的出版学科领域，组建了科学委员会，成员涵盖中外专家，既从学术层面上为 EDP 出版社提供科研指导与支持，又共同推动 EDP 出版社的学术质量提升。其次，科学出版社对双方的作译者资源和出版平台进行充分整合，从组建编委会、创办科技期刊、打造期刊集群发布平台等方面多管齐下实现国际化，为国家进行世界一流期刊建设作出贡献。再次，在整合进程中，也在推动中国优秀科技图书输出规模扩大化，将优秀的国内科学著作通过 EDP 出版社平台翻译成英文并出版，利用 EDP 出版社的当地资源优势在欧洲市场推广销售，扩大了中国科技文化影响力。最后，从更宏观的层面来看，对于国家而言，EDP出版社这一"桥头堡"是我国科技出版"走出去"的一种创新路径，中国的科技出版机构通过海外并购搭建海外"桥头堡"，从而能够更便捷地组织相关行业与学术交流活动。以 EDP 出版社为例，其不仅可以在中法之间搭建科技文化交流互动的桥梁与纽带，推进国际传播能力建设，提高国家文化软实力和中华文化影响力，向世界展示真实、立体、全面的中国；还可以通过国际化的自主出版平台和服务，掌握科技出版过程中的主动权和掌控度，从而维护国家科技信息安全，提升我国科技全球话语权。

随着成功收购 EDP 出版社，科学出版社还可以进一步整合其开发的数字出版与传播平台，通过国内外的联动互通，打造国际化运作的出版传播平台，并将 EDP出版社打造成科学出版社的海外出版基地。未来，科学出版社将支持 EDP 出版社创办出版一系列英文科技期刊，并与科学出版社的 SciEngine 平台达成合作，实现对接，从而很大程度上提升期刊集约化出版运营能力，对优质期刊资源实现整合利用，从而助力期刊集团化发展。

3. 北京卓众出版有限公司——资本合作助推融合转型案例

北京卓众出版有限公司（以下简称"卓众出版"）是我国第一家实现转企改制的科技期刊出版企业。作为原国家新闻出版总署确定的文化体制改革试点单位，卓众出版于 2007 年 6 月注册成立，注册资本 5000 万元。前身可追溯到 1958 年创办的《农业机械》杂志。卓众出版目前主办、出版 20 余种科技期刊，主要是面向机械与工业装备领域的技术期刊。

卓众出版在转企之后，加快了期刊集群化的步伐，从刚刚转制时的 10 本期刊发展到 20 多本期刊，形成了若干个刊群，以及集团化管理、集群化办刊和集约化经营的模式。随着数字化转型的深入，卓众出版开始了以资本合作引入资金、资源来进行数字化产品布局和业务拓展的发展道路，为卓众出版经济重回增长通道、数字业务成为支柱、圆满完成数字化转型任务提供了保障与推动力。

2015 年 1 月，卓众出版引入工程机械行业技术资本，在"第一工程机械网"的基础上合资成立了北京卓远智联科技有限公司（以下简称卓远智联），共同打造工程机械行业的大数据服务平台。本次资本合作为卓众出版在面向垂直行业领域开发应用服务平台注入了技术与行业资源。卓远智联已于 2020 年初通过国家"高新技术企业"资质认证，成为卓众出版旗下进行平台与数据业务开发的排头兵。

2017 年起，为推动重点项目进展，解决卓众出版在转型过程中的投入不足、资源缺乏等瓶颈问题，卓众出版开始启动引进战略投资人的相关工作。2018 年年底，经过一系列审批程序，卓众出版引进了隶属于同一家央企集团的主营汽车贸易与零售的国有企业参股。增资后，公司治理结构更加完善，战略投资人投资 2000 万元有效及时地为公司补充了资金池，同时对卓众出版的汽车媒体在业务协同方面发挥了更多作用，为增强业务竞争力提供助力，帮助公司度过了数字化转型的关键时期。

2020 年，为进一步优化产品布局，卓众出版启动了收购同属国机集团的《中国汽车市场》杂志社有限责任公司（以下简称"中汽市场"）相关事宜。2021 年 12 月，卓众出版正式完成中汽市场的股权收购工作，使其成为所属第三家子公司。中汽市场将在充分发挥"中国"字头品牌张力的基础上，承担起卓众出版聚焦产业研究的重要使命，为公司整体战略目标的实现贡献力量。

2019～2021 年，卓众出版三年经营收入复合增长 17%。2021 年营业收入超过 2.3 亿元，创历史新高，且数字业务占总收入的比重已近 80%，成为公司主营业务收入的支柱。"十四五"期间，卓众出版将在公司战略规划的引领下，以高质量发展为目标，积极对接国家政策，聚拢相关资源，坚持技术驱动、文化护航，继续开拓在数字传媒时代更加多元化的发展路径。

4. 有科期刊出版（北京）有限公司——同国资合作引进资源案例

有科期刊出版（北京）有限公司（以下简称"有科出版"）的资本合作案例，是国内科技期刊出版企业资本运作方面具有典型性的案例之一，该公司通过 2 次增资，形成了学会、高校与出版企业联合出版的新模式，在科技期刊产业与社会资本融合方面做出了有益尝试，为科技期刊行业提供了一条可借鉴的资本合作路径。

有科出版的前身是有研科技集团有限公司（以下简称"有研集团"）所属二级单位科技信息所。2015 年，在中国科学技术协会、原国家新闻出版广电总局的指导下，有研集团将科技信息所转制成立独立法人公司——有研博翰（北京）出版有限公司，2020 年更名为有科期刊出版（北京）有限公司。以此为契机，有科出版开始探索跨学科、跨地域、集团化办刊之路。有科出版现出版、经营 8 种高影响力的旗舰期刊，形成了以传统有色金属研究为基础、向新兴前沿交叉领域不断延伸的期刊布局。

2019 年，有科出版通过增资扩股方式引入战略合作伙伴中国有色金属学会，通过共享资源、培训交流、提升数字化水平、一站式服务等方式，逐步构建了涵盖 68 种期刊的有色金属期刊集群，该集群覆盖了有色领域有色金属、有色矿产、冶金、理化分析、自动化及机械设计等各个行业；15 种旗舰期刊被国际知名数据库收录；53 种优质行业代表性期刊被国内知名数据库收录；有科出版集中了中国有色金属学会、中国有色金属工业协会、中国稀土学会等有色领域重点单位的优质期刊资源，集群期刊遍布全国 11 个省或直辖市，39 家学协会、高校、研究院所、企业。同年，有科出版成功入选中国科技期刊卓越行动计划集群化试点项目。

2021 年，为推进有色行业的期刊资源、数字化资源融合发展，有科出版引入第三家股东中南大学出版社有限责任公司（以下简称"中南大学出版社"），中南大学出版社以中国有色金属知识库及其相关产品所有权增资有科出版。有科出版拥有了国内有色行业唯一的、曾获得"第三届中国出版政府奖"的专业数据库——中国有色金属知识库。目前数据库已有 20 亿字节的数据资源。

至此，有科出版股东变更为中国有色金属学会、有研集团、中南大学出版社，正式开启学会、研究机构、高校联合出版模式，在科技期刊卓越行动计划集群化试点的政策与资金支持下，构建了集群化、国际化、数字化的有色金属领域期刊平台，促进了有色金属学科期刊资源和数字化资源深度融合发展。

5.《课堂内外》——同多种资本合作拓展新业务案例

《课堂内外》原是重庆市科学技术协会主管的一本面向青少年的基础教育类科普期刊，于 2020 年划转由重庆市委宣传部主管。自 1979 年创刊以来，《课堂内外》致力于传播科学知识，每月发行量近 200 万册，遍及全国 2800 多个县市，是中国具有较高影响力的青少年期刊之一。《课堂内外》杂志社是中国著名的青少年教育服务集团，曾先后荣获"全国科普教育基地""全国数字出版转型示范单位"等荣誉。

1999 年，《课堂内外》成立重庆课堂内外杂志有限责任公司，开始建立现代企业制度，完成了从事业身份到企业身份的转变，此后开始进行了一系列资本层面的合作。2005 年，《课堂内外》杂志社为拓展图书出版业务，与重庆出版集团合资创办重庆市天下图书有限责任公司，公司的全体经营编辑团队均由杂志社派出，从 2019 年起，出版规模达 4 亿元左右。

2012 年，《课堂内外》与四川外语学院（后更名为四川外国语大学）合资成立重庆《世界儿童》杂志有限责任公司，出版运营《世界儿童》杂志。四川外国语大学控股 51%，《课堂内外》杂志主办，该公司每年销售收入达到 1200 万元左右，经营状况较为稳定。同在 2012 年，《课堂内外》与重庆新华传媒、西南师范大学出版社成立重庆新课堂数字出版有限公司，《课堂内外》杂志社持股 77.5%，该公司从 2020 年开始进行内容生产，围绕书刊出版进行产品研发，并将数字化出版纳入长期计划中。

之后，《课堂内外》凭借其在中小学群体中的广泛影响力，与重庆旅游投资集团有限公司在 2017 年共同成立了重庆第二课堂国际旅行社有限公司，《课堂内外》占 30% 的股份，委派总经理和经营层，该公司主要负责旅游研学、文化艺术活动等业务，近年来受到疫情影响严重，公司经营状况略有下滑。同年，《课堂内外》与重庆天籁教育科技有限公司合作成立了重庆智慧美育教育科技有限公司，该公司依靠对方团队进行经营，《课堂内外》占股 20%，进行核心产品研发，目前在艺术教育、艺术测评等版块势头良好。

经过数年的发展与资本合作，《课堂内外》已形成了包括书刊出版、数字出版、青少年活动、营地教育、游学研学、素养标准研发等多种业态共生的产业群，开辟了一条"产、学、研"融合发展的转型之路。目前《课堂内外》杂志社年经营收入达 4.7 亿元，利润数千万元，成为科普期刊群体中能够进行规模化、产业化的典型代表。

但他们仍旧面临着困惑，如合作方的变动，会对合作的效率和融合度产生影响，从而影响公司的发展，因而呼吁文化产业要坚持长期主义；如对新刊的需求难以满足，跨部门跨地区的期刊资源整合举步维艰，期待有关部门能够扶优扶强、优先配置资源；如投资体制的诸多限制，不得已情况下有些合作项目只能采用类似模拟股份制方式进行，而无法注册法人实体，进行独立核算，难以保障投资方权益。

《课堂内外》始终紧紧围绕青少年群体的需求，基于自身积累的核心内容资源，通过资本合作的方式，同合作方进行强强联合，优势互补，不断开发新产品，拓展新业务，集团业务得以不断增长和扩张。目前，《课堂内外》杂志社还在积极探索新的合作形式，寻求多方合作，为青少年提供优质教育服务，促进各国青少年交流，回馈社会。

二、科技期刊进行资本合作对国际化、产业化的推动作用

2019 年 8 月，中国科协、中宣部、教育部、科技部联合印发《关于深化改革

培育世界一流科技期刊的意见》指出，"面向科技革命与产业变革前沿，按照国家准入政策和出版管理制度，鼓励引入企业力量协同办刊，推动产学研深度合作"，"支持若干科技期刊出版企业跨部门、跨地区重组整合期刊资源，打通产业链、重构价值链、形成创新链，加快集聚一批国际高水平期刊，打造国际化、数字化期刊出版旗舰"。2021 年 5 月，中共中央宣传部、教育部、科技部印发的《关于推动学术期刊繁荣发展的意见》再次强调，鼓励符合条件的学术期刊出版单位转企改制、做强做大。支持规模性出版企业探索协作办刊等模式，跨地域、跨部门、跨学科整合期刊出版资源，打通产业链，重构价值链，形成创新链，打造若干具备较强传播力和影响力的学术期刊出版集团。

由此可见，国家对于科技期刊建设极为重视，对科技期刊的国际化、规模化也指明了方向。从目前一些科技期刊的资本合作实践来看，应该说确实起到了较强的推动作用。

（一）国际化：扬帆出海，科技强国

加强科技期刊建设，对于提升国家科技竞争力和文化软实力具有重要作用。改革开放四十多年来，我国科技期刊已经逐步呈现出良好的产业化发展趋势，但如何利用国内国际两个资源，立足全球开展业务，提升国际话语权依然是摆在眼前的重大课题，没有强大出版企业的支撑，就难以与国际出版巨头竞争。国际科技出版市场开放包容，国际出版巨头都经过多次资本层面的整合，才得以占据优势领域的市场份额，而国内科技期刊出版单位多为内向型，很难自给自足完成全链条的出版传播运行，更是难以形成集群化、产业化与国际上的学术出版机构竞争。借助资本的力量，进行"造船出海""买船出海"，有利于学习他们先进的出版传播平台、出版理念和办刊经验，以及多渠道国际化市场推广，也有利于我国优秀英文科技期刊全方位展现在国际学术舞台上，提升国际影响力和科技话语权。

现有的资本合作及中外合作实践无疑拓宽了我国科技期刊的国际化之路。科学出版社与爱思唯尔于 2007 年共同投资成立的"科爱"公司，汇集双方优势，面向国际市场直接参与竞争。目前进行出版服务的英文期刊已有 136 种，包括 SCI 收录期刊 22 种、ESCI 收录 15 种、Scopus 收录 112 种，所有 SCI 期刊的影响因子均位居所在领域的 Q1 区或 Q2 区。科学出版社跨国收购法国 EDP 出版社，直接将年出版 70 多种科技期刊的法国老牌出版机构收入囊中，以资本运作方式在西方建立起中国期刊"走出去"的桥头堡，对提升我国科技期刊出版企业的国际化运作水平，提升中国科技出版的国际传播力和竞争力都有极大的推动作用。

（二）规模化：做大做强，汇聚发力

纵观世界一流大刊，都极为注重期刊的产业化和规模化发展，都围绕着核心品牌，狠抓经营效益。例如，《科学》杂志依托美国科学促进会（AAAS）发展全球会员，通过会员扩大发表、发行收益，爱思唯尔、施普林格·自然等大出版商更是依靠数以千计的科技期刊的集成力量实现了国际化、产业化发展，为国内科技期刊树立了期刊质量效益产业化发展的榜样。

我国科技期刊布局分散，较难形成独立的产业体系，现有各类平台总体上实力不强、规模不足，难以在特定空间范围内汇聚发力。因此，科技期刊进行资本层面的操作，是扩大规模、提升效益的有效手段。例如，科学出版社收购法国 EDP 出版社，就是其在上市后开展的第一次跨境资本合作，本次收购对其提升国际影响力和市场竞争力都起到了积极作用，也因此使科学出版社所办科技期刊数量一跃达到500 余种，成为目前国内数量最多的科技期刊集群。科技期刊有了规模才能进一步整合资源，发挥优势，降低成本，才能有资本运作的空间。有科出版通过资本层面的合作使其集群期刊从 8 种增长到 68 种，打造了面向有色金属领域的期刊集群旗舰。这种以规模化为动因的资本合作能较大程度上突破国内科技期刊产业化发展的瓶颈，并逐渐扭转我国科技期刊"小、散、弱"的现状，推动我国科技期刊做优、做强、做大。

（三）资源整合：强强联合，协同发展

中国期刊产业缺乏产业领军企业的同时也缺乏人才集聚和产业集聚的机制，缺乏成熟的国际化集成出版平台。而自身实力弱小、资源缺乏的现状使科技期刊只能开放自我，打造外向型发展机制，不仅走出去，还要引进来，才能立足核心，补齐短板，发展新业务，提升产业化能力。

例如，卓众出版通过资本合作引进了转型需要的资金以及行业资源，在业务协同的基础上有利于数字业务的创新与发展，成为我国机械技术期刊集群进行规模化发展、数字化转型的典型代表。有科出版通过引进中国有色金属学会和中南大学出版社，构建起有色金属期刊集群，拥有了行业唯一数据库，汇聚了学会、研究机构、高校的优势，实现了自身的规模扩大，也推动了期刊产业的深度融合。作为科普期刊优秀代表的《课堂内外》通过不断运用资本合作进入新领域，开发新产品，同合作伙伴强强联合，资源共享，将《课堂内外》的业务范围由基础教育类期刊拓展至图书领域、数字出版、活动大赛、游学研学等领域，集团化规模持续提升。

三、科技期刊资本合作面临的问题及可行路径

（一）目前科技期刊进行资本合作面临的问题

1. 政策层面：非公有资本禁入科技期刊出版业务提高了产业化门槛

根据我国现行的管理政策，如《关于非公有资本进入文化产业的若干决定》（国发〔2005〕10号）、《国务院关于鼓励和引导民间投资健康发展的若干意见》（国发〔2010〕13号），国家新闻出版署发布的《关于支持民间资本参与出版经营活动的实施细则》（新出政发〔2012〕5号）等文件的相关要求，不允许社会资本进入期刊出版业务，仅可从事广告、印刷、出版物发行、文化产品数字制作与相关服务等活动，民间资本只能参与出版经营活动。经过近些年的发展，民间资本通过参与科技期刊生产加工、广告经营、宣传传播、版权合作等方式进入科技期刊产业中，发挥了积极的作用，对于出版行业持续健康发展具有十分重要的意义。

但同时，社会资本无法进入出版领域也在一定程度上提高了科技期刊的产业化门槛，一方面，社会资本对只进入经营环节怀有很多顾虑，认为无法从根本上保障投资权益；另一方面，采编与经营活动无法清晰界定，也阻挡了相当一批社会资本的步伐。一些期刊与国际出版公司合作办刊，在境外注册期刊社，申请到了ISSN号之后在境内进行直投与传播，更属于一种打擦边球的做法。

2. 管理体制方面：现行期刊管理体制加大了资本合作的难度

根据《出版管理条例》及《期刊出版管理规定》，我国的期刊出版实行审批制、主管主办制度以及属地管理制度。在多年来期刊总量调控以及现有体制机制下，刊号成为了一种特殊的"资源"。有办刊需求的单位一"号"难求，而办刊质量不高、面临停刊状态的期刊却不愿或无法退出，再加上主管和主办单位的"资源截留"，造成刊号资源的流动困难，也在某种程度上加大了资本合作的难度。

2021 年 5 月，中宣部、教育部、科技部联合印发《关于推动学术期刊繁荣发展的意见》，明确"支持规模性出版企业探索协作办刊等模式，跨地域、跨部门、跨学科整合期刊出版资源"。一方面是政策在支持与鼓励，另外一方面是实际整合过程中面临重重困难，这种矛盾也是有志于做大做强科技期刊的企业在探索资本合作、资源整合过程中遇到的共性问题之一。

3. 规模实力方面：大部分科技期刊实力弱小难以实行资本合作

"小、散、弱"是我国科技期刊的显著特征。根据 2022 年检数据统计，截至 2021 年年末，我国科技期刊总量共 5125 种，共有 1338 个主管单位，3765 个主办单位，4427 个出版单位；平均每个主办单位主办期刊 1.36 种，83.7%的主办单位仅主办 1 种期刊；出版科技期刊数量 10 种及以上的出版单位仅有 10 个。

谈及资本合作，首先应具备法人实体，2022 年检数据显示，2021 年有 3496 个科技期刊的出版单位是编辑部，根本不是一个投融资主体，资本合作就无从谈起。即使有一部分期刊出版单位注册为独立法人，但也是"小舢板"一个，并不具备资本合作的条件和基础。仅有少数几家具备规模实力的科技期刊出版集团有可能进行资本合作方面的探索与尝试，这显然不利于推进资源整合与集群化办刊。

（二）现有政策框架下进行资本合作的可行路径

1. 国有资本之间合作

科研机构、高校、学协会、科技企业是我国科技期刊的办刊主体。在《关于深化改革培育世界一流科技期刊的意见》中指出，探索"学会+企业""高校+企业""科研机构+企业"等多种协同办刊形式，催生科技期刊发展新业态，创新中国特色科技期刊发展模式。在政策的指引下，要积极推进现有国有资本之间的合作，也是科技期刊办刊主体实现强强联合的重要手段。

2. 民间资本进入非出版业务

充分发挥民间资本的积极作用，使其成为科技期刊产业中不可或缺的重要组成部分，也是科技期刊资本合作中的一条重要路径，但需在实践中明确边界与合作方式。

3. 中外合作

对单刊编辑部来说，与国外大型出版集团合作办刊，利用其海外平台和渠道扩大我国科技期刊的国际影响力和传播力是目前较为通行的做法之一，俗称"借船出海"，也是目前中外合作的一种较为基础的形式。对于有一定规模与实力的期刊出版集团，通过学习吸纳国外同行的先进经验和技术能力，建立完善自有技术平台，实现"造船出海"，甚至直接跨国并购，实现"买船出海"。

四、对于科技期刊资本合作的相关政策建议

研究科技期刊资本合作的目的还是要推动科技期刊的产业化发展，但在研究的过程中发现资本合作缺乏的背后是科技期刊行业自身的特殊性造成的，如"小、散、弱"现状，行政配置资源缺乏市场化机制，社会资本进入受限，等等，因此要加快发展科技期刊间的资本合作步伐，就需要从更深层次的体制机制方面给予更多的政策性支持，才能破除资本合作的各种壁垒。

（一）对于有实力的科技期刊出版企业进一步给予出版资源上的倾斜

我国的期刊创办遵循总量控制下的行政审批制，新刊创办困难是期刊行业长期以来的现状。根据国家新闻出版署年检数据统计，2019～2021 年，我国科技期刊的种数分别是 4963 种、5041 种、5125 种，基本没有明显变化。《2013—2018 年

我国新创办科技期刊统计分析》显示，2013～2018 年我国新创办科技期刊种数分别是 29 种、24 种、22 种、26 种、34 种和 16 种，共计 151 种[49]。根据中央关于建设世界一流科技期刊的精神，期刊主管部门近几年也加大了对高水平科技期刊在 CN 刊号方面的支持力度。据了解，2019～2022 年中国科协通过评审的高起点期刊一共有 140 种，国家新闻出版署在新刊创办方面给予这些高起点期刊很大支持，大部分期刊都已申请到 CN 号，还有一部分在申办流程当中。但对于现在有一定规模和实力的科技期刊出版企业来说，新刊创办困难仍然是他们进一步集群化和产业化的主要障碍。而对于有能力和意愿走向国际的英文期刊来讲，没有 CN 号也成为这些期刊绕不过去的坎。建议在期刊资源配置上进一步向集团化科技期刊出版企业倾斜，助推其能够在产业化道路上更快地探索与发展。

（二）创新机制促进跨区域跨部门的资源整合

从我国目前的期刊管理现状来看，一些期刊主管主办单位和地方期刊管理部门在面临期刊"流动"时动辄不放、不批，给期刊资源的重组与变更带来一定的困难。科学出版社、有科出版、《课堂内外》等科技期刊集群化出版企业在整合和重组过程中均遇到此类问题，亟须制订相关办法，创新机制，促进科技期刊跨区域跨部门的资源要素流动，使有限的期刊资源能够实现效益最大化优化配置，在行政审批的同时引入市场化机制和商业化规则来推进期刊所有权的转移与交易。

（三）多措并举促进科技期刊形成自我造血功能，是产业化的前提

我国大部分科技期刊尤其是学术期刊的主办单位是高校、科研机构、学术社团等，长期以来以资助或拨款的形式来保证其连续出版及影响力提升，相当一部分科技期刊无法自负盈亏。一个产品如果没有形成商业化逻辑是无法走向市场进而产业化的。建议对科技期刊进行分类管理，将围绕我国重大战略需求及基础前沿学科研究的重点科技期刊划分为公益类，保证其投入；其他科技期刊划分为商业类，在企业化运行、体制机制、经费使用等方面给予更多的政策性支持，使其可通过数据库销售、广告经营、举办学术会议、行业服务、开放获取等多种方式开展经营活动，形成自我造血能力。

（四）现行政策框架下创新资本合作形式，调动社会资本的参与度

现行政策框架下只有国有资本可以进入期刊出版领域，非国有资本即使能进入期刊的经营业务，但难免有擦边球嫌疑，一定程度上阻碍了科技期刊的资本合作。建议在现有政策框架下，探索建立国有资本和社会资本共同成立国有控股基金的形式来进行科技期刊的投资与合作，一方面引入更多社会资本参与进来，另一方面通过基金的运作也可促进科技期刊市场化机制的建立，以及推动产业化进程。

参考文献

[1] 董松玲. 科技期刊数字化的战略转型和实现路径[J]. 南都学坛, 2016, 36(1): 122-124.

[2] 王炎龙, 黎娟. 我国科技期刊数字化出版运营形态及新模式探索[J]. 中国科技期刊研究, 2013, 24(5): 957-960.

[3] 刘天星, 孔红梅, 段靖. 科技期刊传播技术、期刊功能和商业模式的历史演变及相互关系[J]. 中国科技期刊研究, 2014, 25(10): 1215-1223.

[4] 金泽龙. 刍议开放获取模式下期刊资源的学术传播[J]. 图书馆理论与实践, 2021, (3): 46-51.

[5] 阳杰, 刘锦宏, 赵雨婷. 开放获取期刊知识传播系统研究[J]. 出版科学, 2017, 25(5): 92-98.

[6] 许志敏, 杨蕾歆. 我国学术期刊国际传播渠道现状、问题及对策[J]. 科技与出版, 2019, (6): 60-65.

[7] 向飒. 国外学术出版集团数字化和智能化发展现状及我国对策建议[J]. 中国科技期刊研究, 2019, 30(7): 740-744.

[8] 翁彦琴, 王雪峰, 张恬, 等. 科技期刊新兴增值服务模式及启示[J]. 中国科技期刊研究, 2019, 30(6): 635-641.

[9] 任艳青, 王雪峰, 翁彦琴, 等. 数字环境下我国科技期刊增值服务模式探析及思考[J]. 中国科技期刊研究, 2020, 31(3): 248-252.

[10] 张维, 吴培红, 冷怀明. 国内外医学期刊增值服务开展情况网站调查研究[J]. 编辑学报, 2014, 26(6): 585-588.

[11] 冯玲. 我国科技期刊信息增值服务路径研究[J]. 科技与出版, 2013(6): 141-143.

[12] 吴卓晶, 刘君, 王应宽. 科技期刊网络出版的三个关键环节[J]. 科技与出版, 2012(2): 72-74.

[13] 孔琪颖, 蔡斐, 张利平, 等. 学术期刊品牌网络营销——以《航空学报》中、英文版为例[J]. 编辑学报, 2011, 23(S1): 125-127.

[14] 浅析科技期刊网络营销的特征[EB/OL]. [2022-10-17]. https://wenku.baidu.com/view/

27d2c19ef5ec4afe04a1b0717fd5360cba1a8db8.html.

[15] 文彦杰, 张帆, 杨柳春. 中文科技智库期刊国际传播案例研究[J]. 中国科技期刊研究, 2022, 33(6): 680-687.

[16] 刘玉娜, 杨蒿, 唐勇. 我国英文科技期刊与国际出版商出版服务合作情况探析[J]. 中国科技期刊研究, 2019, 30(6): 642-648.

[17] 开放获取"S 计划"席卷欧洲, 誓要打破"付费墙"! [EB/OL]. [2023-07-06]. https://www. sohu.com/a/252316431_170798.

[18] 初景利, 闫群. 我国科技期刊国际化战略与策略[J]. 政策与管理研究, 2018, 33(12): 1358-1365.

[19] 付海燕, 陈丹, 刘松. 中国出版物出口竞争力提升研究[J]. 科技与出版, 2016, (9): 87-91.

[20] 赵勐, 李芳. 中国科技期刊国际影响力提升计划入选期刊的现状与发展方向[J]. 编辑学报, 2017, 29(S1): 117-119.

[21] 王真. "互联网+"环境下科技期刊的传播策略分析[J]. 江苏科技信息, 2017, (1): 13-15.

[22] 严谨, 彭斌, 柴钊. 发展中国科技期刊服务创新型国家建设[J]. 科技与出版, 2017, (1): 33-40.

[23] 王欣, 黑龙, 李秀杰. 数字出版背景下科技期刊运营困境及路径探析[J]. 北方经贸, 2019, (9): 138-139.

[24] 中国科学技术协会. 中国科技期刊产业发展报告（2021）[M]. 北京: 科学出版社, 2022.

[25] 熊斌. 科技期刊未来趋势之猜想[J]. 湖北中医药大学学报, 2016, 18(2): 127-129.

[26] 谭京晶, 范真真. 科技期刊出版传播形态的变革与展望[J]. 扬州大学学报(人文社会科学版), 2022, 26(2): 92-100.

[27] 黄延红, 侯修洲. 科技期刊全流程数字出版平台的构建[J]. 中国科技期刊研究, 2020, 31(1): 51-55.

[28] 杨春兰. 我国学术、科技期刊集群化建设研究[J]. 中国编辑, 2016, (4): 43-48.

[29] 邓香莲, 唐小慧. 新媒体环境下科技期刊的运营模式研究.出版广角, 2019, (5): 45-47.

[30] 王永超. 科技期刊盈利模式的流变和在融媒体背景下的创新[J]. 天津科技, 2018, 45(10): 93-95.

[31] 黄庆发, 钟声贤. 探析融媒体环境下科普期刊的品牌建设——以《农村新技术》为例[J]. 新闻潮, 2020, (9): 23-25.

[32] 刘俊, 张昕, 颜帅. 大学出版社学术期刊集群化运营模式研究———以清华大学出版社期刊中心为例[J]. 编辑学报, 2016, 28(6): 561-565.

[33] 中华人民共和国著作权法 [EB/OL]. [2022-11-26]. http://www.gov.cn/guoqing/2021-10/29/content_5647633.htm.

[34] 中国科学技术协会. 中国科技期刊发展蓝皮书（2021）开放科学环境下的学术出版专题[M]. 北京: 科学出版社, 2021.

[35] BOAI. Budapest Open Access Initiative[EB/OL]. (2001-12-01) [2022-11-25]. https://www.budapestopenaccessinitiative.org/.

[36] 中国科学院关于公共资助科研项目发表的论文实行开放获取的政策声明[EB/OL]. (2014-05-09) [2022-11-26]. https://www.cas.cn/xw/yxdt/201405/P020140516559414259606.pdf.

[37] 国家自然科学基金委员会关于受资助项目科研论文实行开放获取的政策声明[EB/OL]. (2014-05-19) [2022-11-26]. http://www.igg.cas.cn/xwzx/kyjz/201405/t20140519_4122935.html.

[38] 吕世灵. 预印本系统：国际学术交流的重要平台[J]. 情报学报, 2004, 23(5): 547-552.

[39] 陆彩女, 顾立平, 聂华. 数据多样性：涌现、概念及应用探索[J]. 图书情报知识, 2022, 39(2): 122-132. DOI:10.13366/j.dik.2022.02.122.

[40] 孔丽华, 习妍, 张晓林. 数据出版的趋势、机制与挑战[J]. 中国科学基金, 2019, 33(3): 237-245.

[41] Yang D. 数据出版在中国 [EB/OL]. (2016-09-02) [2022-11-28]. https://www.editage.cn/insights/shu-ju-chu-ban-zai-zhong-guo-2659.

[42] Walters W H. Data Journals: incentivizing data access and documentation within the scholarly communication system[J]. Insight, 2020, 33(1): 18.

[43] BOAI. PROLOGUE: THE BUDAPEST OPEN ACCESS INITIATIVE AFTER 10 YEARS[EB/OL]. [2022-11-25]. https://www.budapestopenaccessinitiative.org/boai10/.

[44] BOAI. The Budapest Open Access Initiative: 20th Anniversary Recommendations[EB/OL]. (2022-02-14) [2022-11-25]. https://www.budapestopenaccessinitiative.org/boai20/.

[45] 万益嘉, 顾立平. 数据供应链管理的初探性研究：以图书情报领域为例[J]. 情报理论与实践, 2022, 45(9): 22-26+14.

[46] 朱佳丽, 张智雄. 预印本学术交流体系参与主体权益调研与启示[J]. 中国科技期刊研究, 2022, 33(10): 1313-1320.

[47] 刘闯, 郭华东, Uhlir P F, 等. 发展中国家数据出版基础设施与共享政策研究[J]. 全球变化数据学报(中英文), 2017, 1(1): 3-11+126-134.

[48] 中国新闻出版研究院. 新闻出版产业分析报告（2010~2021 年）[M]. 北京: 中国书籍出版社.

[49] 朱蔚, 胡升华, 周洲, 等. 2013-2018 年我国新创办科技期刊统计分析[J]. 中国科技期刊研究, 2020, 31(5): 598-604.

第五章　科技期刊产业新形势下

发展政策建议①

  本章在前四章基础上，立足科技期刊全球发展形势和产业链现状，从"内容生产—出版传播—市场运营"的期刊出版产业链条出发，分析数字经济背景下科技期刊产业链上游、中游、下游协调发展面临的问题和挑战，总结科技期刊产业形态和前景趋势，通过最新的产业基础概况、科技期刊产业发展指数、科技期刊产业景气指数，揭示我国科技期刊产业基础、发展现状与发展趋势变化，并以问题为导向，从产业链不同主体角度提出我国科技期刊出版深度融合发展的对策建议。

  党的二十大作出了加快构建新发展格局，着力推动高质量发展的重要部署，对推进数字技术创新、深化数字化转型、建设数字中国提出了更高要求[1]。当今世界正经历百年未有之大变局，新一轮科技革命和产业变革深入发展，互联网、大数据、云计算、人工智能、区块链等数字技术创新活跃，数字化转型深入推进，传统产业加速向智能化、绿色化、融合化方向转型升级，数字化新产业、新业态、新模式蓬勃发展，推动生产方式、生活方式发生深刻变化，数字经济成为重组全球要素资源、重塑全球经济结构、改变全球竞争格局的关键力量。数字出版作为出版业的新兴业态，有助于持续推动数字经济和出版文化产业的融合发展，增强出版业科技创新与产业化应用，加快实现我国文化强国、出版强国的建设目标。

---

① 第五章执笔：肖宏、伍军红、刘备、赵军娜。

在全球数字经济蓬勃发展的背景下，全球出版产业中的数字化出版模式已占据主位。STM 协会 2021 报告数据显示，2020 年全球 STM 出版市场总产值为 265 亿美元，其中科学和技术细分市场占比高达 89%，较 2019 年增长 10%；2021 年国际知名期刊出版商爱思唯尔、威科出版集团和美国化学学会的数字化收入分别为 23.34 亿英镑、33.97 亿欧元和 6.14 亿美元，分别占当年度总营收的 88.11%、71.20%和 89.50%，较 2018 年分别增长了 11.46%、13.16%和 18.08%，国际上科技期刊数字化出版的比重正在逐步加大。

与此同时，期刊核验数据表明，我国 2021 年科技期刊产业总营收为 73.69 亿元；国内最大的综合性科技出版机构中国科技出版传媒股份有限公司 2021 年的总营收为 26.33 亿元（数字化总营收未披露），而披露数字出版收入最高的出版上市企业时代出版传媒股份有限公司也仅为 3.79 亿元（含电子商务收入），仅占当年度总营收的 4.80%。可见相较于整个国际市场，国内科技期刊产业整体营收规模和数字化进程仍有相当差距。新兴的数字技术，以媒介融合的方式、开拓创新的思维开辟了数字出版的新空间，在经济驱动和技术赋能的助推下，数字化转型升级也即将为传统科技期刊出版行业带来巨大变化，也必将催生产业链各个环节的创新变革[2]。我国科技期刊产业规模初成，在迎来数字经济背景下发展新问题、新挑战和新机遇的同时，也需要积极思考新对策、新方案和新模式。

第一节　科技期刊产业链各环节面临问题分析

2021 年度我国科技期刊总数达 5125 种，相较于 2020 年，总收入（73.69 亿元）、总支出（70.23 亿元）、总经费（14.10 亿元）和利润总额（5.97 亿元）分别增长 5.81%、4.18%、7.13%和 10.52%；其中发行收入（17.78 亿元）、广告收入（11.42 亿元）、项目活动收入（8.24 亿元）、新媒体收入（2.19 亿元）、版权收入（0.46

亿元）和其他收入（33.60 亿元），分别增长 2.57%、0.56%、3.70%、10.11%、25.78% 和 9.62%。

2021 年度科技期刊产业发展指数综合平均当量准值相较于 2020 年，排名第一的区域依旧是北京（90.31），湖北（54.28）位次有所提升，超越上海（54.03）位居第二；其中产业投入当量准值、经济效益当量准值和社会效益当量准值位居首位的省份均为北京，分别为 86.29、93.30 和 91.35。

2021 年度科技期刊产业发展指数综合平均当量准值相较于 2020 年，排名前三的行业依然是"科学研究和技术服务业"（62.72）、"卫生和社会工作"（60.08）和"制造业"（56.13），其中产业投入当量准值和社会效益当量准值位居首位的行业均为"科学研究和技术服务业"（61.86 和 65.80），经济效益当量准值位居首位的行业是"卫生和社会工作"（61.55）。

2021 年度科技期刊的产业景气指数为 53.51%，其中投入水平、盈利能力、人才水平和影响力水平分别为 52.69%、50.01%、52.94%、62.11%，整个产业处于稳定发展期。2021 年度卓越期刊、中文科技期刊、英文科技期刊、科普类科技期刊、理学科技期刊、工学科技期刊、生命科学科技期刊的景气指数分别为 55.93%、53.40%、54.44%、52.31%、54.11%、54.95%、51.68%，整体发展均处于扩张期。

综上所述，虽然过去的一年，我国科技期刊产业呈现了良好的发展势头，但在数字经济视域下，未来科技期刊全产业链想要融入科技创新、产业创新、技术创新的时代浪潮，探索产业数字化发展可借鉴的有效运营模式，找准期刊业未来转型升级的重要方向，仍面临诸多严峻挑战。

一、传统产业面临挑战，新兴业态基础薄弱

在数字经济背景下，国际大型出版商如今已经基本完成了从传统出版模式到数字化的转型升级，如最近几年爱思唯尔的出版收益中，数字类出版业务的收益已经超越了传统业务；另外欧洲也成立了以《世界知识产权组织版权条约》（WCT）和《世界知识产权组织表演和录音制品条约》（WPPT）为代表的专业组织对数字

出版进行了系统和科学的规范[3]。我国《信息网络传播权保护条例》自 2013 年才开始施行，在执行过程中发现稿酬支付标准、数字版的版权、作者版权认定等方面还存在很多问题；近些年陆续开始施行的《中华人民共和国网络安全法》（2017年）、《中华人民共和国数据安全法》（2021 年）和《数据出境安全评估办法》（2022 年）等在管理数字出版行业的过程中，也存在一定的滞后性。中国的数字出版行业与法律规范与西方发达国家的差距正在不断缩小，但现存的数字出版法律制度仍然存在一定的不足与缺漏，如期刊外流导致的知识产权、科研数据等权益流失，以及衍生出的诸多信息安全问题。我国的有关政策、法律法规体系仍有待进一步健全和完善。

近年来，国家正逐步加大有利于科技期刊和出版产业发展的各类政策出台力度，包括《关于规范学术期刊出版秩序促进学术期刊健康发展的通知》《关于深化改革 培育世界一流科技期刊的意见》《关于推动学术期刊繁荣发展的意见》等宏观政策，中国科技期刊国际影响力提升计划、科技期刊登峰行动计划、中国科技期刊卓越行动计划等行业扶持政策，《关于进一步加强科研诚信建设的若干意见》《学术出版规范 期刊学术不端行为界定（CY/T 174—2019）》《科研失信行为调查处理规则》等学术出版及科研诚信政策，但在数字经济背景下，如何在产业化发展进程中落实好政策相关精神，如何通过政策措施激发产业活力，又如何建立完善的政策引导体系，仍有待进一步探寻。

科技论文是科技期刊产业发展的关键基础。相较于 2020 年，2021 年度我国SCIE、CPCI-S 和 EI 三系统共收录科技论文总数为 1 010 572 篇（位居世界首位），占世界份额增长了 4.20%；中国第一作者在三大名刊（《科学》《自然》《细胞》）上发表的论文共 426 篇，增加了 241 篇，国内论文的质量和数量正在逐年提升。2021年中国作者发表的国际国内论文比居前十位的地区都大于 1，即其国际论文产量均超过了国内论文；SCI 收录中国论文数居前十位的高等院校和研究机构国际论文集中度也高于国内论文，可见国内产出的科技论文大量被吸纳到国际一流期刊，甚至国际新办的期刊上，论文外流现象依旧严重，甚至愈演愈烈。与国际著名期刊相比，我国科技期刊还存在自主办刊能力不强，在国际学术交流中品牌影响力不够，国际一流作者服务能力不足等问题，难以在短期内吸纳大量一流的优秀学术论文回归[4]。

科技期刊产业化发展离不开科学基金的有效支撑。基金资助产出论文数据，可以直接反映我国基金资助体系的现状，2021 年度 CSTPCD 和 SCI 数据库中国家自然科学基金委员会和科学技术部资助产出的论文分别占到了全部基金论文的48.04% 和 66.32%；省级地方基金资助产出的论文分别占该数据库基金论文总数的27.83% 和 15.83%。目前我国已经初步形成了国家资助为主，地方、机构、公司、个人、海外基金等为补充的多层次的资助体系，但如何加大基金资助力度，引导和扩大社会资本投入，构建更好的产业基础，仍是需要探索的重要问题。

新刊创办优化了出版资源配置，夯实了科技期刊产业基础。2017～2021 年我国年均新创期刊仅为 42 种；2021 年 SCI 收录中国期刊占比仅为 2.44%，明显低于24.50% 的中国科技论文占比。国内新增英文期刊刊号数量少，大量优质论文只能发表在国际期刊上，远不能满足我国学者发表英文论文和国际论文交流的迫切需求。截至 2022 年，"中国科技期刊国际影响力提升计划 D 类项目（2013—2018）"和《中国科技期刊卓越行动计划实施方案（2019—2023 年）》项目资助的 230 种新刊中高达 46.17% 的期刊 ISSN 注册地不在中国；2012～2016 年 Scopus 和 WoS 新收录期刊及 2017 年至今没有 CN 号但由中国人担任主编的 502 种新创期刊中，出版单位在境外的高达 372 种，可见我国科研人员对办刊具有极大的积极性。因此如何进一步健全和完善刊号管理机制，优化期刊总量调控政策，对高水平期刊加大刊号供应，积极迎接数字经济的时代浪潮，是需要思考的关键问题。

科技期刊人才是引领产业发展的第一动力。相较于 2020 年，2021 年度我国科技期刊从业总人数和高层次人才总数分别为 3.77 万人和 1.60 万人，增长 2.46% 和4.34%；2022 年基于 2622 种科技期刊编审人才调研结果显示，主编、编委团队总人数达到 16.13 万人，刊均主编、编委团队人数为 61.51 人。尽管我国科技期刊人才队伍正逐步壮大，但仍存在总体从业人数较少，高层次人才占比较低等问题。与此同时，伴随着数字技术的深化应用，数字经济新业态不断涌现，企业数字化转型的步伐也不断加速，国内外对数字化人才的需求都在与日俱增[5]。2021 年我国科技期刊从业人员中采编人员比例高达 60.92%，新媒体人员和广告人员占比仅分别为 6.12%和 5.24%。在数字经济背景下，我国科技期刊产业化发展过程中，如何保障专业人才待遇，吸引高层次技术与管理人才，贯通人才晋升通道，建成"一专多能"的新型人才培养体系，仍存在较大挑战。

政策、基金、人才、期刊刊号及论文资源等关键要素构成了科技期刊产业可持续发展的重要基础。尽管我国科技期刊产业资源逐年稳固，发展势头向好，但科技期刊产业优质稿源外流严重、国内期刊经营不佳、国际竞争实力不足等传统问题依旧存在。如何在数字经济背景下，盘活现有资源，激活存量资源，在带动传统产业升级革新的同时，优化产业环境，培育新兴业态，形成数字化发展的坚实基础依旧任重而道远。

二、数字技术服务欠缺，平台建设亟须加强

数字经济是新一轮科技革命和产业变革的主阵地，也是科技期刊产业化发展面临的全新挑战，其中关键性的数字技术为产业各环节融合、渗透及差异化服务提供了底层支撑，也为科技期刊产业在数字经济背景下的规模化、高效化发展注入强大动力。

科技期刊创新内容的发现、组织与评审等作为科技期刊内容生产的核心环节，也将在数字经济的发展和变革之下，迎来全新的发展图景。内容发现方面，随着数字技术和信息网络载体的出现，促使科技期刊出版产业向纵向一体化和横向网络化方向拓展，为实现内容的互联、聚合和个性化内容发现提供技术支持，第三方企业在科技期刊产业中，应用核心技术，组建数字出版平台，提供精细化、精准化、智能化等内容发现的解决方案。内容组织方面，科技期刊正以一种"去中心化"的运作方式，解构传统科技期刊的组织结构、管理体制与办刊模式，重塑一种多主体共同参与、全员办刊的新生态。当前国际学术出版商正在通过企业整合与跨界，调整

其经营与管理模式，实现信息系统资源共享、协同合作，从而更好地满足用户知识发现、获取、生产、组织等个性化需求。内容评审是科技期刊进行学术论文质量控制和遴选的有力手段，也是建立科学自主性、认同度、公信力的关键性制度。同行评审的模式虽不断发展，但也面临质疑和争议，随着数字技术的发展，通过引入开放注释、统一身份、数据识别符等手段，以及制定相关隐私信息安全、科学交流规范等方式探索更为透明、开放的同行评审模式。相较于国际出版商，我国科技期刊产业的数字化转型、数字技术使用以及创新内容组织仍存在较大差距，数字化评审服务在专家遴选、专家库建构、同行评审交流和作者文稿修改模式等方面的开放度、透明度、精准度等有待进一步完善。

在数字经济时代，我国科技期刊的内容采编、排版、加工等技术服务领域也迎来了出版工具、出版模式在大数据、人工智能等新一代信息技术应用方面的服务创新。我国国内服务期刊的软件和平台的主要技术服务商包括同方知网数字出版技术股份有限公司、北大方正电子有限公司、北京玛格泰克科技发展有限公司等。主要的技术服务范围囊括了大数据人工智能产品服务作者写作和投稿、投稿和审稿流程的数字化、提升采编服务水平的特色功能、内容数字化生产加工分析以及服务编辑部的其他产品和功能。近年来，国内技术服务商建设了相应的生产与发布技术平台，也已经形成了一套成熟和完善的服务体系，但在内容传播能力、被搜索发现能力、投稿渠道覆盖度、服务工具丰富度、网络安全意识、学科服务水平、预印本对接渠道、跨平台资源整合能力、国际化数据衔接等方面尚存在不足，仍需进一步加大投入。

三、媒体融合优势不足，市场经营有待健全

数字经济背景下，科技期刊产业下游涉及的出版、传播、发行等环节的融合发展，传播、增值服务平台建设及国际贸易体制的完善都绕不开对运营模式、版权合作、资本运作等关键问题的解答。

随着数字信息技术日新月异的发展，科技期刊的传播介质在纸质媒介、电子媒介的融合发展中促成了越来越多的出版传播平台及数据库建成并投入使用。数据库

平台有助于科技期刊节约网络运营、宣传成本，增进市场资源共享，同时拓宽盈利途径，提高经济效益[6]。由于数字网络技术刚出现时具有一定的技术和资本门槛，大型商业出版集团占得了先机，迅速占领了大部分科技期刊市场[7]。国外科技期刊数据库主要包括 WoS、Scopus、ScienceDirect 等，实体传播渠道包括各种国际分支机构、国际营销人员队伍等，虚拟传播渠道主要是基于互联网和移动终端设备的网络平台[8]。目前我国科技期刊普遍都采用与数据库运营商合作的方式来实现数字化出版，国内最具有代表性和影响力的数据库主要有同方知网学术期刊全文数据库、万方数据库、维普资讯等。当前国内科技期刊网络传播以及增值服务不能满足用户需求，主要包括内容贫乏且表现形式单一、缺少个性化服务、与移动终端特性匹配度较差、互动交流平台不完善等。如何充分利用现代网络技术促进数字化发展，加快传播流程改造，是整个科技期刊产业必须面对的重大问题，也是决定科技期刊产业能否满足科技创新发展需求的关键因素。

科技期刊的国际化贸易及传播不仅为出版产业的发展提供了有力的支持，也为科技期刊的发展带来了全新的生态环境、发展机遇和挑战。国际知名出版商已经形成了各类服务于期刊的生态级一站式平台，数字化出版的盈利比重也在不断增加，同时世界各地的信息技术服务商、阅读设备提供商、内容集成商等也利用网络技术优势"跨界"参与到了学术交流体系中，促成了社交媒体、学术社区等非正式学术交流模式。新技术、新风潮、新模式正在出版领域遍地开花，如语义出版、纳米出版等新模式，预印本交流的兴起，评审模式及学术评估的改变，个人网站、多媒体、自媒体等在线环境的推广和普及等。国外科技出版商出版技术日渐成熟、服务体系已趋于完善，而我国科技期刊产业在读者市场、期刊平台一体化服务、知识发现系统、工具及应用服务、移动/社交服务、多媒体服务、个性化服务等多方面对重要技术应用的重视程度依旧存在不足。

全新互联网技术的应用使得传统出版行业逐步进入数字时代，作者创作、投稿、审稿、出版、传播甚至交流活动都可以在网络平台上展开，与之相应的，科技期刊运营模式也正在发生深刻的变化[9]，我国 5000 余种科技期刊仅有不到 20%实现了自主经营，获得国家级专项经费支持的科技期刊数量不足 5%，获得行业及地方专项经费支持的科技期刊不足 4%。基金支持范围还比较小，单刊支持力度多在 50 万元以下[10]。科技期刊的媒体融合发展也日益深度化、多元化，加快推进科技期刊的转型升级，构建一种新型的运营模式和运行机制已成为当务之急。

科技期刊的资本运作和产业化发展与新闻出版行业整体环境息息相关，根据国家新闻出版署近十年来发布的《新闻出版产业分析报告》中的数据，我国新闻出版业总收入从 2010 年的 1.27 万亿元增长到 2016 年的 2.36 万亿元，达到高点，从 2017 年开始下降，2021 年为 1.86 万亿元，10 年来新闻出版行业上市公司尽管从数量上和市值上有一定增长，但从整个资本市场来看还是相对滞后，新闻出版业的产业和资本市场规模，离出版强国的要求还有较大距离。我国科技期刊产业规模偏小，经营实力偏弱，离规模化产业仍有较大差距[11]。除此之外，我国科技期刊的准入与变更存在一定困难，如非公有资本禁入科技期刊出版业务，实行刊号审批制度、主管主办制度以及属地管理制度，这也造成了投融资和所有权交易方面的诸多制约因素，无论是相关政策限制，还是自身条件实力，大部分期刊的运营无力达到资本层面，科技期刊的资本运作还处于比较初级的状况，远不到资本推动产业发展的阶段。尽管国内北京科爱森蓝文化传播有限公司（中外合资）、科学出版社（对法国 EDP 出版社的跨国并购）、北京卓众出版有限公司（资本合作助推融合转型）、有科期刊出版（北京）有限公司（与国资合作引进资源）、《课堂内外》（同多种资本合作拓展新业务）等公司和期刊社在资本合作方面作出了一些有益的探索，并初见成效，但科技期刊要进一步实现规模化、产业化和国际化，仍需要更多更强的资本力量助推。

在数字经济背景下，国外出版集团通过兼并重组、借剥离收购来优化业务，强化市场辐射力；通过技术赋能来开辟业务，实现出版模式创新；通过参与构建数据库来创建引用评价指标，建立和推广自己的学术评价体系，树立学术话语权和品牌权威性；通过先进的出版平台，塑造一流的国际出版形象和盈利渠道；通过引入学术团体办刊，将触角延伸至世界各个领域。与国外相比，我国科技期刊产业在运营模式、版权合作、资本运作等多个方面都存在较大差距，也亟须寻因纠错、补弱固强。

第二节　科技期刊出版深度融合发展对策与建议

一、夯实数字产业基础，补全新兴业态短板

1）政策方面。一是建议科技期刊管理部门要加大对科技期刊数字化转型发展的扶持和支持力度，争取对积极开展数字化转型升级的出版单位有税收优惠或减免政策，对规模化的数字化转型工作有专项资金支持，以降低科技期刊数字化传播和服务社会的成本负担；二是建议针对科技期刊全产业链条上前端内容供应、后端内容应用两个环节，提出与国家层面出台政策相呼应的科技期刊数字化出版与传播政策，尤其是数字内容的知识产权管理、数字资产管理、公益化服务等政策，并明确科技期刊在科学研究、成果转化和学术评价中的地位和作用；三是建议制定和完善宏观层面的科学数据出版实施办法、科学数据出版的标准规范、科学数据出版质量控制约束规则、科学数据出版数据伦理的例外政策，提高科学数据出版安全和有效的开放利用的管理办法，提高科学数据出版政策的透明度，加强政策内容宣传等，以培育数据出版生态体系，更好地贴合科技期刊产业在数字经济和开放科学背景下的新形式、新发展。

2）科技论文方面。一是持续号召广大科技工作者瞄准科技创新强国建设需求，坚持"四个面向"的战略方向，提升支撑国家科技创新的关键作用，支持把论文写在祖国大地上、发表在中国科技期刊上；二是建议充分发挥评价体系引导作用，在项目评审、人才遴选、学术成果评价时引导在国产期刊发表高质量论文，同时制定更科学合理、更符合国情的科研评价方式，多指标综合评价，不宜将单个指标如SCI收录、发文量多少等作为单一的评价指标；三是建议从科研政策角度引导并鼓励科研工作者在本土期刊上网络首发原创成果，支持科技期刊数字化转型。

3）基金项目方面。一是建议增强地区科学基金的投入力度，同时号召更多公司、个人和海外基金参与期刊数字化建设，进一步完善我国的多层次资助体系；二

是建议增强对欠发达地区的基金支持力度，扩大地区间的合作与交流，缓解地区间数字化发展的不均衡；三是建议关注并追踪基金资助成果的具体形式和动向，及时响应科技期刊产业发展的数字化、规模化、开放获取需求，支持基金资助论文在中国科技期刊率先发表，继续增加科技期刊专项基金投入，从而进一步提升期刊影响力和服务国家科技创新的能力；四是建议突出卓越期刊带头作用，大力发展相应的子刊、姐妹刊，鼓励期刊的集团化发展。

4）人才建设方面。围绕科技期刊作者群体，一是建议依托于一流科技期刊和论文发表平台，吸引国内外优秀科技人才与成果回流，包括建设高水平的作者队伍，建设一流主编/编委团队，建立国际化优质组稿审稿专家库，建设集群化科技期刊出版平台；二是建议搭建高层次研讨平台，与科技期刊人才密切联系和交流，及时把握学术前沿动态，增进与业内人才的联系，并增强科技期刊人才专业素养，提高学术声誉和学术水平；三是建议构建同行交流圈，充分利用新媒体手段，打造科技期刊人才交流社群；四是建议开展多元化业务培训，提供学术兼职/实践机会，组织业内评选奖项荣誉，并宣传推广优秀成果，为科技期刊人才赋能。围绕期刊编辑人才队伍，一是建议严格选聘，分类引进优秀办刊人才和技术人才，充分发挥人才在办刊中的价值；二是建议合理规划，加强人才梯队建设，完善职级晋升，推动管理机制改革，建立层次合理、高效运行的人才队伍；三是建议助力成长，提高编辑专业水平，支持参加学科领域的学术大会、专题讲座或前沿论坛等，并与领域内的专家，特别是行业领军人物和知名学者建立联系，经常交流沟通；四是建议重视素养，加强继续教育内容更新，引导人才能力提升，包括政治素养、创新能力水平、沟通能力、团队合作等；五是建议完善机制，健全管理和评价体系，充分调动编辑人员的工作积极性，提升工作热情。

二、聚焦多元知识服务，建好数字技术平台

1）科技期刊创新内容发现和组织方面。一是建议提高政治站位，紧紧围绕党和国家重大决策部署和宣传思想工作根本任务，把握时代大势，强化使命担当，瞄准国家

发展需求，为建设科技强国、实现高水平科技自立自强作出更大贡献；二是建议科技期刊在保留原有的登记、传播、认证和存档功能的基础上，要找准发展定位，不断向知识服务、知识普及、促进科学创新等多元方向发展与延伸；三是积极落实国家"四个面向"发展战略，将其化为期刊发展战略，在满足学术创新与交流服务蓬勃发展的外在需求的同时，还要兼顾市场自身可持续发展的内在需求，逐步凸显科技期刊在数字经济时代"知识型服务业"的功能；四是建议结合文化产业特点，重视期刊品牌融媒体"IP"建设，明晰定位，塑造期刊的文化和价值理念；五是建议重视需求导向，紧密追踪高被引科学家、国际会议及研究前沿趋势，加强科技期刊参与智库决策服务功能，打造高质量的编委会及青年编委会团队，使"快速通道""网络首发""开放获取"成为发掘原始创新成果和抢占首发权的重要手段。

2）科技期刊创新内容评审方面。一是建议配合我国"三审"制要求，在实践中对同行评议过程可以做更多的创新，不断完善创新内容评议机制，形成更加公正、客观、严格、规范的论文质量控制体系，包括建设数字化、国际化同行评议平台或投审稿系统，依托数字与信息技术，提高同行评议效率；二是建议强化数字技术支撑，创新开放评审模式和形式，实行盲审与开放评审多措并举，开拓融合数据评审、交互评审等；三是建议扩建与提质审稿队伍，通过 AI 技术，挖掘并建好国际审稿专家队伍，建好国际化审稿专家库，增强同行评议时效；四是建立责编/编委责任制，绿色通道快速同行评议，同时创新多维评议，为交叉领域期刊质量保驾护航。

3）内容采编和生产的服务能力方面。一是建议相关部门为学术期刊建设统一集成的选刊投稿平台；二是建议开放获取时期通过组织学术研讨、专题讨论、调研课题等方式研究和探讨期刊出版网络安全、数据安全的路径；三是建议需从内容生产、平台建设的角度，针对未来学术出版涉及的音频、视频、科学数据、软件、短视频、直播等形式，考虑为更丰富的内容提供多元化的展示工具，增加读者可读性、可理解性，提升服务科研人员、服务作者、服务学科的水平；四是建议提前布局预印本平台和期刊投审稿系统、采编系统的对接接口，实现科研成果的快速发布，实现开放交流、开放评论、开放存缴、开放获取、开放再利用；五是建议从内容管理、费用收取、出版协议、生产加工等方面推动采编和生产支持在版权合规前提下的开放获取出版；六是建议从大数据、区块链、人工智能等新技术的角度改造出版流程，汲取国际主流采编生产系统的先进经验，提升我国采编和生产平台的服务水平和能力；七是建议推进平台建设，在数据提交、用户数据、接口、存储等标准建设方面，提升跨平台资源整合能力；八是建议从技术服务和平台的角度增加更多国际元素，做好和国际平台以及工具软件的对接，更多地运用国际出版工具赋能我国学术出版，从整体上提升服务世界一流期刊的能力。

三、提升传播运营能力，拓展资本合作渠道

1）科技期刊增值服务提升方面。一是建议在科技期刊增值服务设计过程中，重点考虑期刊核心用户的需求，从而更好地掌握市场动向，更好地为用户提供定向化、定制化服务；二是建议期刊社自建网站，将所有纸版印刷版内容上网，杂志创刊即以网络化形态出现，而不通过印刷装订等纸质形式呈现；三是建议打造人机交流的网络出版平台；四是发挥智库作用，提供情报、咨询、各种专题展会、科研成果评测、专业技能培训等活动。

2）科技期刊国际传播方面。一是建议充分激发科技期刊在我国文化产业化进程中的关键角色作用，提升我国文化、意识形态、价值观、制度、传媒等软实力，进出口种次、金额、数量等具体数据体现的中国期刊的国际贸易水平，中国优秀文化与价值观输出等；二是建议密切把握期刊国际传播的未来趋势，主要体现在传播中华文化，促进中西交流；三是建议深化媒介融合，明晰未来期刊国际交流传播中"开放、包容、公平"的趋势，从而强化数字技术赋能全流程"平台化"，推进期刊国际化发展；四是建议打造"社交化+视频化"的全媒体传播系统；五是建议依托数字技术建设国际化多语种传播平台，提升国际影响力；六是建议重视开放获取，科学提升品牌价值，提升资本运作；七是建议加快实现国际传播实体和虚拟渠道的融合与共享。

3）科技期刊的运营方面。一是建议顺应互联网发展的趋势，加快探索科技期刊全流程数字出版为基础的多媒体或者全媒体化路径和以结构优化为基础的集群化运营转型路径；二是建议国内科技期刊加深与新媒体的融合，形成有效的融合盈

利模式，同时在内容、服务以及品牌方面进行深度开发，打造适合自身发展需求的新运营模式，如新媒体+内容、新媒体+服务、新媒体+品牌等；三是建议借鉴国外期刊的成功案例，如美国的两大科技期刊——《科学》和《美国医学会杂志》"内容+广告+品牌与资源"的运营模式，将期刊产业运营细分为销售内容、受众、品牌资源三个阶段[12]。

4）科技期刊资本合作方面。一是建议借助资本的力量，继续进行"造船出海""买船出海""借船出海"，积极学习国际一流的出版传播平台先进的出版理念和办刊经验，以及多渠道国际化市场推广，助力我国优秀英文科技期刊全方位登临国际学术舞台，提升国际影响力和科技话语权；二是建议通过资本运作，聚拢资源，形成规模化产业体系，在特定空间范围内聚合发力；三是建议我国科技期刊在开放自我，打造外向型发展机制"走出去"的同时，还要"引进来"，从而立足核心，补齐短板，发展新业务，提升产业化能力；四是建议积极探索在现有政策框架下的一些进行资本合作的可行路径，如探索"学会+企业""高校+企业""科研机构+企业"等多种协同办刊形式，催生科技期刊发展新业态，创新中国特色科技期刊发展模式；五是建议充分发挥民间资本的积极作用，探讨在数字技术支撑、发行传播平台建设、国际传播渠道建设等领域的应用，使其成为科技期刊产业链中不可或缺的重要组成部分；六是建议与国外大型出版集团合作办刊，利用其海外平台和渠道扩大我国科技期刊的国际影响力和传播力，通过资本合作，共建平台，或者直接并购国际专业领域资源；七是加快发展科技期刊间的资本合作步伐，寻求体制机制方面的政策性支持，破除资本合作的各种壁垒，包括对于有实力的科技期刊出版企业进一步给予出版资源上的倾斜；八是建议出台促进跨区域跨部门的资源整合的政策，以市场化定价机制促进科技期刊形成自我造血功能；九是建议出台现行政策框架下针对出版领域的资本合作的内容和形式的专门指导政策或者行业指南，调动起社会资本的参与度。

综上所述，在数字经济的作用下，我国科技期刊产业的数字化转型势必会有更大发展前景，尤其在当今以 ChatGPT 为代表的、以人工智能为主导的知识服务新形势下，科技期刊作为权威、可靠、持续发展的内容知识数据来源，必将获得更大的发展。除了从技术、人才、政策、资本等多方面入手外，还应引领先进数字技术与传统出版进行融合发展，只有多头并进、多措并举，才能加快出版数字化转型，使科技期刊产业真正成为我国文化建设的重要推动力。科技期刊产业需要立足新发展阶段、贯彻新发展理念、构建新发展格局，面对新的变化做好前瞻性思考，顺应出版深度融合发展的趋势，汇聚出版产业界的各方力量，共同探索产业链上游、中游、下游的全面转型升级策略路径，助力产业做大做强，更好地服务国家科技创新和经济发展，实现我国科技期刊强国战略目标。

参考文献

[1] 国务院关于数字经济发展情况的报告——2022 年 10 月 28 日在第十三届全国人民代表大会常务委员会第三十七次会议上[EB/OL]. [2022-11-14]. http://www.npc.gov.cn/npc/c30834/202211/dd847f6232c94c73a8b59526d61b4728.shtml.

[2] 杨金龙. 数字经济视域下出版数字化转型研究[J]. 文化产业, 2022(32): 13-15.

[3] 刘佳怡. 我国数字出版法律制度存在的问题及其解决策略研究[J]. 法制与社会, 2020(24): 13-14. DOI:10.19387/j.cnki.1009-0592.2020.08.185.

[4] 彭娟. 国际一流科技期刊建设与发展策略探讨[J]. 传媒论坛, 2022, 5(13): 100-104.

[5] 张晓雯, 杜万里, 杜双. 数字化人才研究热点与发展趋势研究[J]. 价格理论与实践, 2023(1): 70-73, 183.

[6] 王炎龙, 黎娟. 我国科技期刊数字化出版运营形态及新模式探索[J]. 中国科技期刊研究, 2013, 24(5): 957-960.

[7] 刘天星, 孔红梅, 段靖. 科技期刊传播技术、期刊功能和商业模式的历史演变及相互关系[J]. 中国科技期刊研究, 2014, 25(10): 1215-1223.

[8] 许志敏, 杨蕾歆. 我国学术期刊国际传播渠道现状、问题及对策[J]. 科技与出版, 2019(6): 60-65.

[9] 王真. "互联网+"环境下科技期刊的传播策略分析[J]. 江苏科技信息, 2017(1): 13-15.

[10] 中国科协技术协会. 中国科技期刊产业发展报告（2021）[M]. 北京: 科学出版社, 2022.

[11] 中国新闻出版研究院. 新闻出版产业分析报告（2010~2021 年）[M]. 北京: 中国书籍出版社.

[12] 王永超. 科技期刊盈利模式的流变和在融媒体背景下的创新[J]. 天津科技, 2018(10): 93-95.

附录 国内外科技期刊相关企业经营状况报告①

一、调研概述

本报告以国内外科技期刊相关出版商、大学/研究机构出版社、学术团体及平台运营商作为调研对象，汇总 2021 年度报告中的关键经营数据，客观呈现了国内外科技期刊相关企业营业收入、成本、利润、投资支出及履行社会责任投入等情况。

本报告为国内科技期刊产业化发展提供数据支持，为找准发展方向、明确发展路径、制定对策建议提供参考，实现有据可依、有证可查；同时也为提升科技期刊经济效益以及建成良好产业生态提供案例参考。

本报告主要基于以下两条原则对国际科技期刊相关企业进行筛选：

1）JournalSeek 数据库出版 100 种以上期刊或在相关领域内影响力较大；

2）确定披露年度经营数据。

最终确定的国际科技期刊相关企业共计 19 家，其中包括出版企业 6 家，大学/研究机构出版社 3 家，学术团体 9 家，平台运营商 1 家。具体情况如附表 1-1 所示。

本报告对国内出版上市企业的筛选主要基于2022年检数据中5125种科技期刊主管/主办单位的检索，从中选择已出版科技期刊的企业，最终确定的国内出版上市企业共计 12 家。具体情况如附表 1-2 所示。

---

① 附录执笔：刘备、孙璐。

附表 1-1　国际知名科技期刊相关企业分类列表

序号	类型	中文名称	英文名称	国家
1	出版企业	爱思唯尔出版集团	Elsevier	荷兰
2		施普林格·自然出版集团	Springer Nature	德国
3		泰勒·弗朗西斯集团	Taylor & Francis	英国
4		约翰·威立国际出版公司	John Wiley & Sons Inc.	美国
5		威科出版集团	Wolters Kluwer	荷兰
6		博睿学术出版社	Brill	荷兰
7	大学/研究机构出版社	剑桥大学出版社	Cambridge University Press	英国
8		牛津大学出版社	Oxford University Press	英国
9		美国国家科学院出版社	National Academies Press	美国
10	学术团体	美国科学促进会	American Association for the Advancement of Science	美国
11		电气与电子工程师协会	Institute of Electrical and Electronics Engineers	美国
12		美国化学学会	American Chemical Society	美国
13		英国皇家物理学会	Institute of Physics	英国
14		英国皇家化学协会	Royal Society of Chemistry	英国
15		英国工程技术学会	Institution of Engineering and Technology	英国
16		国际计算机学会	Association for Computing Machinery	美国
17		美国医学会	American Medical Association	美国
18		英国医学会	British Medical Association	英国
19	平台运营商	科睿唯安	Clarivate	美国

附表 1-2　国内出版上市企业信息列表

序号	国内出版机构名称	股票代码	所在地
1	江苏凤凰出版传媒股份有限公司	A 股 凤凰传媒 601928	南京市
2	中南出版传媒集团股份有限公司	A 股 中南传媒 601098	长沙市
3	中文天地出版传媒集团股份有限公司	A 股 中文传媒 600373	上饶市
4	山东出版传媒股份有限公司	A 股 山东出版 601019	济南市
5	新华文轩出版传媒股份有限公司	A 股 新华文轩 601811	成都市
6	南方出版传媒股份有限公司	A 股 南方传媒 601900	广州市
7	长江出版传媒股份有限公司	A 股 长江传媒 600757	武汉市
8	时代出版传媒股份有限公司	A 股 时代出版 600551	合肥市
9	中国出版传媒股份有限公司	A 股 中国出版 601949	北京市
10	北方联合出版传媒（集团）股份有限公司	A 股 出版传媒 601999	沈阳市
11	中国科技出版传媒股份有限公司	A 股 中国科传 601858	北京市
12	读者出版传媒股份有限公司	A 股 读者传媒 603999	兰州市

二、国际科技期刊相关企业经营状况

（一）爱思唯尔出版集团

1.1 主营业务

爱思唯尔出版集团（Elsevier，以下简称"爱思唯尔"）所属母公司——励讯集团（RELX）是面向专业和商业客户，提供信息分析和决策工具的全球提供商，主要业务包括科技与医疗、保险业、法律和展览等。爱思唯尔的业务包括初级研究、数据库和工具、参考资料和制药、生命科学推广等。

1.2 期刊版块信息

爱思唯尔 2021 年度出版期刊数量超过 3000 种，文章数量超过 60 万篇，OA 文章数量为 11.90 万篇。

1.3 营业收入、利润与资产情况

爱思唯尔 2021 年度营业收入为 26.49 亿英镑，期刊订阅收入为 19.70 亿英镑，交易业务收入为 6.79 亿英镑，数字化收入为 23.34 亿英镑（含订阅收入），营业利润为 18.84 亿英镑；励讯集团 2021 年度基本每股收益为 76.30 英镑，总资产为 138.58 亿英镑。

1.4 营业支出情况

励讯集团 2021 年度营业支出为 25.62 亿英镑，技术研发支出为 16.00 亿美元，投资支出 3.37 亿英镑；爱思唯尔营业支出信息未披露。

1.5 员工情况

励讯集团 2021 年度总员工为 33 000 人，其中研发人员数量为 10 000 人，女性员工数量为 16 632 人，合作编校人员数量为 29 000 人；爱思唯尔员工数量为 8700 人。

（二）施普林格·自然出版集团

2.1　主营业务

施普林格·自然出版集团（Springer Nature，以下简称"施普林格·自然"）是一家全球领先的从事科研、教育和专业出版的机构，主要业务范围包括研究、教育和专业三大版块。其中研究版块包括期刊、图书、专家解决方案、医疗保健；教育版块包括语言学习、学校课程、国际课程和高等教育；专业版块包括医药、运输工程和企业管理。

2.2　期刊版块信息

施普林格·自然 2021 年度出版期刊数量超过 3000 种，OA 期刊占比为 36%，发表文章数量超过 40 万篇，其中 OA 文章数量为 14.97 万篇。

2.3　营业收入、利润与资产情况

施普林格·自然 2021 年度营业收入为 17.00 亿欧元。

2.4　营业支出情况

施普林格·自然 2021 年度年报中未明确披露其经营支出总额，但在 Social impact 中公布了其现金捐赠和赞助的费用，为 52.70 万欧元。

2.5　员工情况

施普林格·自然 2021 年度总员工数量为 9133 人，其中女性员工比例为 41%。

（三）泰勒·弗朗西斯集团

3.1　主营业务

泰勒·弗朗西斯集团所属母公司——英富曼集团（Informa）是一家国际知识、情报和学术研究专业服务公司，主要业务包括知识链接、情报服务、市场服务、技术服务四大版块。泰勒·弗朗西斯是世界著名大出版社，主要业务包括图书、期刊、

学习资料的出版以及内容平台构建等。

3.2 期刊版块信息

泰勒·弗朗西斯 2021 年出版期刊 2700 余种。

3.3 营业收入、利润与资产情况

泰勒·弗朗西斯 2021 年度营业收入为 5.45 亿英镑，数字化收入为 4.5 亿英镑；按业务类型，期刊订阅收入为 3.07 亿英镑，交易业务收入为 2.38 亿英镑，广告收入为 70 万英镑；营业利润为 1.53 亿英镑，总资产为 9.12 亿英镑。

英富曼集团 2021 年度基本每股收益为 5.2 英镑。

3.4 营业支出情况

英富曼集团 2021 年度营业支出为 14.14 亿英镑（泰勒·弗朗西斯数据未予披露）。

3.5 员工情况

泰勒·弗朗西斯 2021 年度总员工数量为 2425 人。

（四）约翰·威立国际出版公司

4.1 主营业务

约翰·威立国际出版公司（John Wiley & Sons Inc.，以下简称"威立"）是一家服务于科研人员、专业人士、学生、大学和企业的大型出版商，主要业务包括科研出版及平台、教育服务和学术及职业学习三大版块。

4.2 期刊版块信息

威立 2021 年度出版期刊数量为 1930 种。

4.3 营业收入、利润与资产情况

威立 2021 年度营业收入为 19.42 亿美元，学术平台收入为 4283.70 万美元，出版发行收入为 9.73 亿美元，营业利润为 1.48 亿美元，基本每股收益为 2.65 美元，总资产为 31.69 亿美元。

4.4　营业支出情况

威立 2021 年度营业支出为 17.56 亿美元，投资支出为 4.33 亿美元，产品/技术研发支出为 2595.40 万美元。

4.5　员工情况

威立 2021 年度总员工数量为 7400 人。

（五）威科出版集团

5.1　主营业务

威科出版集团（Wolters Kluwer，以下简称"威科"）是全球领先的专业信息服务和出版公司，主要业务包括医疗健康，税务与会计，治理、风险与合规审查，法律与监管四大版块。其中医疗健康版块主要业务包括书籍、期刊、电子出版物、软件和在线数据库等。

5.2　期刊版块信息

威科旗下有多个期刊出版品牌，如 Lippincott Williams & Wilkins、Medknow 等，出版 100 多个学科的 300 余种医疗健康领域的期刊。

5.3　营业收入、利润与资产情况

威科 2021 年度营业收入为 47.71 亿欧元，数字化产品（含服务订阅）收入为 33.97 亿欧元，期刊订阅（含印刷）收入为 1.57 亿欧元，营业利润为 10.12 亿欧元，总资产为 90.28 亿欧元，基本每股收益为 2.79 欧元。

5.4　营业支出情况

威科 2021 年度营业支出为 23.56 亿欧元，其中投资支出为 2.87 亿欧元。

5.5　员工情况

威科 2021 年度总员工数量为 19 800 人。

（六）博睿学术出版社

6.1 主营业务

博睿学术出版社（Brill，以下简称"博睿"）是一家历史悠久的国际学术出版机构，主要业务包括人文学科（历史、艺术、语言文学、哲学）、社会科学和国际法相关学术领域的书刊的出版、发行和印刷。

6.2 期刊版块信息

博睿 2021 年度出版期刊数量为 926 种，OA 期刊 34 种，发表 OA 文章 650 余篇。

6.3 营业收入、利润与资产情况

博睿 2021 年度营业收入为 4686.50 万欧元，数字化产品收入为 2570.00 万欧元，期刊订阅收入为 1232.20 万欧元，营业利润为 445.30 万欧元，总资产为 5993.40 万欧元；基本每股收益为 1.62 欧元。

6.4 营业支出情况

博睿 2021 年度营业支出为 2938.50 万欧元；产品/技术研发支出为 820.90 万欧元；投资支出为 2509.30 万欧元。

6.5 员工情况

博睿 2021 年度总员工数量为 227 人，其中女性员工占比为 64.70%；编校员工占比为 41.60%。

（七）剑桥大学出版社

7.1 主营业务

剑桥大学出版社（Cambridge University Press，CUP）隶属于英国剑桥大学，是世界上最大的教育和学术出版社之一，主要业务包括学术、英语教学和教育领域书刊的出版、发行和印刷。

7.2 期刊版块信息

CUP 2021 年度出版期刊数量近 400 种。

7.3 营业收入、利润与资产情况

CUP 2021 年度营业收入为 3.84 亿英镑，营业利润为 2070 万英镑，总资产为 3.19 亿英镑。

7.4 营业支出情况

CUP 2021 年度投资支出为 50 万英镑。

7.5 员工情况

CUP 2021 年度总员工数量为 3035 人。

（八）牛津大学出版社

8.1 主营业务

牛津大学出版社（Oxford University Press，OUP）隶属于牛津大学，是全球最大的大学出版社。主要业务包括各个学术领域的著作、教科书、英语教学专书、工商管理著述、圣经、音乐、儿童书籍、词典、工具书、期刊的出版、发行和印刷。

8.2 期刊版块信息

OUP 出版期刊数量超过 500 种，其中 OA 期刊数量超过 100 种。

8.3 营业收入、利润与资产情况

OUP 2021 年度营业收入为 7.55 亿英镑，物业租金收入为 1930 万英镑，投资收入为 10 万英镑，总资产为 7.45 亿英镑，营业利润为 5610 万英镑。

8.4 营业支出情况

OUP 2021 年度营业支出为 5000 万英镑，投资支出为 2.94 亿英镑。

8.5 员工情况

OUP 2019 年度总员工数量为 5529 人。

（九）美国国家科学院出版社

9.1 主营业务

美国国家科学院出版社（National Academies Press，NAP）隶属于美国科学院，主要业务包括美国国家科学院、工程院和医学院的报告和图书出版，以及《美国科学院院刊》（*Proceedings of the National Academy of Sciences，PNAS*）的出版发行。

9.2 期刊版块信息

NAP 负责 *PNAS* 的出版和发行。

9.3 营业收入、利润与资产情况

PNAS 2021 年度的营业收入为 1799.80 万美元，期刊订阅收入为 1170.00 万美元，版面费收入为 627.60 万美元。

美国科学院 2021 年度的总资产为 17.16 亿美元。

9.4 营业支出情况

PNAS 2021 年度的营业支出为 1799.80 万美元，其中出版支出 469.8 万美元，运营支出 741.8 万美元。美国科学院 2021 年度的投资支出为 3.26 亿美元。

9.5 员工情况

未披露相关信息。

（十）美国科学促进会

10.1 主营业务

美国科学促进会（American Association for the Advancement of Science，AAAS）是世界上最大的多学科科学协会，主要业务包括组织会员活动，出版知名学术刊物

《科学》及图书。

10.2　期刊版块信息

AAAS 负责《科学》及其子刊的出版和发行。

10.3　营业收入、利润与资产情况

AAAS 2021 年度营业收入为 1.12 亿美元，捐赠款收入为 2520.70 万美元，投资收入为 1005.80 万美元，会员费收入为 858.20 万美元，出版发行收入为 6827.70 万美元，营业利润为 198.70 万美元，总资产为 1.74 亿美元。

10.4　营业支出情况

AAAS 2021 年度营业支出为 1.10 亿美元，投资支出为 9702.00 万美元。

10.5　员工情况

未披露相关信息。

（十一）电气与电子工程师协会

11.1　主营业务

电气与电子工程师协会（Institute of Electrical and Electronics Engineers，IEEE）是一个国际性的电子技术和信息科学工程师协会，主要业务包括会员管理，会议、活动举办，电气工程、计算机科学、电子技术图书和期刊的出版，标准制定，教育服务，慈善捐助，奖项授予等。

11.2　期刊版块信息

IEEE 2021 年出版技术期刊数量达 190 多种。

11.3　营业收入、利润与资产情况

IEEE 2021 年度营业收入为 4.64 亿美元，标准制定收入为 4150.44 万美元，会议和活动收入为 1.28 亿美元，期刊订阅收入为 2.34 亿美元，会员费收入为 5831.71 万美

元，投资收入为 8635.37 万元，营业利润为 8328.61 万美元，总资产为 11.13 亿美元。

11.4 营业支出情况

IEEE 2021 年度营业支出为 3.81 亿美元，投资支出为 10.10 亿美元。

11.5 员工情况

未披露相关信息。

（十二）美国化学学会

12.1 主营业务

美国化学学会（American Chemical Society，ACS）是一个化学领域的专业组织，致力于为全球化学研究机构、企业及个人提供高品质的文献资讯及服务，主要业务涵盖化学领域的研究与技术创新、科学教育与职业培训、公共政策与科学、可持续发展与环境等。

12.2 期刊版块信息

未披露相关信息。

12.3 营业收入、利润与资产情况

ACS 2021 年度营业收入为 6.86 亿美元，数字化产品收入为 6.14 亿美元，投资收入为 1706.20 万美元，总资产为 19.86 亿美元，会员费收入为 1194.00 万美元，营业利润为 8053.00 万美元。

12.4 营业支出情况

ACS 2021 年度营业支出为 6.05 亿美元，产品/技术研发支出为 4164.30 万美元，投资支出为 16.92 亿美元。

12.5 员工情况

未披露相关信息。

（十三）英国皇家物理学会

13.1 主营业务

英国皇家物理学会（Institute of Physics，IOP）是英国和爱尔兰的物理学专业学术团体，主要业务包括发展和支持物理教学、激励企业创新和生产力提升、提供政府政策建议和支持、学生培训等。IOP 旗下出版社（IOP Publishing）负责物理学和相关学科领域的期刊、图书、会议论文集和杂志的出版。

13.2 期刊版块信息

IOPP 2021 年出版 90 多种期刊。

13.3 营业收入、利润与资产情况

IOPP 2021 年度营业收入为 7879.50 万英镑，交易业务收入为 195.40 万英镑，投资收入为 23.10 万英镑，会员费收入为 163.50 万英镑，出版发行收入为 7173.00 万英镑。营业利润为 478.80 万英镑，总资产为 7123.40 万英镑

13.4 营业支出情况

IOP 2021 年度营业支出为 7694.90 万英镑，投资支出为 292.60 万英镑。

13.5 员工情况

IOP 2021 年度总员工数量为 575 人。

（十四）英国皇家化学学会

14.1 主营业务

英国皇家化学学会（The Royal Society of Chemistry，RSC）是一个国际非营利组织，主要业务包括化学领域图书、期刊的全球出版和数据知识服务，为化学科学家提供资源支持、化学教育、构建全球社区、慈善工作等。

14.2 期刊版块信息

RSC 2021 年出版期刊 100 余种，文章数量为 3.5 万篇，OA 期刊占比为 28%。

14.3 营业收入、利润与资产情况

RSC 2021 年度营业收入为 6367.50 万英镑，投资收入为 80.50 万英镑，捐赠款收入为 58.80 万英镑，会员费收入为 410.10 万英镑，交易业务收入为 4.9 万英镑，学术会议和活动收入为 46.70 万英镑，出版发行收入为 5630.00 万英镑，营业利润为 583.50 万英镑，总资产为 1.63 亿英镑。

14.4 营业支出情况

RSC 2021 年度营业支出为 6446.20 万英镑，投资支出为 3.00 万英镑。

14.5 员工情况

RSC 2021 年度总员工数量为 624 人，编校人员数量为 287 人，研发人员数量为 145 人。

（十五）英国工程技术学会

15.1 主营业务

英国工程技术学会（The Institution of Engineering and Technology，IET）是一个注册的慈善和会员组织，主要业务包括工程和技术领域的会员与专业发展、专业知识服务、工程与技术解决方案等。

15.2 期刊版块信息

IET 2021 年度出版期刊 43 种，文章数量为 4796 篇。

15.3 营业收入、利润与资产情况

IET 2021 年度营业收入为 5854.50 万英镑，知识服务和解决方案收入为 2918.90 万英镑，投资收入为 460.00 万英镑，会员费收入为 1906.60 万英镑，捐赠款收入为 75.70 万英镑，交易业务收入为 387.00 万英镑，营业利润为 465.10 万英镑，总资产为 2.11 亿英镑。

15.4 营业支出情况

IET 2021 年度营业支出为 6453.20 万英镑，投资支出为 299.90 英镑。

15.5 员工情况

IET 2021 年度总员工数量为 636 人。

（十六）国际计算机学会

16.1 主营业务

国际计算机学会（Association for Computing Machinery，ACM）是一个全球性的科学和教育组织，主要业务包括支持会员专业成长、全球计算机技术社区构建与联系、赞助各类会议、奖项颁布、全球公共政策制定、数字图书馆以及计算机研究领域的期刊、杂志与会议论文集的出版等。

16.2 期刊版块信息

ACM 2021 年度出版期刊数量为 62 种。

16.3 营业收入、利润与资产情况

ACM 2021 年度营业收入为 7812.70 万美元，学术会议和活动收入为 1169.30 万美元，投资收入为 1931.00 万美元，捐赠款收入为 951.00 万美元，会员费收入为 725.90 万美元，出版发行收入为 2391.40 万美元，营业利润为 3129.40 万美元，总资产为 2.14 亿美元。

16.4 营业支出情况

ACM 2021 年度营业支出为 4688.30 万美元。

16.5 员工情况

未披露相关信息。

（十七）美国医学会

17.1 主营业务

美国医学会（American Medical Association，AMA）是美国最大的医生组织，主要业务包括解决慢性病、专业发展、消除卫生保健障碍、卫生公平、倡导和创新

支持以及医学学术期刊出版等。

17.2 期刊版块信息

未披露相关信息。

17.3 营业收入、利润与资产情况

AMA 2021 年度营业收入为 4.60 亿美元，专利使用费和认证产品收入为 2.71 亿美元，期刊订阅收入为 3450.00 万美元，广告收入为 1440.00 万美元，投资收入为 1160.00 万美元，会员费收入为 3480.00 万美元，营业利润为 7790.00 万美元，总资产为 12.71 亿美元。

17.4 营业支出情况

AMA 2021 年度营业支出为 3.78 亿美元，产品/技术研发支出为 2800.00 万美元，投资支出为 6.63 亿美元。

17.5 员工情况

AMA 2021 年度总员工数量为 1206 人。

（十八）英国医学会

18.1 主营业务

英国医学会（British Medical Association，BMA）是英国医生的工会和专业机构，主要业务包括代表英国医生和医学生进行谈判，从而争取最佳的条款和条件，并就影响医疗行业的问题进行游说和竞选，其下属英国医学会出版集团主要负责医学和专业期刊的出版。

18.2 期刊版块信息

BMA 2020 年出版期刊 50 多种。

18.3 营业收入、利润与资产情况

BMA 2021 年度营业收入为 1.35 亿英镑，期刊订阅和广告收入为 7880.70 万英

镑，会员费收入为 5034.20 万英镑，投资收入为 1583.20 万英镑，营业利润为 312.10 万英镑，总资产为 3.23 亿英镑。

18.4 营业支出情况

BMA 2021 年度营业支出为 1.35 亿英镑，投资支出为 1.45 亿英镑。

18.5 员工情况

BMA 2021 年度总员工数量为 970 人，编校员工数量为 446 人。

（十九）科睿唯安

19.1 主营业务

科睿唯安（Clarivate）致力于通过为全球客户提供值得信赖的数据与分析，洞悉科技前沿，加快创新步伐，帮助全球范围的用户更快地发现新想法、保护创新、并助力创新成果的商业化。科睿唯安旗下拥有 Web of Science（包含科学引文索引，即 Science Citation Index，SCI）、InCites 平台、EndNote、Cortellis、德温特世界专利索引（Derwent World Patents Index，DWPI）、Thomson Innovation 平台、Techstreet 国际标准数据库等。科睿唯安有两大业务，其中科学部门包括"科学和政府产品线"（AGPL）和"生命科学和健康产品线"（LSHPL）；知识产权部门包括"专利产品线"（PPL）、"商标产品线"（TPL）、"域产品线"（DPL）、"知识产权管理产品线"（IPMPL）。

19.2 期刊版块信息

无相关信息披露。

19.3 营业收入、利润与资产情况

科睿唯安 2021 年总营业收入为 18.77 亿美元，其中科学部门收入占比为 48%，知识产权部门收入占比为 52%；订阅收入占比为 55%，事务和服务收入占比为 21%，续订收入占比为 24%；美洲收入占比为 49%，欧洲、中东和非洲占比为 30%，亚太地区占比为 21%；营业利润为–2.70 亿美元，基本每股收益为–0.49 美元，总资产

为 201.83 亿美元。

19.4 营业支出情况

科睿唯安 2021 年度营业支出为 19.64 亿美元，投资支出为 40.44 亿美元。

19.5 员工情况

科睿唯安 2021 年总员工数量为 11 353 人，其中全职员工数量为 11 095 人，兼职员工数量为 258 人，内容管理和编辑团队员工数量为 1400 余人。

三、国内出版上市企业经营状况

（一）江苏凤凰出版传媒股份有限公司

1.1 主营业务

江苏凤凰出版传媒股份有限公司（以下简称"凤凰传媒"）的主营业务包括图书、报刊、电子出版物、音像制品的编辑出版、发行，智慧教育、数据中心、影视、职业教育产业、软件开发以及游戏研发等。

1.2 期刊版块信息

截至 2021 年，检索发现凤凰传媒出版 1 种科技期刊——《祝您健康》。

1.3 营业收入、利润与资产情况

凤凰传媒 2021 年度营业收入为 1 251 693.92 万元，营业利润为 251 192.30 万元，总资产为 2 867 162.25 万元，每股收益 0.97 元，投资收益为 60 643.29 万元。

凤凰传媒 2021 年度期刊业务（含报纸）的总营业收入为 37 129.12 万元，发行收入为 15 267.04 万元。

1.4 营业支出情况

凤凰传媒 2021 年度营业支出为 1 085 036.54 万元，研发投入为 3401.96 万元，扶贫投入为 165 万元。

凤凰传媒 2021 年度期刊业务（含报纸）的总支出为 18 903.01 万元，发行支出为 9682.67 万元。

1.5 员工情况

凤凰传媒 2021 年度总员工数量为 7142 人，硕博员工数量为 851 人，研发人员数量为 170 人。

（二）中南出版传媒集团股份有限公司

2.1 主营业务

中南出版传媒集团股份有限公司（以下简称"中南传媒"）主要产品为出版物，用途是为消费者提供知识、信息，满足消费者的精神文化需求。主要业务涵盖出版、发行、印刷及印刷物资供应、媒体、数字教育、金融等领域。

2.2 期刊版块信息

截至 2021 年，检索发现中南传媒出版 2 种科技期刊——《医药界》和《康颐》。

2.3 营业收入、利润与资产情况

中南传媒 2021 年度营业收入为 1 133 144.19 万元，营业利润为 167 499.38 万元，总资产为 2 406 156.61 万元，每股收益为 0.84 元，投资收益为 9612.71 万元。

中南传媒期刊业务的总营业收入为 3510.91 万元，发行收入为 2855.00 万元，广告收入为 25.09 万元，服务与活动收入为 630.82 万元。

2.4 营业支出情况

中南传媒 2021 年度营业支出为 980 916.44 万元，研发投入为 6344.67 万元，对外股权投资支出为 11 358.50 万元。

中南传媒 2021 年度期刊业务的总支出为 977.33 万元，印刷支出为 977.3 万元。

2.5 员工情况

中南传媒 2021 年度总员工数量为 12 695 人，硕博员工数量为 676 人，研发人

员数量为 286 人。

（三）中文天地出版传媒集团股份有限公司

3.1 主营业务

中文天地出版传媒集团股份有限公司（以下简称"中文传媒"）主营业务包括书刊和音像电子出版物编辑出版、印刷发行、物资供应等传统出版业务；国内外贸易和供应链业务、现代物流和物联网技术应用等产业链延伸业务；新媒体、在线教育、互联网游戏、数字出版、影视剧生产、艺术品经营、文化综合体和投融资等新业态业务。

3.2 期刊版块信息

截至 2021 年，检索发现中文传媒出版 1 种科技期刊——《农村百事通》。

3.3 营业收入、利润与资产情况

中文传媒 2021 年度营业收入为 1 071 455.75 万元，总资产为 2 656 713.70 万元，投资收益为 112 709.20 万元，营业利润为 238 553.33 万元，每股收益为 1.51 元。

中文传媒 2021 年度期刊业务的总营业收入为 3171.24 万元，发行收入为 3047.20 万元，广告收入为 15.03 万元，服务与活动收入为 109.01 万元。

3.4 营业支出情况

中文传媒 2021 年度营业支出为 919 099.18 万元，研发投入为 23 837.86 万元，对外股权投资支出为 52 090.46 万元，扶贫投入为 772.84 万元。

中文传媒 2021 年度期刊业务的总支出为 1433.39 万元，发行支出为 637.28 万元，印刷支出为 796.11 万元。

3.5 员工情况

中文传媒 2021 年度总员工数量为 6541 人，硕博员工数量为 397 人，编校人员数量为 518 人，研发人员数量为 544 人。

（四）山东出版传媒股份有限公司

4.1 主营业务

山东出版传媒股份有限公司（以下简称"山东出版"）主营业务是图书、期刊及电子音像出版物，发行、印刷服务及物资贸易，以及文化活动体验、文旅组织服务等。

4.2 期刊版块信息

截至 2021 年，检索发现山东出版出版 1 种科技期刊——《妈妈宝宝》。山东出版 2021 年度期刊总销售量为 249.68 万册。

4.3 营业收入、利润与资产情况

山东出版 2021 年度营业收入为 1 089 060.66 万元，总资产为 1 961 634.22 万元，营业利润为 1 524 24.53 万元，投资收益为 2112.22 万元，每股收益为 0.73 元。

山东出版 2021 年度期刊业务的总营业收入为 2612.71 万元。

4.4 营业支出情况

山东出版 2021 年度营业支出为 937 426.63 万元，对外股权投资支出为 3264.89 万元，研发投入为 1509.84 万元。

山东出版 2021 年度期刊业务的总支出为 2489.58 万元。

4.5 员工情况

山东出版 2021 年度总员工数量为 9747 人，硕博员工数量为 579 人。

（五）新华文轩出版传媒股份有限公司

5.1 主营业务

新华文轩出版传媒股份有限公司（以下简称"新华文轩"）主营业务包括出版业务、阅读服务业务、教育服务业务等。

5.2 期刊版块信息

截至 2021 年，检索发现新华文轩出版 2 种科技期刊——《大自然探索》和《西

部特种设备》。

5.3 营业收入、利润与资产情况

新华文轩 2021 年度营业收入为 1 046 036.40 万元，营业利润为 135 562.84 万元，总资产为 1 877 394.58 万元，每股收益为 1.06 元，投资收益为 11 209.20 万元。

新华文轩期刊业务的总营业收入为 3651.16 万元，发行收入为 3593.99 万元，广告收入为 57.17 万元。

5.4 营业支出情况

新华文轩 2021 年度营业支出为 919 122.54 万元，研发投入为 3094.20 万元，对外股权投资支出为 1472.23 万元。

新华文轩 2021 年度期刊业务的总支出为 1861.61 万元，印刷支出为 1761.78 万元，发行支出为 34.35 万元，广告、活动及其他支出为 65.48 万元。

5.5 员工情况

新华文轩 2021 年度总员工数量为 7481 人，硕博员工数量为 474 人，研发人员数量为 18 人。

（六）南方出版传媒股份有限公司

6.1 主营业务

南方出版传媒股份有限公司（以下简称"南方传媒"）的主营业务包括图书、报刊、电子音像出版物的出版和发行，以及印刷和印刷物资供应。

6.2 期刊版块信息

截至 2021 年，检索发现南方传媒出版 5 种科技期刊——《药店周刊》《健康忠告》《名医》《中外玩具制造》《汽车与你》。

6.3 营业收入、利润与资产情况

南方传媒 2021 年度营业收入为 759 808.46 万元，营业利润为 84 574.91 万元，

总资产为 1 317 514.63 万元，每股收益为 0.90 元，投资收益为 4433.75 万元。

南方传媒 2021 年度期刊业务的总营业收入为 9433.34 万元，广告收入为 7486.66 万元，发行收入为 630.03 万元，服务与活动收入为 1316.64 万元。

6.4 营业支出情况

南方传媒 2021 年度营业支出为 695 855.95 万元，研发投入为 787.09 万元。

南方传媒 2021 年度期刊业务的总支出为 5042.80 万元，广告、活动及其他支出为 2964.90 万元，发行支出为 1188.89 万元，印刷支出为 889.02 万元。

6.5 员工情况

南方传媒 2021 年度总员工数量为 6238 人，硕博员工数量为 519 人，编校人员数量为 704 人，研发人员为 26 人。

（七）长江出版传媒股份有限公司

7.1 主营业务

长江出版传媒股份有限公司（以下简称"长江传媒"）的主营业务包括图书、期刊、报纸、音像制品、电子出版物的出版、发行、印制、物资贸易等。

7.2 期刊版块信息

截至 2021 年，检索发现长江传媒出版 1 种科技期刊——《湖北应急管理》。

7.3 营业收入、利润与资产情况

长江传媒 2021 年度营业收入为 602 307.92 万元，营业利润为 77 702.72 万元，总资产为 1 169 086.56 万元，每股收益为 0.57 元，投资收益为 13 060.08 万元。

长江传媒 2021 年度期刊业务的总营业收入为 16 310.00 万元，发行收入为 13 155.00 万元，服务与活动收入为 3155.00 万元。

7.4 营业支出情况

长江传媒 2021 年度营业支出为 526 536.74 万元，研发投入为 2548.09 万元，

扶贫投入为 144.00 万元，对外股权投资支出为 30 979.21 万元。

长江传媒 2021 年度期刊业务的总支出为 6480.00 万元，其中印刷支出为 3026.00 万元，发行支出为 94 万元，广告、活动及其他支出为 3360 万元。

7.5 员工情况

长江传媒 2021 年度总员工数量为 4785 人，硕博员工数量为 528 人，研发人员为 169 人。

（八）时代出版传媒股份有限公司

8.1 主营业务

时代出版传媒股份有限公司（以下简称"时代出版"）的主要业务包括图书、期刊、全媒体出版策划经营及印刷复制、传媒科技研发、股权投资等。

8.2 期刊版块信息

截至 2021 年，检索发现时代出版出版 4 种科技期刊——《工程与建设》、《中兴通讯技术》、《中兴通讯技术（英文版）》（*ZTE Communications*）和《电脑知识与技术》。时代出版 2021 年度期刊总销售量为 306.93 万册。

8.3 营业收入、利润与资产情况

时代出版 2021 年度营业收入为 789 353.05 万元，总资产为 742 349.45 万元，营业利润为 38 430.86 万元，每股收益为 0.74 元，投资收益为 23 795.92 万元。

时代出版 2021 年度期刊业务的总营业收入为 1913.52 万元，发行收入为 1459.46 万元，广告收入为 454.06 万元。

8.4 营业支出情况

时代出版 2021 年度营业支出为 758 610.36 万元，研发投入为 3251.23 万元，对外股权投资支出为 28 650.00 万元，扶贫投入 108.625 万元。

时代出版 2021 年度期刊业务的总支出为 1231.83 万元，印刷支出为 1158.15 万元，稿费支出为 66.97 万元，广告、活动及其他支出为 6.71 万元。

8.5　员工情况

时代出版 2021 年度总员工数量为 2330 人，其中编校人员数量为 453 人，硕博员工数量为 397 人，研发人员为 545 人。

（九）中国出版传媒股份有限公司

9.1　主营业务

中国出版传媒股份有限公司（以下简称"中国出版"）的主要业务包括图书、报纸、期刊、电子音像等出版物的出版和发行。

9.2　期刊版块信息

截至 2021 年，检索发现中国出版出版 5 种科技期刊——《机器人外科学杂志（中英文）》《天天爱科学》《百科知识》《现代音响技术》《城镇建设》。中国出版 2021 年度期刊总销售量为 1239.22 万册。

9.3　营业收入、利润与资产情况

中国出版 2021 年度营业收入为 630 433.72 万元，营业利润为 85 914.63 万元，总资产为 1 449 953.09 万元，每股收益为 0.43 元，投资收益为 13 086.24 万元。

中国出版 2021 年度期刊业务的总营业收入为 23 314.01 万元，发行收入为 11 854.87 万元，广告收入为 11 385.37 万元，服务与活动收入为 73.77 万元。

9.4　营业支出情况

中国出版 2021 年度营业支出为 567 163.79 万元，研发投入为 8706.19 万元，对外股权投资支出为 15 689.69 万元。

中国出版 2021 年度期刊业务的总支出为 17 877.92 万元，其中印刷支出为 3925.27 万元，广告、活动及其他支出为 2344.30 万元，发行支出为 11 608.35 万元。

9.5　员工情况

中国出版 2021 年度总员工数量为 4168 人，硕博员工数量为 1392 人，研发人

员数量为 249 人。

（十）北方联合出版传媒（集团）股份有限公司

10.1 主营业务

北方联合出版传媒（集团）股份有限公司（以下简称"出版传媒"）的主要业务包括图书、期刊、电子音像出版物的出版、发行和印刷，以及印刷物资供应和票据印刷等。

10.2 期刊版块信息

截至 2021 年，检索发现出版传媒出版 2 种科技期刊——《汽车维修技师》和《城市环境设计》。出版传媒 2021 年度期刊总销售量为 361.77 万册。

10.3 营业收入、利润与资产情况

出版传媒 2021 年度营业收入为 286 865.21 万元，总资产为 415 301.96 万元，营业利润为 10 601.63 万元，每股收益为 0.20 元，投资收益为 344.44 万元。

出版传媒 2021 年度期刊业务的总营业收入为 1384.79 万元。

10.4 营业支出情况

出版传媒 2021 年度营业支出为 281 956.11 万元，研发投入为 1637.88 万元，对外股权投资支出为 2604.95 万元。

出版传媒 2021 年度期刊业务的总支出为 599.52 万元。

10.5 员工情况

时代出版 2021 年度总员工数量为 2230 人，硕博员工数量为 287 人，编校人员数量为 340 人，研发人员数量为 55 人。

（十一）中国科技出版传媒股份有限公司

11.1 主营业务

中国科技出版传媒股份有限公司（以下简称"中国科传"）的主要业务包括图

书出版业务、期刊业务、出版物进出口业务和知识服务业务等。

11.2　期刊版块信息

截至 2021 年，中国科传出版科技期刊 522 种，其中英文期刊 244 种，约占中国英文科技期刊总数的 1/3；SCI 收录期刊 97 种，超过中国 SCI 期刊总数的 1/3，其中 Q1 区期刊 32 种，约占中国 Q1 区期刊的 1/3；EI 收录期刊 80 种，约占中国 EI 期刊总数的 1/4。其中《中国科学》系列、《科学通报（英文版）》、《国家科学评论》（*National Science Review*）等期刊影响力持续提升。中国科传还在积极推动期刊出版技术平台研发工作，成立了期刊发展中心，不断强化 SciEngine 平台建设，做好科技期刊全流程数字出版服务，推动科技期刊集群化发展，目前 SciEngine 平台已展示传播的期刊有 301 种，相比上一年增加了 42%，论文 27.7 万篇/年（年新增 12 万篇），通过全流程托管和 OA 出版等模式进行合作的期刊编辑部达到 40 余家。

中国科传 2021 年度期刊总销售量为 95.17 万册。

11.3　营业收入、利润与资产情况

中国科传 2021 年度营业收入为 263 317.31 万元，营业利润为 49 705.77 万元，总资产为 653 537.62 万元，每股收益为 0.62 元，投资收益为 3704.06 万元。

中国科传 2021 年度期刊业务的总营业收入为 17 986.83 万元。

11.4　营业支出情况

中国科传 2021 年度营业支出为 217 413.14 万元，扶贫投入为 87.79 万元，研发投入为 695.67 万元。

中国科传 2021 年度期刊业务的总支出为 11 383.55 万元，印刷支出为 2525.47 万元，广告、活动及其他支出为 6836.95 万元，稿费支出为 2021.13 万元。

11.5　员工情况

中国科传 2021 年度总员工数量为 1406 人，其中硕博员工数量为 675 人，编校人员数量为 737 人，研发人员数量为 120 人。

（十二）读者出版传媒股份有限公司

12.1 主营业务

读者出版传媒股份有限公司（以下简称"读者传媒"）的主要业务包括期刊、图书、教材教辅等纸质出版物的出版、发行、阅读服务及电子出版物、在线教育、文化创意等。

12.2 期刊版块信息

截至 2021 年，检索发现读者传媒出版 1 种科技期刊——《飞碟探索》。读者传媒 2021 年度期刊总销售量为 7157.73 万册。

12.3 营业收入、利润与资产情况

读者传媒 2021 年度营业收入为 122 222.02 万元，营业利润为 8267.07 万元，总资产为 231 048.92 万元，每股收益为 0.15 元，投资收益为 1546.40 万元。

读者传媒 2021 年度期刊业务的总营业收入为 18 769.21 万元，发行收入为 17 733.28 万元，广告收入为 1035.93 万元。

12.4 营业支出情况

读者传媒 2021 年度营业支出为 116 313.02 万元，研发投入为 482.80 万元。

读者传媒 2021 年度期刊业务的总支出为 10 794.79 万元，其中印刷支出为 8148.21 万元，稿费支出为 362.62 万元，广告、活动及其他支出为 1122.74 万元，发行支出为 1168.56 万元。

12.5 员工情况

读者传媒 2021 年度总员工数量为 509 人，硕博人员数量为 160 人，研发员工数量为 35 人。

后　记

　　《中国科技期刊产业发展报告（2022）》的完成离不开各行业、各领域专家的通力合作，离不开各位学者、工作人员的辛勤付出。

　　在此特别感谢国家新闻出版署提供全国科技期刊年度核验数据，为第一章中国科技期刊产业发展指数的研究提供数据来源。

　　特别感谢中国科学院文献情报中心学术委员会主任初景利教授，编辑出版部主任李苑和《数据智能（英文）》编辑部主任刘凤红在第二章编写过程中给予的鼎力支持。

　　特别感谢北京玛格泰克科技发展有限公司林家乐总经理，北京勤云科技发展有限公司叶虎总经理，北京仁和汇智信息技术有限公司李艳红总经理，原北京北大方正电子有限公司知识服务事业部赵婧副总经理，《金属加工》杂志栗延文社长、吴晓兰主任，上海大学期刊社刘志强副社长、*EER* 编辑部全海芹、陈昕伊、何晓燕，《中国循环杂志》杨进刚主任，中国仪器仪表学会科技咨询部杨娟，开科思（上海）商务信息咨询有限公司胡启华总经理，航空学报杂志社李明敏副社长为第三章撰写提供案例素材。